Sprache 6
entdecken
üben
nachschlagen

Schroedel

Sprache
entdecken · üben · nachschlagen
Sprachbuch für das Gymnasium
6. Schuljahr

Herausgegeben von
Günter Graf und
Hans Stammel

Erarbeitet von
Karl-Helge Deutrich
Ulla Ewald-Spiller
Günter Graf
Maren Kurzke
Frauke Mühle-Bohlen
Martina Schnierle
Ditmar Skrotzki
Hans Stammel

Illustrationen von
Karsten Henke
Klaus Meinhardt
Margit Pawle

ISBN 3-507-41546-1

© 1999 Schroedel Verlag GmbH, Hannover

Alle Rechte vorbehalten. Dieses Werk sowie einzelne Teile desselben sind urheberrechtlich geschützt. Jede Verwertung in anderen als den gesetzlich zugelassenen Fällen ist ohne vorherige schriftliche Zustimmung des Verlags nicht zulässig.

Druck A $^{5\ 4\ 3\ 2\ 1}$ / Jahr 2003 2002 2001 2000 1999

Alle Drucke der Serie A sind im Unterricht parallel verwendbar, da bis auf die Behebung von Druckfehlern untereinander unverändert. Die letzte Zahl bezeichnet das Jahr dieses Druckes.

CHLORFREI
Gedruckt auf Papier, das nicht mit Chlor gebleicht wurde. Bei der Produktion entstehen keine chlorkohlenwasserstoffhaltigen Abwässer.

Satz: Konkordia Druck GmbH, Bühl/Baden
Umschlaggestaltung: Jürgen Kochinke, Derneburg
Druck: klr mediapartner GmbH & Co., Lengerich

Wie das Sprachbuch aufgebaut ist

Liebe Schülerinnen und Schüler,
in eurem Sprachbuch könnt ihr euch schnell und leicht zurechtfinden. Das Buch ist in drei große Teile gegliedert, die auch farblich voneinander unterschieden sind.

Entdecken

Dieser Teil besteht aus den drei **Werkstätten: Grammatik, Schreiben** und **Rechtschreiben** sowie aus dem **Magazin: Sprache**. In den einzelnen Kapiteln könnt ihr euch vieles ganz selbstständig erarbeiten. Die wichtigen Ergebnisse eurer Arbeit sind in kleinen **Merkkästen** unter den einzelnen Abschnitten zusammengefasst.

Am Ende der Werkstatt-Kapitel findet ihr jeweils eine **FANECKE**. Hier gibt es jede Menge kniffliger Fälle aus der Grammatik und der Rechtschreibung sowie verschiedene Projektvorschläge.

Farbige Verweise auf den einzelnen Seiten führen euch in die beiden anderen Teile des Buches. Ihr werdet sie zwischendurch immer wieder mit in eure Arbeit einbeziehen.

▶ **176** Verweis auf Übungsmaterialien im Teil **Extra: Üben**

208 Verweis in den Teil **Nachschlagen**

Extra: Üben

Hier findet ihr weitere Anregungen und Materialien, um das, was ihr in den Werkstätten erarbeitet und erkannt habt, weiter zu üben. Ihr festigt damit eure Erkenntnisse und prägt sie euch besser ein.

Nachschlagen

Diesen Teil des Buches werdet ihr immer zu Rate ziehen, wenn ihr über die knapp formulierten Regeln oder Hinweise in den Merkkästen im Teil **Entdecken** mehr wissen wollt. Dann bieten euch die ausführlichen Erklärungen dieses Teiles weitere Hilfen an.
Auf den Seiten 236 und 237 findet ihr ein **Sachregister** in alphabetischer Reihenfolge, das euch sagt, auf welcher Seite ein Stichwort zu finden ist.

Inhalt

Entdecken

Werkstatt: Grammatik

- 8 Sätze und Satzglieder
- 8 Satzreihe und Satzgefüge
- 10 Satzglieder wiederholen
- 12 Das Adverbial
- 15 Der Adverbialsatz
- 20 Das Attribut
- 25 FANECKE: Knifflige Fälle für Grammatikfans

- 26 Wortarten
- 26 Wortarten wiederholen
- 28 Das Verb: Aktiv und Passiv
- 34 Das Demonstrativpronomen
- 36 Das Reflexivpronomen
- 38 Das Relativpronomen
- 40 Die Konjunktion
- 42 Das Adverb
- 47 FANECKE: Knifflige Fälle für Grammatikfans

- 48 Wortkunde
- 48 Wortbildung
- 52 Bedeutungslehre
- 54 Sprachliche Bilder
- 56 FANECKE: Knifflige Fälle für Grammatikfans

Werkstatt: Schreiben

- 58 Erzählen
- 58 Bausteine des Erzählens
- 62 Techniken des Erzählens
- 71 Wie ein Profi erzählt
- 74 Erzählen nach literarischen Mustern
- 82 FANECKE: Projekt: Ein Buch erstellen

- 84 Sachliches Darstellen
- 84 Mündlich darstellen
- 88 Informieren
- 90 Berichten
- 96 Beschreiben
- 102 FANECKE: Projekt: Texten eines Filmes

- 104 **Mit Sachtexten umgehen**
- 104 Lesetechniken
- 108 Sachtexte systematisch untersuchen
- 110 Sachtexte präsentieren
- 112 FANECKE: Jugendsachbücher zum Thema „Regenwald" vorstellen

Werkstatt: Rechtschreiben

- 114 Rechtschreibung und Zeichensetzung
- 114 Rechtschreibschwierigkeiten
- 116 Dehnung
- 119 Schärfung
- 122 Gleich und ähnlich klingende Laute
- 126 s-Laute
- 129 Großschreibung
- 133 Fremdwörter
- 135 Zeichensetzung
- 138 FANECKE: Knifflige Fälle für Rechtschreibfans

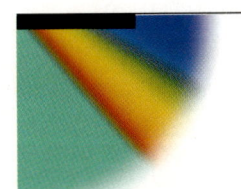

Magazin: Sprache

- 140 **Mit Sprache spielen**
- 140 Wortspiele und Gedichte
- 145 Zum szenischen Spiel kommen

- 150 **Sprachlicher Umgang mit anderen**
- 150 Begründungen geben
- 156 Probleme diskutieren
- 160 Über Literatur sprechen

- 166 **Geschichte der Wörter**
- 166 Erb-, Lehn- und Fremdwörter
- 171 Wörter aus verschiedenen Epochen
- 173 Gegenwartssprache

Extra: Üben

176 Grammatik
176: Wie Adverbiale sich einteilen lassen; 178: Wie man Adverbialsätze einteilen kann; 180: Attribute und Attributsätze unterscheiden; 182: Wie das Passiv gebraucht wird; 184: Wie Konjunktionen unterschieden werden; 185: Wie Adverbien gebraucht werden

186 Schreiben
186: Die Perspektive gestalten; 188: Äußere und innere Handlung gestalten; 190: Ein Ereignis dehnen und raffen; 191: Fabeln schreiben; 192: Münchhausengeschichten nacherzählen und neu erfinden; 193: Genau beobachten und auswerten; 194: Vorgänge und Gegenstände beschreiben

196 Rechtschreiben
196: Lang gesprochen – verschieden geschrieben; 197: Vor- und Nachsilben ohne Dehnungs-h; 198: Der lange i-Laut; 199: Kurz gesprochen – verschieden geschrieben: 200: ent- oder end-; 201: f – v – pf – ph; 202: chs – cks – gs – ks – x/-ig oder -lich; 203: s-Laute wiederholen; 204: Verben substantivieren; 205: Adjektive substantivieren; 206: Übungsdiktate: Substantivierung von Verben und Adjektiven

Nachschlagen

- 208 Sätze und Satzglieder
- 213 Wortarten
- 218 Wortkunde
- 220 Erzählen
- 223 Sachliches Darstellen
- 225 Mit Sachtexten umgehen
- 226 Rechtschreibung und Zeichensetzung
- 231 Mit Sprache spielen
- 232 Sprachlicher Umgang mit anderen
- 234 Geschichte der Wörter

- 236 Sachregister
- 238 Textquellen
- 239 Bildquellen

WERKSTATT

Werkstatt 7

Grammatik

In der Grammatik-Werkstatt wird auch in diesem Schuljahr wieder tüchtig gearbeitet. Wie ein Detektiv kannst du der Grammatik auf die Spur kommen und dabei viel entdecken. Du lernst aber auch Neues kennen: neue Satzglieder und Wortarten, z. B. die adverbiale Bestimmung und die Konjunktion.

Satzreihe und Satzgefüge

Wie man Sätze verknüpfen kann

Wettbewerb im Rätselerzählen

Im Orient gab es seit alters her einen Wettbewerb, bei dem derjenige gewinnt, der ein schwieriges, ja vielleicht unlösbares Rätsel möglichst kurz erzählen kann. Zwei der bekanntesten Rätselerzähler des Morgenlandes, Abdullah Omarim und Ibu Al Safarin, traten gegeneinander an. Hier das Rätsel von Abdullah Omarim:

Ein Mann reist mit einem Wolf, einer Ziege und einem Kohlkopf. Er hat viel Mühe, denn der Wolf will die Ziege fressen und die Ziege schaut die ganze Zeit gierig auf den Kohlkopf.
Schließlich kommt er an einen Fluss, doch der Fluss ist tief und er kann ihn nicht
5 durchwaten. Der Mann findet zwar ein Boot am Ufer, aber das Boot ist sehr klein. Er kann also immer nur einen seiner Begleiter ans andere Ufer übersetzen.
Wie bringt er nun die drei über den Fluss? Er könnte den Wolf zuerst befördern, doch die Ziege frisst in der Zwischenzeit den Kohl oder er könnte den Kohl über den Fluss bringen, aber dann frisst der Wolf inzwischen die Ziege. Vielleicht beginnt er
10 mit der Ziege, denn der Kohl ist ja sicher vor dem Wolf, aber wie geht es danach weiter?
Wer löst das Rätsel?

1. Aus welcher Art von Sätzen ist das Rätsel gebaut?
2. Mit welchen Konjunktionen werden die Sätze miteinander verbunden?
3. Wann steht ein Komma und wann nicht?

SATZREIHE UND SATZGEFÜGE

Der Wettbewerb geht weiter: Rätselhaftes Pferderennen

Als Ibu Al Safarin seinen Kollegen gehört hatte, nahm er an seinem Rätsel schnell noch einige Kürzungen vor:

Ein alter Scheich hatte drei Söhne. ~~Weil alle drei einander ebenbürtig waren,~~ **Er** wusste ~~er~~ nicht, welchem er sein Reich hinterlassen sollte, und er zweifelte, ~~dass er den Würdigsten herausfinden könnte.~~
~~Als er endlich eine Lösung gefunden hatte,~~ **Er** sprach ~~er~~ zu seinen Söhnen: „~~Obwohl~~
5 ~~jedem von euch mein Reich gebührt,~~ muss ~~ich~~ **Ich** einen Erben auswählen. ~~Da ich diese Wahl nicht selbst treffen kann,~~ sollen **Eure** ~~eure~~ Pferde **sollen** entscheiden: Wir wollen ein Wettrennen zur großen Dattelpalme veranstalten. ~~Da ihr aber alle gleich gut reiten könnt,~~ soll **Nicht** ~~nicht~~ der Schnellste **soll** gewinnen. Ihr erbt nur**, bei Ankunft als Letzter.** ~~wenn euer Pferd als letztes an der Dattelpalme ankommt.~~ Ihr müsst langsam reiten, ~~damit ihr Sieger werdet.~~"
10 ~~Nachdem die Söhne dies vernommen hatten,~~ rannten ~~sie~~ **Sie** alle drei eilig davon. Sie schwangen sich auf die Pferde und ritten~~, indem sie die Tiere kräftig anspornten,~~ alle im Galopp auf die Dattelpalme zu. – Warum taten die Söhne das?

(Ein Tipp: Betrachte genau das Bild. Die Lösung der beiden Rätsel findest du auf S. 239.)

4. Wie hat Ibu Al Safarin sein Rätsel verändert? Sind seine Veränderungen gelungen?
5. Mit welchen Konjunktionen werden im ursprünglichen Text die Sätze miteinander verknüpft?
6. Wann stehen im Ursprungstext Kommas?

- Satzreihen sind durch beiordnende Konjunktionen verbundene Hauptsätze.
- Satzgefüge bestehen aus Haupt- und Nebensätzen, die durch unterordnende Konjunktionen verbunden werden.
- Zwischen Hauptsätzen steht ein Komma. Vor *und/oder* braucht kein Komma zu stehen.
- Nebensätze werden vom Hauptsatz immer durch Komma getrennt. Ist der Nebensatz eingeschoben, so wird er vorne und hinten durch Komma abgetrennt.

SÄTZE UND SATZGLIEDER

Satzglieder wiederholen

Subjekt – Prädikat – Objekt

Ein Satzglieder-Spiel

einen Streich	2. Prädikat	t**anz**ender Elefant**en**	meine Mitschüler
we**ss**en?	wem?	wer oder was?	
3. Dativobjekt	spielen	4. Akkusativ-objekt	dem langsamen Professor
was tut?	1. Subjekt	wen oder was?	Jok**er**: Genitivobjekt

1. Bei diesem Spiel musst du möglichst schnell herausfinden, welche Spielkarten zusammengehören.
   Schreibe die passenden Karten von 1 bis 4 nach folgendem Muster in dein Heft:
   – Name des Satzgliedes
   – Frage nach dem Satzglied
   – Beispielwörter.
2. Wenn du die zusammengehörenden Karten gefunden hast, ergibt sich aus den Beispielwörtern ein Satz.
   Mache mit diesem Satz die Umstellprobe.
3. Verfahre mit dem Joker ebenso und bilde einen Satz mit:
   Der Zirkus bedarf …
4. Aus den farbig markierten Buchstaben beim Joker erhältst du als Lösungswort ein weiteres Verfahren zur Bestimmung der Satzglieder. Wende es an.

Prädikatsnomen

Steckbrief

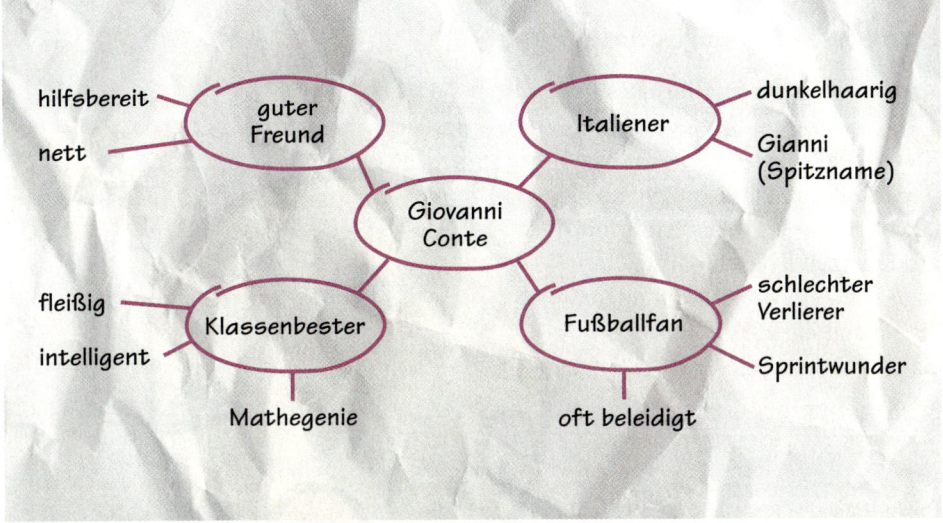

1. Beschreibe Giovanni mit Hilfe seines Steckbriefes.
   Folgende Verben darfst du dazu benutzen:
   sein, werden, sich erweisen als, bleiben, gelten als, heißen.
2. Wie fragst du nach den Eigenheiten von Giovanni?
   In welchem Kasus stehen sie?
3. Erstellt selbst solche Steckbriefe von eurer Klasse.
   Überlegt vorher genau, welche Wortarten ihr benutzen dürft.

Der König der Tiere

Wegen seiner Klugheit nennen die Tiere den Löwen <u>ihren König</u>. Eines Tages musste er über den Wolf zu Gericht sitzen, den alle <u>einen Verbrecher</u> schimpften, weil er ein Lamm getötet hatte. Doch der Wolf hielt sich für <u>unschuldig</u>: „Ich trank aus dem Bach. Das Lamm stand weiter unten am Bachlauf und rührte mit seinen Hufen den Grund so auf, dass ich trübes Wasser trinken musste. Da tötete ich es aus Zorn." Der Löwe antwortete: „Du hast nicht nur böswillig das Lamm getötet, sondern du hältst mich auch für <u>einen Dummkopf</u>, der auf deine unverschämten Lügen hereinfallen soll. Ich werde dich hart bestrafen …"

4. Wie konnte der Löwe erkennen, dass der Wolf gelogen hatte?
5. In welchem Fall stehen die unterstrichenen Satzglieder?
   Zu welchem Satzglied gehören sie?

Das Adverbial

Was Adverbiale leisten

Fertig ist das Mondgesicht!

Karin möchte etwas Hübsches malen, aber sie weiß nicht was. Deshalb fragt sie ihren großen Bruder Klaus, der immer gute Ideen hat. Er sagt ihr auch sogleich, was sie malen soll: „Zeichne einen großen Kreis mit zwei kleinen Kreisen darin. Dann füge noch ein Dreieck und einen Halbmond dazu."
Karin malt nach den Anweisungen folgendes Bild:

Als Klaus das Bild sieht, ist er unzufrieden und lacht über die Malkünste seiner Schwester. Das Bild sieht überhaupt nicht so aus, wie er es sich vorgestellt hat.
Er wollte, dass Karin so ein Bild malt:

1. Warum hat Karin nicht das Bild gemalt, das Klaus sich vorgestellt hatte?
2. Welche Wörter hätte Klaus diktieren müssen? Schreibe die Anweisung neu.
3. Welche Satzglieder hast du eingefügt und was leisten sie?

DAS ADVERBIAL

Wie Adverbiale sich einteilen lassen

Ein Fall für Nick Knatterton

Der Londoner Polizei ist ein guter Fang ins Netz gegangen: Macco Maffiano, König der Unterwelt und Drahtzieher von unzähligen Banküberfällen. Es gibt nur ein Problem: Man kann ihm nichts nachweisen, denn keiner weiß, wo er die geraubten Millionen versteckt hat. In seiner Wohnung konnte die Polizei zwar einige Aufzeichnungen, eine davon in Geheimschrift, entdecken, aber Macco schweigt wie ein Grab. Nun kann nur noch einer helfen! Nick Knatterton, der Meisterdetektiv, Beschützer der Verfolgten und Verfolger alles Bösen, dem kein Verbrecher durch die Lappen geht, macht sich auf die Suche nach der Beute. In Windeseile hat er das Rätsel um die verschwundenen Millionen gelöst.

> *Eine schmale Gasse beginnt. Man geht. Man erreicht ein Haus.*
> *Das Haus leuchtet. Den Schlüssel findet man. Man soll leise sein.*
> *Man kann die Kellertür erkennen. Sie lässt sich öffnen.*
> *Man sollte die Treppe hinuntersteigen. Die Kiste sieht man stehen.*

hinabcterdemdefbahnghihof, gerajkldeaumnos, nachpqrzweimistunuten, gelvwxblich, untyzaerdembcdblumeefgntopf, wehijgendernacklmhbarn, sonopfort, miqrststarktuvemdruck, wewxygenderdunzabkelheit, vorcdesichfghtig, liijknks

1. Versuche Macco Maffianos Geheimschrift zu entschlüsseln und herauszufinden, wo er die Beute versteckt hat.
2. Welche Informationen hat Macco in seiner Geheimschrift verschlüsselt? Wie fragst du danach?
3. Übertrage folgende Tabelle in dein Heft und vervollständige sie mit den Beispielen aus dem Text:

Zeit	*temporales* Adverbial	?	?
?	*lokales* Adverbial	wo? wohin?	?
?	*kausales* Adverbial	?	wegen der Nachbarn
Art und Weise	*modales* Adverbial	wie? womit? wodurch?	?

4. Überlege dir selbst eine Geheimschrift und schreibe eine Nachricht mit allen Adverbialen an deinen Nachbarn.

14 SÄTZE UND SATZGLIEDER · DAS ADVERBIAL

Wie Adverbiale gebaut sein können

Verdächtige Spuren

Eines Abends wurde Lady Sinclairs Familienschmuck gestohlen. Die Lady, die mit ihrem Butler allein lebte, hatte jenen stürmischen Winterabend <u>im Theater</u> verbracht und dem Diener <u>den ganzen Tag</u> freigegeben.

Nick Knatterton, <u>schnell</u> herbeigerufen, beginnt noch <u>des Nachts</u> mit seinen Ermitt-
5 lungen. Mit einer Lupe untersucht er den aufgebrochenen Tresor und verfolgt aufmerksam die Spuren des Diebs im Garten. Es bläst ein heftiger Wind aus Nordost, der dem Meisterdetektiv die Arbeit erschwert. Wegen des Schnees kann er den Weg des Diebs jedoch genau nachvollziehen: Der Einbrecher war aus Süden aus dem Wald gekommen. Dann stieg er mit einer Leiter in die Bibliothek ein. Danach musste er
10 den Flur und das Schlafzimmer der Lady durchquert, geschickt den Tresor geöffnet haben und ...
Wohin war er verschwunden? Es führten keine Spuren vom Haus weg. War der Dieb womöglich noch im Haus?
15 Nick Knatterton überlegte scharf. Dann sagte er: „Ich weiß zwar nicht, wohin der Ganove entkommen ist, aber es besteht die Möglichkeit, aus dem Haus zu kommen, ohne Spuren zu hinterlassen ...!"

1. Wie konnte Nick Knatterton das Rätsel lösen?
2. Bestimme die Wortarten und den Kasus der unterstrichenen Adverbiale und ordne sie in folgende Tabelle ein. Finde weitere Beispiele im Text.

Adverb	Präposition mit Substantiv	Wortgruppe im Akkusativ	Wortgruppe im Genitiv
...	...	...	...

- Adverbiale sind Satzglieder, die die Umstände eines Geschehens näher bestimmen.
- Sie antworten auf Fragen nach der Zeit, dem Ort, der Art und Weise und des Grundes.
- Nach ihrer Bedeutung teilt man sie ein in temporale, lokale, modale und kausale Adverbiale.
- Sie bestehen häufig aus Adverbien, Präpositionen mit Substantiven sowie Wortgruppen im Akkusativ oder Genitiv.

Der Adverbialsatz

Vom Adverbial zum Adverbialsatz

Gefahr im All

Auf der Raumstation Delta Orion informiert der Sprachroboter DataX2 die Besatzung über die Bewegungen im All.

> Achtung! Am Wurmloch ist ein Schiff der Klingolaner auszumachen. Durch eine Tarnvorrichtung ist es noch unsichtbar. Aber es bewegt sich schnell beschleunigend auf uns zu. In drei Lichtjahren wird es Delta Orion erreichen. Wegen der Ankunft des Klingolanerschiffes wird gelber Alarm ausgelöst. Achtung! Denlb Qatlh tlhIngan wo ...

Wegen eines Systemfehlers spricht DataX2 plötzlich nur noch klingolanisch. Rasch repariert die Besatzung von Delta Orion den Roboter, aber es gelingt ihr nicht ganz. Sie bemerkt es, als DataX2 seine Warnung wiederholt:

> Achtung! Wo das Wurmloch ist, ist ein Schiff der Klingolaner auszumachen. Dadurch, dass es eine Tarnvorrichtung benutzt, ist es noch unsichtbar. Aber indem es schnell beschleunigt, bewegt es sich auf uns zu. Nachdem drei Lichtjahre vergangen sind, wird es Delta Orion erreichen. Weil das Klingolanerschiff ankommt, wird gelber Alarm ausgelöst.

1. Worin unterscheiden sich die beiden Warnungen von DataX2?
2. Bestimme im ersten Text die Adverbiale mit Hilfe der Fragemethode und schreibe sie in dein Heft.
3. Welche Satzteile im zweiten Text antworten auf dieselben Fragen? Schreibe sie neben die Adverbiale.
   Was stellst du fest?
4. Forme folgende Adverbiale in Adverbialsätze um und bilde damit neue Sätze: *wegen des Siriusnebels; nach zehn Warpsekunden; mit Lithiumkristallen; auf Sternbasis Beta.*

178 f.   210

16 SÄTZE UND SATZGLIEDER · DER ADVERBIALSATZ

Wie Lokalsätze gebraucht werden

Wohin laufen sie denn?

1. Wohin gehen die einzelnen Personen?
   Formuliere so:
   Der Polizist geht dorthin, ...
2. Wie könnte man die Lokalsätze mit einer adverbialen Bestimmung ausdrücken?
3. Erfinde ähnliche Situationen:
   Woher kommt ...? ... kommt von dort, ...

▶ 178 f.   210

DER ADVERBIALSATZ

Wie Kausal- und Modalsätze gebraucht werden

Die Leute aus Dumsdorf

Es soll tatsächlich ein Dorf geben, in dem sich die dümmsten Leute der Welt versammelt haben. Einer ist dümmer als der andere. Hier der Beweis:

Wie fängt ein Dumsdorfer Fliegen?

… weil sie nicht von der Polizei gesehen werden wollen.

Warum laufen die Dumsdorfer mit geschlossenen Augen über die Straßen?

… dadurch, dass sie sich gefütterte Briefumschläge in die Tasche stecken.

Warum fahren die Dumsdorfer immer mit einem Messer Auto?

… weil sie sehen wollen, ob es tatsächlich dunkel ist.

Wie bewahrt ein Dumsdorfer seinen Gartenschlauch auf?

… da alle Dumsdorfer immer in der ersten Reihe sitzen wollen.

Warum machen die Dumsdorfer nachts das Licht aus?

… dadurch, dass er einen Regenschirm unter der Dusche aufspannt.

Warum lächelt ein Dumsdorfer, wenn es blitzt?

… weil sie die Kurven schneiden wollen.

Womit hilft sich ein Dumsdorfer, wenn er sein Handtuch vergessen hat?

… indem er sie unter einen Schrank jagt und die Beine absägt.

Warum gibt es in Dumsdorf Busse, die sechs Meter breit und einen Meter lang sind?

… indem er eine zwanzig Meter lange Kiste baut.

… da er glaubt fotografiert zu werden.

Womit schützen sich Dumsdorfer gegen Kälte?

1. Ordne die richtigen Aussagen den Fragen zu und schreibe dann die Sätze vollständig ins Heft. Du kannst so beginnen: *Ein Dumsdorfer …*
2. Worüber geben diese Adverbialsätze Auskunft?
3. Wie können sie eingeleitet werden?
4. Kennst du ähnliche Witze? Schreibe sie in derselben Weise auf.

Wie Temporalsätze gebraucht werden

Kindergeburtstag

Maren hat Geburtstag. Alle ihre Freundinnen sind gekommen. Der Trubel in Marens Zimmer und auf dem Flur ist so groß, dass man oft sein eigenes Wort nicht versteht. Auch achten die Kinder nur am Rande darauf, was um sie herum geschieht. Plötzlich ist im Wohnzimmer ein lautes Geräusch zu hören: Eine kostbare Vase ist zu Boden gefallen und zerbrochen. Kurz darauf kommt Bello, Marens Hund, aus dem Wohnzimmer geschlichen.

Marens Mutter ist verärgert und will von den Kindern wissen, ob Bello die Vase zerbrochen hat. Sie stellt ihnen eine Frage, erhält aber Antworten wie *Vor lauter Schreck ist Bello zusammengezuckt* oder *Bello rannte wie ein Wilder ins Zimmer*. Marens Mutter ist damit nicht zufrieden und wiederholt ihre Frage. Von einzelnen Kindern erhält sie dann folgende Antworten:

Auf ihre Frage hat Marens Mutter zwar Antworten erhalten. Die Kinder haben aber nicht so recht darauf geachtet, was Bello gemacht hat. Und so weiß Marens Mutter immer noch nicht, ob Bello die Vase zerbrochen hat.

1. Welche Frage hat Marens Mutter den Kindern gestellt?
2. Bei welchen Antworten kann Bello der Übeltäter gewesen sein? Bei welchen nicht? Begründe deine Meinung.
3. Erzähle, wie es auf dem Kindergeburtstag weitergehen könnte. Verwende dabei unterordnende temporale Konjunktionen.

DER ADVERBIALSATZ 19

Wie man Adverbiale und Adverbialsätze gebraucht

IL Ein Zaubertrick – zwei Anleitungen

Weil der Trick einfach ist, kann jeder ihn ausführen. Zuerst sollte der Zauberer sein Publikum beeindrucken, indem er eine Weltsensation verspricht: Der Trick sei einmalig, weil er etwas noch nie und von niemandem Gesehenes zeigte. Nachdem alle den Gegenstand gesehen haben, werde dieser für immer verschwinden. Bevor der Trick beginnt, kann der Zauberer natürlich Wetten mit dem Publikum abschließen, dass er erfolgreich ist. Nachdem der Zauberer das Publikum auf diese Weise gehörig in Spannung versetzt hat, nimmt er eine Nuss aus der Tasche. Während er eine Beschwörungsformel spricht, „zaubert" er den noch nie da gewesenen Gegenstand dadurch herbei, dass er die Nuss knackt und den Kern herauslöst. Nachdem alle das noch nie Dagewesene gesehen haben, lässt er den sensationellen Gegenstand wieder verschwinden, indem er ihn aufisst. Seine Wetten hat der Zauberer bestimmt gewonnen, weil niemand vorher je den Nusskern gesehen hat und ihn niemand je wieder sehen wird.

Wegen seiner Einfachheit kann jeder den Trick ausführen. Zuerst sollte der Zauberer sein Publikum durch das Versprechen einer Weltsensation beeindrucken: Der Trick sei einmalig wegen des Zeigens von etwas noch nie und von niemandem Gesehenem. Nach der Ansicht des Gegenstands von allen werde dieser für immer verschwinden. Vor Beginn des Tricks kann der Zauberer natürlich mit dem Publikum Wetten über den möglichen Erfolg abschließen. Nach der gehörigen Versetzung des Publikums in Spannung nimmt der Zauberer eine Nuss aus der Tasche. Mit einer Beschwörungsformel „zaubert" er den noch nie da gewesenen Gegenstand durch das Knacken der Nuss und das Auslösen des Kerns herbei. Nach Ansicht des noch nie Dagewesenen von allen lässt er den sensationellen Gegenstand durch Aufessen wieder verschwinden. Seine Wetten hat der Zauberer wegen des von niemandem je vorher gesehenen und nie mehr zu sehenden Nusskerns bestimmt gewonnen.

1. Wie unterscheiden sich die beiden Anleitungen?
2. Schreibe deine eigene Anleitung zu diesem Zaubertrick.

- Wenn ein Satzglied in einen Nebensatz umgeformt wird, spricht man von einem Gliedsatz.
- Gliedsätze, die wie Adverbiale die Umstände eines Geschehens näher bestimmen, nennt man Adverbialsätze. Bis auf den Lokalsatz werden sie mit Konjunktionen eingeleitet.
- Adverbialsätze lassen sich wie Adverbiale unterscheiden: Es gibt temporale, lokale, kausale und modale Adverbialsätze (vgl. S. 13).

Das Attribut

Was Attribute leisten

Der Hausaufgaben-Computer

Roland bringt seine neueste Errungenschaft mit in die Schule: einen tragbaren Aufsatz-Computer, der Hausaufgaben blitzschnell umändern und allen zur Verfügung stellen kann. Er verändert Aufsätze, indem er Teile von Sätzen weglässt oder erweitert. Damit hat sich das Problem des Abschreibens von langen Deutsch-Hausaufgaben in den Pausen endlich erledigt und die Deutschlehrerin würde auch nichts merken, weil ja jeder Aufsatz verschieden ist.

Marco und Konstantin, die sowieso nie ihre Hausaufgaben machen, sind an Rolands Computer brennend interessiert. Das Programm wird sogleich gestartet und Rolands Aufsatz erscheint auf dem Bildschirm:

> **Wie ich einmal im Dunkeln große Angst hatte**
> An diesem nebligen Nachmittag beschlossen Tobias, mein bester Freund, und ich, endlich einmal den geheimnisvollen Keller der verlassenen Villa zu untersuchen. Als wir bei der einsamen Ruine ankamen, war es schon ziemlich dämmrig. Das alte Haus war von weißen Nebelschwaden umzogen, die die zerbrochenen Fenster und Türen unheimlich erscheinen ließen. Tobias öffnete die quietschende Kellertür. Der Keller schien nichts weiter zu sein als ein modriges Loch. Eine Kiste aus Eisen stand in der dunkelsten Ecke ...

[weglassen]   [erweitern]

Marco, der schon immer ein wenig sparsam beim Schreiben war, drückt auf den Knopf „weglassen".
Sein Aufsatz beginnt so:
An diesem Nachmittag beschlossen Tobias und ich, den Keller zu untersuchen ...

Konstantin schreibt gerne viel und betätigt deshalb die „Erweitern-Taste":
An diesem endlos langen, langweiligen und nebligen Nachmittag beschlossen der blonde Tobias, mein bester und nettester Freund, und ich ...

1. Schreibe die Aufsätze von Marco und Konstantin zu Ende. Aber Achtung: Du darfst auch mit der „Weglassen-Taste" keine Satzglieder streichen.
2. Was leisten die Wörter, die Marco weggestrichen und Konstantin ergänzt hat?

Wie man Attribute erkennt und unterscheidet

Rotkäppchen?

①  ②

Mädchen – roten – mit – das – winkt – Mütze – der

1. Beschreibe beide Bilder mit den vorgegebenen Wörtern. Welcher Satz passt zu Bild 1, welcher zu Bild 2?
2. Wende auf beide Beschreibungen die Umstellprobe an. Was fällt dir dabei auf?
3. Überprüfe auch folgende Sätze mit der Umstellprobe.
   Mein Onkel aus Amerika hat eine Postkarte geschrieben.
   Petra erbte den Ring ihrer Großmutter.
   Der dunkelhaarige Mann im Auto, unser Nachbar, sieht freundlich aus.

Hollywood lässt grüßen

Der Mann	zum Pferdestehlen
Eis	ohne Furcht und Tadel
Ein Ritter	mit vier Beinen
Das Mädchen	mit den Schwefelhölzern
Eine Freundin	am Stiel
Mein tierischer Freund	mit der eisernen Maske

4. Bei den Filmtiteln ist einiges durcheinander geraten. Finde die richtigen Titel und schreibe sie ins Heft.
5. Aus welchen Wortarten bestehen alle Filmtitel?
6. Welche Aufgabe erfüllen die Zusätze, d. h. die **Präpositionalattribute**?
7. Kennst du Filmtitel, die ähnlich gebaut sind?

SÄTZE UND SATZGLIEDER · DAS ATTRIBUT

Tapfere, trickreiche Mulan *Eine Filmkritik*

Man muss den Disney-Studios ehrlich gratulieren: *Mulan*, das neuste Werk aus der Zeichentrickwerkstatt, ist eine geniale Filmidee mit <u>überaus</u> gelungener Umsetzung.

Die Geschichte von Mulan geht zurück auf ein altes Gedicht aus
5 China, das sich die Schulkinder <u>dort</u> auf den Straßen erzählen. Die kleine Heldin verkleidet sich als Mann, um anstelle des kranken Vaters in der Armee gegen die Hunnen zu kämpfen. Die Familienahnen schicken ihr den frechen Drachen Mushu und die Grille Kriki als Hilfe
10 hinterher. Natürlich sorgt dieses ungewöhnliche Gespann <u>da</u>für ziemliche Aufregung. Und Mulan muss <u>allerlei</u> Abenteuer bestehen. –
15 Viele Szenen, etwa als Hunderte von heranstürmenden Hunnen unter einer Lawine begraben werden, sind Beweis für die einzigartige Kombination von moderner Computer-
20 technologie und klassischer Trickfilmtechnik.

Fazit: *Mulan* ist ein <u>besonders</u> sehenswertes Werk, ein drachenstarker Familien-
25 filmspaß, fantastisch gezeichnet und <u>sehr</u> unterhaltsam.

© Disney

8. Wie versucht der Schreiber der Kritik, seine Leser davon zu überzeugen, dass der Film *Mulan* besonders gelungen ist? Welche Wortart benutzt der Schreiber für seine Bewertung am häufigsten?
Was wäre, wenn man alle Attribute weglassen würde?
9. Um welche Wortart handelt es sich bei den unterstrichenen Wörtern? Was unterscheidet diese Wortart vom Adjektiv?
10. Schreibe selbst eine Kritik zu deinem Lieblingsfilm. Verwende dabei ähnliche Attribute.

DAS ATTRIBUT

Komplizierte Familienverhältnisse

*Frau Kaiser aus Ähausen trifft sich mit ihren neuen Nachbarinnen
Frau Bäh, Frau Zeh und Frau Dee zum Kaffeeklatsch.
Dabei ergibt sich folgendes Gespräch:*

Frau Kaiser: Sagen Sie, Frau Bäh, sind Sie eigentlich mit Frau Zeh verwandt?
Frau Bäh: Der Bruder meiner Mutter ist der Vater des einzigen Schwagers von Frau Zehs Mann.
Frau Kaiser: Äh, ach so … Und Sie, Frau Dee, sind Sie auch mit Frau Bäh verwandt?
Frau Dee: Ja, denn die Schwester der einzigen Schwiegertochter meiner Schwiegereltern ist die Nichte des Schwiegervaters von Frau Bähs Mann.
Frau Kaiser: Aha, na dann ist ja alles klar: Sie sind keine Schwestern und keine Tanten, sondern Cousinen.

11. Schreibe die komplizierten Familienverhältnisse kürzer in dein Heft.
12. Um welche Art von Attributen handelt es sich hier? Wie kannst du sie erfragen?

Darf ich vorstellen: Die Krokodilerbande

Olaf, der Anführer, ist der älteste und stärkste der Bande. Er hatte die Idee mit dem Krokodil.

Maria, eine Stütze für alle Krokodiler, ist Olafs Schwester. Was täten die Krokodiler ohne sie?

Die anderen lachen Theo, den Braven, manchmal aus. Er passt oft auf seine Schwester auf.

Peter, der mit dem langen Finger, liebt Nasebohren. Er bohrt, wenn er aufgeregt ist.

Alle bewundern ihn: Willi, in seiner Altersgruppe zweiter Stadtmeister im Schwimmen.

Otto, der beste Radfahrer der Gruppe, vollführt waghalsige Radkunststücke.

Hannes, der Jüngste und Kleinste, schließt zuerst Freundschaft mit Kurt.

Kurt, ein Junge im Rollstuhl, wartet, denkt nach und passt auf.

13. Welche Aufgabe haben die Textteile, die zwischen den Kommas stehen? In welchem Kasus stehen sie?
14. Stelle einige deiner Klassenkameraden mit Hilfe von solchen Textteilen vor.

24 SÄTZE UND SATZGLIEDER · DAS ATTRIBUT

Vom Attribut zum Attributsatz

Ein Hobbydetektiv macht von sich reden

Florian ist zwölf Jahre alt und will nur eines: Detektiv werden. Deswegen beobachtet er morgens auf dem Schulweg die Leute in der Straßenbahn und macht sich heimlich Notizen. Schließlich könnte er ja einmal dadurch ein Verbrechen aufklären.
5 Eines Tages flüchtet tatsächlich ein Bankräuber unerkannt in die Straßenbahn. Die Polizei hält die Bahn zwar nach einiger Zeit an, doch weil so viele Leute in der Straßenbahn sind, weiß man nicht, wer der Räuber
10 ist. Nun kommt Florians große Stunde: Er betrachtet seine Notizen …

Mann, sicherlich ein Geistlicher
hellblonde Frau
Mann mit Zeitung
die Oma daneben
Glatze des Mannes

… und macht dann eine Aussage:
„Also, folgende Personen sind mir aufgefallen: Ein Mann, an dessen Hals ein Kreuz hing und der sicherlich ein Geistlicher war, stand neben einer Frau, die sich das Haar
15 hellblond gefärbt hatte. Ein anderer Mann, der eine Zeitung las, lehnte links in der Ecke. Die Oma, die daneben stand, starrte unentwegt auf eine Glatze, die seltsamerweise einem ganz jungen Mann gehörte."
Plötzlich stutzt Florian: Irgendetwas war da doch noch …

1. Ordne Florians Aussagen über die Personen seinen Notizen zu.
2. Wie hängen Aussage und Notizen zusammen?
3. Was hat Florian übersehen? Formuliere die entscheidende Aussage mit einem Relativsatz. Ein Tipp: Betrachte das Bild.

- Attribute sind keine selbständigen Satzglieder, sondern Satzgliedteile. Sie sind Beifügungen zu einem Bezugswort, das sie genauer bestimmen.
- Man unterscheidet Präpositional-, Adjektiv-, Adverb- und Genitivattribute sowie Appositionen und Attributsätze (Relativsätze).

Knifflige Fälle für Grammatikfans

Alles Adverbiale?

Manche meinen, Adverbiale zu erkennen sei eine Leichtigkeit, weil sie ja oft aus Präpositionen mit Substantiven bestehen.
Das Bild hängt an der Wand, Opas Herz hängt an diesem Bild. Mit lauter Stimme beginnt der Lehrer die Stunde mit einer Übung. Der Zug kommt um drei Uhr an, vorher kümmert sich Klaus um seine Schwester. Die Klassenkasse steht auf dem Regal, Kathrin achtet auf die Klassenkasse.
Was stellst du bei diesen Sätzen fest?

Außerirdische Attributsätze?

Manchmal träumt man ja merkwürdige Dinge:
*Ich hatte geträumt, dass außerirdische Attributsätze vor unserer Schule gelandet sind. Sie sahen wirklich ganz anders aus als die mir bekannten Attributsätze.
Am nächsten Morgen aber entdeckte ich solche Attributsätze, wie sie mir im Traum erschienen waren, auch in der FANECKE meines Sprachbuches. Seitdem lässt mich die Ungewissheit, ob in der deutschen Sprache alles mit rechten Dingen zugeht, nicht mehr los.*
In diesem Text haben sich einige Attributsätze versteckt. Finde sie! Was ist an ihnen so „ungewöhnlich"?

Appositionen: Immer diese Prominenten

Prominente können sich doch wirklich alles erlauben! Sie wollen sogar Kommaregeln außer Kraft setzen:
*Karl der Große begegnete Karl, dem großen Bruder von Leopold, beim Frühstück.
Meine Freundin Elisabeth, von England stammend, ähnelt Königin Elisabeth von England.
Dies ist ein Gemälde von Hans Holbein dem Jüngeren. Hans Holbein, der jüngere von zwei Malern namens Holbein, war der Sohn von Hans Holbein dem Älteren.*
Welches sind in den Sätzen denn nun die berühmten Leute? Was ist an ihnen so besonders, dass sie Kommaregeln einfach missachten dürfen?

Auf das Komma kommt es an ...

*Sandra, meine Schwester, und ich fahren gemeinsam in Ferien.
Sandra, meine Schwester und ich fahren gemeinsam in Ferien.*
Wie viele Leute fahren denn nun gemeinsam in Ferien?

Wortarten wiederholen

Einen Text grammatikalisch erläutern

Susi und Alfred und die beiden Ungeheuer   *Helen Craig*

Susi war bei Alfred zu Besuch. Alfred sagte aufgeregt: „Wir sollten uns überlegen, was wir heute Abend zum Kostümfest anziehen." „Gehen wir doch als Gespenster", schlug Susi vor.
5 „Huhuuhuuu, huhuuhuuu, huhu!", heulten zwei vermummte Gestalten. „Hallo, Susi! Hallo, Alfred!", sagte Alfreds Mutter erfreut. „Spielt ihr Gespenster?"
„Das ist danebengegangen", seufzte Alfred.
10 „Wir müssen uns so verkleiden, dass uns niemand erkennt."
Im Geräteschuppen im Garten fanden sie einige große Papiertüten für den Mülleimer. „Gruaah, gruaah, gruaah!", brummte Alfred. „Ich bin ein
15 schreckliches Ungeheuer!" „Nein, bist du nicht", widersprach Susi. „Du bist bloß ein Schwein in einer braunen Papiertüte." „Malen wir grässliche Fratzen auf die Tüten", sagte Alfred. Und sie machten sich an die Arbeit. Alles lief gut, bis
20 Alfred einen Schritt zurücktrat, um sein Werk zu bewundern. Dabei stieß er den Farbtopf um und die grüne Farbe floss über Susis Malerei. „Oh, du Dummkopf!", schrie Susi. „Du hast alles kaputtgemacht!" Sie nahm die Dose mit der roten Farbe
25 und goss sie über Alfreds Tüte. Und damit begann es. Sie zankten sich und rauften, und die Farbe spritzte nach allen Seiten. Susi schmollte. „Ich will nach Hause", sagte sie. Alfred schmollte ebenfalls und antwortete: „Ich wünschte, du
30 wärst erst überhaupt nicht gekommen!" „Du bist einfach widerlich!", schrie Susi, packte die verdorbene Papiertüte und lief davon. „Auch gut", schnaubte Alfred hinter ihr drein. „Allein kann ich viel besser an meinem Kostüm arbeiten."

Personalpronomen
1. Person Plural

starkes Verb

3. Person Singular, Präteritum, schwaches Verb

Partizip

Präposition mit Artikel und Substantiv im Akkusativ

Präposition mit Artikel, Adjektiv und Substantiv im Dativ

unbestimmter Artikel im Akkusativ

schwaches Verb im Perfekt

bestimmter Artikel im Nominativ

Hilfsverb, 2. Person Singular

Präposition mit Possessivpronomen im Dativ

WORTARTEN WIEDERHOLEN

35 Zu Hause holte Susi ihren Nähkorb und den Sack mit den alten Kleidern. „Ich werde es Alfred schon zeigen", murrte sie und begann wild zu schneiden und zu schnipseln.	Schwaches Verb in Futur I Schwaches Verb im Infinitiv
Etwas später brachte Alfreds Mutter Milch und 40 Kuchen. „Wo ist denn Susi?", fragte sie erstaunt, als sie Alfred allein sah. „Weiß ich nicht, es ist mir auch egal", antwortete er.	unveränderliches Fragewort Verb im Präsens, 1. Person Singular
Im Nebenhaus sagte Susis Mutter überrascht: „Ich glaubte, du wärst bei Alfred!" „Ich mag 45 Alfred nicht mehr", sagte Susi. „Und ich mache mir mein Kostüm allein!"	Substantiv im Genitiv, femininum Possessivpronomen im Akkusativ
Die Nacht brach herein, und in den Straßen wurde es still. Leise öffnete sich eine Haustür. Ein grünes Ungeheuer erschien. In diesem Moment 50 öffnete sich die Tür des Nebenhauses. Und heraus kam ein rotes Ungeheuer. Die Ungeheuer stießen beinahe zusammen. „Hiiilfe! Hiiilfe!", quietschte das eine. „Zur Hilfe! Wer hilft mir?", quiekte das andere. „Aaah! Ooh! Igittigittigitt!", kreischten 55 beide in den höchsten Tönen. Auf einmal aber wusste jedes Ungeheuer, wer das andere Ungeheuer war. „Bist du das wirklich, Susi? Du siehst fantastisch aus!" – „Dein Kostüm ist wundervoll, Alfred! Gehen wir doch zusammen auf das Fest!"	Hilfsverb, 3. Person Singular Artikel und Substantiv im Genitiv Fragewort im Nominativ gesteigertes Adjektiv im Superlativ prädikativ gebrauchtes Adjektiv
60 Und das taten sie auch. Auf dem Weg schlossen sich ihnen die wunderlichsten und unheimlichsten Gestalten an.	Personalpronomen im Dativ, 3. Person Plural
Auf dem Kostümfest war allerhand los! Es wurde gespielt und getanzt und es gab jede Menge zu 65 essen und zu trinken. Zum Schluss sollten die besten Kostüme Preise bekommen. Alfred und Susi gewannen den ersten Preis als Herr und Frau Monster. Ihr Freund Sam wurde Zweiter. Die kleine Person mit dem dritten Preis kannte 70 niemand. Sie war wohl vom anderen Ende der Stadt gekommen.	unregelmäßig gesteigertes Adjektiv Verb im Plusquamperfekt

1. Präge dir die Erläuterungen zu den unterstrichenen Wörtern ein. Macht ein Ratespiel: Deckt die rechte Spalte zu. Wer kann sich an die meisten Erläuterungen erinnern?
2. Es lassen sich noch andere Substantive, Artikel, Adjektive, Pronomen, Präpositionen und Verben des Textes auf diese Weise bestimmen. Versuche es einmal.

Das Verb: Aktiv und Passiv

Wie Aktiv und Passiv sich unterscheiden

Auf die Blickrichtung kommt es an!

Hans Jürgen Press: Mein kleiner Freund Jakob

der Mann steckt den Stecker in die Steckdose – das Bügeleisen wird von dem Mann umgedreht – der Mann salzt das Spiegelei – das Ei wird in der Pfanne gebraten – die Pfanne wird auf das Bügeleisen gestellt – der Mann brät das Ei in der Pfanne – der Mann dreht das Bügeleisen um – das Spiegelei wird von dem Mann gesalzt – der Stecker wird in die Steckdose gesteckt – der Mann stellt die Pfanne auf das Bügeleisen – das Ei wird von dem Mann in der Pfanne gebraten – das Bügeleisen wird umgedreht – der Stecker wird von dem Mann in die Steckdose gesteckt – die Pfanne wird von dem Mann auf das Bügeleisen gestellt – das Spiegelei wird gesalzt

1. Welche Sätze beschreiben den gleichen Sachverhalt? Schreibe sie nebeneinander.
2. Worauf ist der Blick bei den Aktivsätzen gerichtet? Worauf bei den Passivsätzen?
3. Vergleiche die grammatische Form der Sätze. Wie wird das Passiv gebildet?

Wann das Passiv gebraucht wird

Durch eine Spielkarte kriechen

Wer kann schon durch eine Spielkarte kriechen? Mit dem folgenden Trick geht es ganz einfach: In der Mitte der Spielkarte wird ein Längsschnitt gemacht, der nicht ganz bis an die Ränder reicht.
5 Die Spielkarte wird entlang dieses Schnittes gefaltet. Dann werden quer dicht nebeneinander liegende Einschnitte bis kurz vor den Rand gemacht, und zwar abwechselnd von der Bruchkante und der anderen Kante aus. Zum Schluss
10 wird die Karte auseinander gezogen. So entsteht ein großer Ring, durch den bequem gekrochen werden kann.

> 1. Welche Sätze sind passivisch?
>   Warum wird hier das Passiv verwendet?

Zeitungsnotizen aus dem Schulleben

Wegen eines Täuschungsversuchs wurde die Klassenarbeit eines Sechstklässlers mit der Note „ungenügend" bewertet. Zwar beschweren sich die Eltern des Schülers, dass diese Bewertung zu Unrecht erfolgte. Doch der Einspruch wurde abgelehnt.

Beim Sportfest des Goethe-Gymnasiums wurde aus der Umkleidekabine eine Geldbörse gestohlen. Der Täter wurde bisher nicht ermittelt. Der Schaden beläuft sich auf 50,– EUR.

Die SMV leistet viel im Schulalltag. So werden viele Veranstaltungen mitorganisiert. Vor allem aber werden die Interessen der Schüler gegenüber der Schulverwaltung vertreten. Im Leibniz-Gymnasium wurde der SMV dieser Schule eine Anerkennungsurkunde für die geleistete Arbeit im Schuljahr überreicht.

> 2. Welche Sätze sind passivisch? Warum wurde auch hier das Passiv verwendet?
>   Ordne bei deiner Antwort die Passivsätze in eine Tabelle ein:

Der Täter ist unbekannt	Der Täter wird absichtlich verschwiegen	Es ist klar, wer der Täter ist
...	...	...

182 f.   213

Welche Zeitstufen das Passiv ausdrücken kann

Komische Überschriften

**Aus dem Krug
wurde Wein getrunken**
Ein Museumsführer erklärt den Besuchern einzelne Schaustücke: „Dieser Krug ist 2006 Jahre alt. Die alten Römer tranken daraus Wein." Ein Besucher fragt: „Warum ist der Krug genau 2006 Jahre alt?" – „Als ich hier angefangen habe zu arbeiten, war er 2000 Jahre alt. Das war vor sechs Jahren."

Ein Hörgerät wird empfohlen
Ein älterer Mann betritt einen Laden und will ein Hörgerät kaufen. Der Verkäufer berät ihn: „Ich empfehle ihnen dieses Hörgerät. Ich trage es selbst." „Was kostet es?", fragt der Mann. „Keine Angst. Es rostet nicht", antwortet der Verkäufer.

Falsche Zahlen waren gewählt worden
Der Vater schimpft vor dem Fernseher, als die Lottozahlen bekanntgegeben werden: „Schon wieder keine richtige Zahl!" – „Mach dir nichts daraus", tröstet ihn sein Sohn, „gestern hatte ich das gleiche Pech. Wir schrieben eine Mathematikarbeit und erst danach ging mir ein Licht auf. Ich hatte die falschen Zahlen gewählt."

**Ein Diktat ist
zweimal abgeschrieben worden**
Der Lehrer schimpft mit dem Schüler: „Du solltest das Diktat dreimal abschreiben, weil du in Deutsch noch viel üben musst. Du hast es aber nur zweimal abgeschrieben." Da antwortet der Schüler: „Ich muss auch in Mathematik noch viel üben."

**Ein Zeitungsartikel
wird geschrieben werden**
Zwei Jungen stehen vor einem Denkmal eines Mannes und wissen nicht, wer es ist. Auch die Passanten, die sie fragen, können sie nicht aufklären. Da hat einer der Jungen eine Idee: „Schlage dem Mann die Nase ab und rufe bei der Zeitung an, dann weißt du, wer es ist." – „Warum?" – „Nun, ein Zeitungsreporter wird dann einen Artikel über den Vorfall schreiben."

1. Auf welchen Satz des Witzes bezieht sich jeweils die Überschrift? Schreibe beide Sätze heraus. Was haben sie gemeinsam? Was unterscheidet sie?
2. Vergleiche die Überschriften. Was stellst du fest?
3. Erzählt eure Lieblingswitze. Könnt ihr auch für sie eine solche Überschrift in den verschiedenen Zeitstufen finden?

Wie das Passiv unterschieden werden kann

Zu spät!

In der Schillerstraße muss die Wasserleitung repariert werden. An alle Haushalte wird folgende Nachricht verschickt: *Morgen wird um 8.00 Uhr für eine Stunde das Wasser abgestellt.* Was dachte wohl ein Bewohner, als er am nächsten Tag kurz nach 8.00 Uhr eingeseift und voller Schaum unter der Dusche stand? – *Das Wasser ist abgestellt.*

In einem Bürogebäude wird der Flur renoviert. Alle Abteilungen werden mit einem Zettel informiert: *Heute wird das Geländer im Flur frisch gestrichen.*
Was dachte wohl ein Büroangestellter, als er sich mittags am Geländer festhalten wollte? – *Das Geländer ist frisch gestrichen.*

Heute wird das Geländer im Flur frisch gestrichen.   *Das Geländer ist frisch gestrichen.*

1. Vergleiche die kursiv gedruckten Sätze.
   Wie unterscheiden sie sich jeweils?

Auf dem Sao Joaquim-Markt   *Rolf Krenzer*

Der Jugendliche Martin befindet sich auf einer Brasilienreise und besucht einen Markt:
Was er dort sah, überstieg seine Erwartungen. Exotische Früchte waren auf vielen Ständen zu Pyramiden übereinander gestapelt und verlockten zum Kauf. Ein Stand war neben dem anderen auf dem großen Platz aufgebaut und Martin staunte über die vielen Tontöpfe, über die Schalen und Krüge, von denen einer kunstvoller und schöner als der andere war. Am meisten aber interessierten ihn die präparierten Fische und die Versteinerungen, die hier auch in großer Auswahl angeboten wurden.

(Aus: Rolf Krenzer: Einer unter vielen)

2. Unterscheide bei den Verbformen des Textes zwischen Aktiv, Vorgangs- und Zustandspassiv.

Wie das Passiv gebildet werden kann

Pech gehabt! – Ein Grammärchen mit Fortsetzung

Es gab einmal vor langer Zeit im Grammatikdorf einen kleinen Grammatikladen, der nur für Verben gedacht war. Sie konnten sich dort ihre Ergänzungen kaufen, die sie brauchten, um Sätze zu bilden. Subjekte zum Beispiel gab es reichlich.
Eines Tages bot der Grammatikladen billige Akkusativobjekte an – allerdings nur
5 in begrenzter Zahl. Die Verben *schreiben, verfolgen* und *lesen* handelten schnell und ergatterten sich begehrte Objekte wie *Dieb, Brief* und *Buch*. Die Verben *schlafen, lachen* und *laufen* kamen zu spät und gingen leer aus. Traurig waren sie aber nicht: Es gab ja noch andere Ergänzungen wie *im Bett, über die Straße* und *den ganzen Tag*, mit denen sie viele Sätze bilden konnten.
10 Einige Zeit später suchte der Dichter des Grammatikdorfes Verben für sein neues Grammatikbuch. Da er ein berühmter Dichter war, wollte jedes Verb in das Buch aufgenommen werden. Doch der Dichter stellte eine Bedingung: Die Verben müssen das Passiv bilden können. Andere Verben wollte er nicht. Unsere sechs Verben überlegten …

1. Welche der sechs Verben können im Buch des Dichters erscheinen? Bilde Aktivsätze und Passivsätze mit ihnen. Verwende die Beispiele aus dem Text.
2. Wovon ist abhängig, dass Verben ein Passiv bilden können?

Wenn der Zufall hilft … – Die Fortsetzung

Die Verben, die nicht im Buch des Dichters erscheinen konnten, waren diesmal wirklich traurig. Doch manchmal hilft der Zufall weiter. Eines Tages kamen sie an der Schule des Grammatikdorfes vorbei und hörten durch das Fenster den Lehrer schimpfen: „Ruhe! Es wird jetzt ein Diktat geschrieben." Da lachten die Verben und
5 dachten sich: „Was bei transitiven Verben möglich ist, muss auch bei uns möglich sein." Nun wussten sie, wie auch sie Passivsätze bilden können. Sie gingen sofort in den Grammatikladen und kauften sich ein Subjekt. Dass sie damit nur ein unpersönliches Passiv bilden konnten und immer dasselbe Subjekt verwenden mussten, störte sie nicht weiter. Passiv war für sie Passiv! Und die Hoffnung, im Buch des Dichters
10 zu erscheinen, wuchs.

3. Welches Subjekt kauften sich die drei Verben? Wie können sie damit ein Passiv bilden?
4. Schreibe eine Geschichte mit drei intransitiven Verben, in der diese Passivform vorkommt.
5. Findest du intransitive Verben, die überhaupt kein Passiv bilden können?

Wie das Passiv umschrieben werden kann

Wettervorhersage

Die Vorhersagen des Wetterdienstes finden große Beachtung. Man braucht sie für die Planung der Freizeit. Der Besuch einer Freiluftveranstaltung lässt sich besser planen. Auch bei einer Wanderung ist gutes Wetter vorauszusetzen.

5 Oft lässt sich den Vorhersagen vertrauen. Denn moderne Methoden der Wetterbeobachtung kommen in den Wetterstationen zur Anwendung. Doch manchmal sind auch falsche Vorhersagen zu beobachten. Vielleicht sind bei manchem Meteorologen bei solchen Fällen auch folgende Überlegungen zur genauen Vorhersage zu finden: Zwar lassen sich am Himmel keine Anzeichen für schlechtes Wetter entdecken. Man hat aber den Schirm vergessen und am Abend eine Grillparty
10 geplant. Also lässt sich nur Regen vorhersagen, weil es bei diesen Gelegenheiten immer regnet.

1. Setze jeden Satz ins Passiv. Wie gefällt dir der Text besser?
2. Versuche, Regeln zu finden, wie das Passiv umschrieben werden kann.
3. Wie würdest du diese Geschichte erzählen? Schreibe den Text in deinem Sinne um. Du darfst dabei auch Aktivsätze verwenden.

- Mit dem Passiv wählt man eine andere Sichtweise als beim Aktiv.
- Das Passiv wird gebraucht, wenn der Urheber einer Handlung nicht angegeben werden soll.
- Das Passiv bildet die gleichen Zeitstufen wie das Aktiv.
- Das Passiv wird unterschieden in Vorgangs- und Zustandspassiv.
- Transitive Verben können ein persönliches Passiv bilden. Die meisten intransitiven Verben können nur ein unpersönliches Passiv bilden.

34 WORTARTEN

Das Demonstrativpronomen

Was Demonstrativpronomen leisten

Das Versprechen *Isolde Heyne*

*Diese Erzählung handelt von Ulla, die ihrer Mutter das Versprechen gegeben hat, an ihrem Geburtstag den Gästen keine Geschenke zu machen.
Im Folgenden sind drei Textauszüge mit Fortsetzung abgedruckt:*

(1) Sie konnte doch unmöglich auf ihre Einladungskarte schreiben: Geschenke gibt es diesmal nicht. Und nicht mal das – es gab ja keine Einladungskarten. Sie müsste es allen persönlich sagen. Ulla stellte sich vor, wie die anderen reagieren würden: „Ich habe leider keine Zeit, zu deiner Party zu kommen." „Tut mir leid – wirklich…" „Ihr müsst euch jetzt wohl einschränken, weil dein Vater nicht mehr bei euch ist?" „Sei mir nicht böse, Ulla, aber das alles wird eine öde Babyparty!"

(2) Ulla schob die Zettel zu einem Päckchen zusammen. Da war die Liste mit den Namen der Freunde, die zu ihrer Geburtstagsparty eingeladen werden sollten, die Aufstellung für die Spiele, die Süßigkeiten, die Getränke – und die Liste, was sie jedem ihrer Gäste schenken wollte.

(3) Aber jetzt hatte Ulla keine Ruhe, dran zu denken. Sie befürchtete, zu ihrer Geburtstagsfeier würde niemand kommen. Bei ihrer mündlichen Einladung hatte sie nämlich gesagt: „Ihr kriegt nichts – ich erwarte nichts. Ist das klar? Und wem das nicht passt, der braucht gar nicht erst zu kommen." Gerade der letzte Satz machte ihr jetzt zu schaffen. „Sie werden nicht kommen, Mama. Niemand wird mit mir feiern." „Und darüber wärst du traurig?" „Ja, weil ich dann wüsste …" Ulla beendete ihren Satz nicht.

(A) Dieser Zettel war der Anlass gewesen, weshalb die Mutter abgelehnt hatte. „Ich dachte, du willst deinen Geburtstag feiern? Weshalb dann Geschenke für deine Gäste?"

(B) „Du tust deinen Freunden sicher Unrecht, Ulla. Vielleicht trauen sie sich nur nicht, mit dieser Unsitte Schluss zu machen. So wie du."

(C) Ulla hielt sich die Ohren zu. Es war ihr, als hörte sie die Freundinnen wirklich diese Sätze sagen.

1. Welche Fortsetzung gehört zu welchem Textauszug?
2. Mit welchem Wort wird jeweils auf den vorhergehenden Text verwiesen? Worauf bezieht sich dieses Wort jeweils?

Welche Demonstrativpronomen es gibt

Ein gewiefter Vertreter

Otto Schieber hält sich für einen gewieften Vertreter, ja sogar für den Besten seines Faches. Gerne und immer wieder erzählt er die Geschichte, als er einem Bauern eine Melkmaschine verkaufte und dafür dessen letzte Kuh in Zahlung nahm. Im Augenblick ist er unterwegs, um Bücher zu verkaufen. Er klingelt bei Frau Fromm:

Schieber: Liebe Frau! Ihren hübschen und intelligenten Augen sehe ich an, dass sie ein Buch brauchen.
Fromm: So?
Schieber: Schauen Sie her: ▬ mit dem blauen Einband kann ich ihnen empfehlen. Das passt in jede Bücherwand. Auch ▬ Buch hier mit den großen Buchstaben oder ▬ mit Bildern.
Fromm: Kein Interesse.
Schieber: Wie wäre es mit dem? ▬ habe ich ihrem Nachbarn verkauft.
Fromm: Welchem?
Schieber: Demjenigen mit der tollen Frisur.
Fromm: Das ist kaum möglich. Erstens sind *dasselbe* und *das Gleiche* nicht dasselbe und zweitens hat mein Nachbar nur noch wenig Haare auf dem Kopf.
Schieber: Dann mein bestes Angebot: ▬, der zwei Bücher kauft, bekommt ein drittes geschenkt. Also: Welches Buch wollen Sie? Bei diesem bekommen sie 3% Preisnachlass, bei jenem sogar 5%.
Fromm: Danke! Ich brauche weder dieses noch jenes Buch. Ich habe schon eines.

---
dieses, derjenige, jenes, das, dasselbe

---

1. Setze die kursiv gedruckten Demonstrativpronomen in die Leerstellen des Textes ein. Wo können sie stehen?
2. Spielt dieses Gespräch. Achtet auf die Betonung der Demonstrativpronomen. Mit welcher Gebärde könnt ihr die Betonung unterstreichen?
3. Welche Demonstrativpronomen kommen in verschiedenen Kasus vor? Vervollständige jeweils die Deklination.

- Das Demonstrativpronomen weist ausdrücklich auf eine Person oder eine Sache hin. In Texten verweist es auf etwas vorher Genanntes.
- Demonstrativpronomen werden dekliniert.

36 WORTARTEN

Das Reflexivpronomen

Was Reflexivpronomen ausdrücken

Im Spiegelkabinett

Vanessa, Miriam und Lars sind auf dem Jahrmarkt in einem Spiegelkabinett. Von allen Seiten sind sie von Spiegeln umgeben. Die Kinder rennen umher, mal sehen sie sich selbst, mal die anderen. Dabei sind folgende Äußerungen zu hören:

Ich sehe mich. *Wir sehen dich.* *Wir sehen uns.*
Du siehst mich. *Sie sieht sich.* *Ich sehe euch.*
Ihr seht euch. *Du siehst dich.* *Sie sehen sich.*

1. Bei welchen Äußerungen sehen die Kinder sich selbst? Woran erkennst du das?
2. Das Reflexivpronomen heißt auch *rückbezügliches* Fürwort. Kannst du dieses Adjektiv erklären?

Ein gehorsamer Schmutzfink

Jonathan ist ein ehrlicher, gehorsamer Kerl. Nur mit der Sauberkeit nimmt er es nicht so ernst. Da drückt er sich, wo er nur kann, und seine Mutter hat viel Mühe mit ihm. Eines Morgens macht er sich im oberen Stockwerk für die Schule fertig. Die Mutter ruft von der Küche hinauf: „Waschen!" Jonathan ruft zurück: „Ich wasche." Nach
5 einer Weile ruft die Mutter wieder hoch: „Ohren putzen!" Jonathan ruft zurück: „Ich putze die Ohren." Zum Schluss mahnt die Mutter noch: „Kämmen!" Und Jonathan erwidert: „Ich kämme."
Als er nach ein paar Minuten nach unten kommt und in die Schule gehen will, ist die Mutter entsetzt: Auf Jonathans Wange ist noch ein Müslifleck vom Frühstück zu
10 sehen. Die Ohren sind noch immer schmutzig und seine Haare haben keinen Kamm gesehen. „Bist du meinen Anweisungen nicht gefolgt?", fragt die Mutter vorwurfsvoll. „Doch", entgegnet Jonathan, „gehe nach oben und schau dir unseren Dackel Willi an. Der ist sauber."

3. Formuliere die Anweisungen der Mutter so, dass Jonathan keine Ausrede hat. Wie hätte er dann antworten müssen?
4. Wie hätte Jonathan korrekt sagen müssen, dass er die Anweisungen an Dackel Willi ausführt?

DAS REFLEXIVPRONOMEN

Wo Reflexivpronomen immer stehen müssen

Der Barbier von Dead River

In Dead River, einer kleinen Stadt im Wilden Westen, wurde der Bürgermeister in kurzer Zeit zum reichsten Mann. Alle Leute des Wilden Westens fragten sich, was sich in dieser kleinen Stadt ereignet hat. Folgendes hat sich zugetragen:
Der Bürgermeister, der sich gerne mit „Euer Ehren" ansprechen ließ, entschloss sich eines Tages, ein Gesetz zu erlassen: Jeder Mann der Stadt musste sich verpflichten, sich nicht mehr selbst zu rasieren. Allein der Barbier des Örtchens durfte sich in Zukunft an den Männerbärten zu schaffen machen. Erlaubt war nur, dass sich jeder die Haare selbst schneiden durfte.
Die Einwohner lachten sich ins Fäustchen: „Wer rasiert den Barbier? Da wird sich niemand bereit erklären, diesen Job auf sich zu laden." Aber alle hatten sich in der Schlauheit des Bürgermeisters getäuscht. Er machte kurzerhand seine Frau zum Barbier und verschaffte sich so seinen Reichtum.

1. Schreibe alle Verben heraus. Welche Verben müssen immer ein Reflexivpronomen bei sich haben?
2. Suche weitere solche Verben.

Ein Missverständnis

Sven und Manja kommen zu spät in den Unterricht und entschuldigen sich: „Wir haben uns auf der Toilette die Haare gekämmt und das Pausenzeichen nicht gehört."
„Aber Jungen und Mädchen haben doch getrennte Toiletten?", fragt der Lehrer erstaunt. „Wir waren auch nicht auf derselben Toilette", antworten die beiden.

3. Wie versteht der Lehrer die Äußerung der Schüler? Was wollten die Schüler sagen?
4. Mache folgende Äußerungen für bestimmte Situationen deutlich: *wir helfen uns/trösten uns/schaden uns.*

- Das Reflexivpronomen bezieht sich auf das Subjekt des Satzes zurück. Subjekt und Objekt eines Satzes sind dieselbe Person. Das Reflexivpronomen darf nicht mit dem Personalpronomen verwechselt werden.
- Das Reflexivpronomen ist bei bestimmten Verben notwendig.

WORTARTEN

Das Relativpronomen

Was Relativpronomen herstellen

Rätselverse

Einen Streich, ▬,
will ich euch nun anvertrauen:
Wie heißt die Person, ▬,
wenn wir ihr das Schulbuch klauen?

Alles, ▬,
sich immer um die Schule dreht.
Wie heißt das Ding, ▬,
wenn einem plötzlich die Tinte ausgeht?

Dort am Imbiss, ▬,
wird auf einmal etwas vermisst:
Wie heißt der Mann, ▬,
wenn ihm ein Hund die Würstchen frisst?

---

1) was Kindern im Gedächtnis bleibt,
2) die nichts mehr lehrt,
3) wo es allen Schülern gefällt,
4) der manchem die Arbeit erschwert,
5) das nicht mehr schreibt,
6) der nichts in Händen hält,

---

1. Löse die Rätsel, indem du die sechs Sätze in die Leerstellen einsetzt. Achtung: Jedes Rätsel hat vier Verse mit Kreuzreim!
2. Mit welchen Wörtern werden diese Sätze eingeleitet? Nenne sie.
3. Auf welches Wort in den Rätseln beziehen sich diese Wörter jeweils?

Verzwickte Familienverhältnisse

Verena und Dirk ▬▬ sind zur gleichen Zeit ▬▬ auf die Welt ▬▬ gekommen. Sie haben denselben Vater und dieselbe Mutter ▬▬. Dennoch sind sie keine Zwillinge ▬▬. Wie das geht? Die beiden ▬▬, sind nämlich ...

..., die noch einen Bruder haben,

4. Setze diesen Satz an die richtige Leerstelle. Auf welches Wort bezieht sich das Relativpronomen?

216

DAS RELATIVPRONOMEN

Wie Relativpronomen sich verändern

Wer kennt sich da aus?

Karies ist ▬ Plaques sind ▬ Grippe ist ▬
Parodontose ist ▬ Ein Chirurg ist ▬ Antibiotika sind ▬
Ein Stethoskop ist ▬ Ein Notarzt ist ▬

> 1) eine gefährliche Krankheit, deren Verlauf von Fieber begleitet ist.
> 2) eine Krankheit, bei der die Zähne faulen.
> 3) ein Gerät, mit dem der Arzt innere Organe abhört.
> 4) Medikamente, die der Arzt bei Entzündungen einsetzt.
> 5) ein Arzt, dessen Hilfe wir bei Notfällen benötigen.
> 6) Zahnbeläge, die jeder durch Zähne putzen bekämpfen sollte.
> 7) ein Arzt, der Operationen durchführt.
> 8) eine Krankheit, die zum Schwund des Zahnfleisches führt.

1. Erläutere diese Fachbegriffe mithilfe der Sätze in dem Kasten. Wie verändern sich die Relativpronomen?
2. Schreibt ähnliche Rätsel für Bereiche, in denen ihr euch auskennt (z. B. Computer), und lasst eure Mitschüler raten.

Leicht zu erkennen!

Felix hat mehrere Tanten, *die/welche* auf der ganzen Welt wohnen. Eines Tages musste er die, *die/welche* in Australien wohnt und *die/welche* er überhaupt nicht kennt, vom Flughafen abholen. Seine Mutter, *die/welche* die Schwester dieser Tante ist, gab ihm kein Bild mit. Dennoch konnte er seine Tante problemlos erkennen. Wie war das möglich? Bei manchen Personen geht das. Denke an die, *die/welche* zur gleichen Zeit geboren wurden.

3. Schreibe den Text ab. Welches kursiv gedruckte Relativpronomen wirst du verwenden? Begründe deine Entscheidung.
4. Ändert sich dein Text, wenn Felix seinen Onkel abholt?

- Relativpronomen beziehen sich auf ein Bezugswort im vorangehenden Satz.
- Relativpronomen werden dekliniert nach Genus, Numerus und Kasus.

40 WORTARTEN

Die Konjunktion

Was Konjunktionen leisten

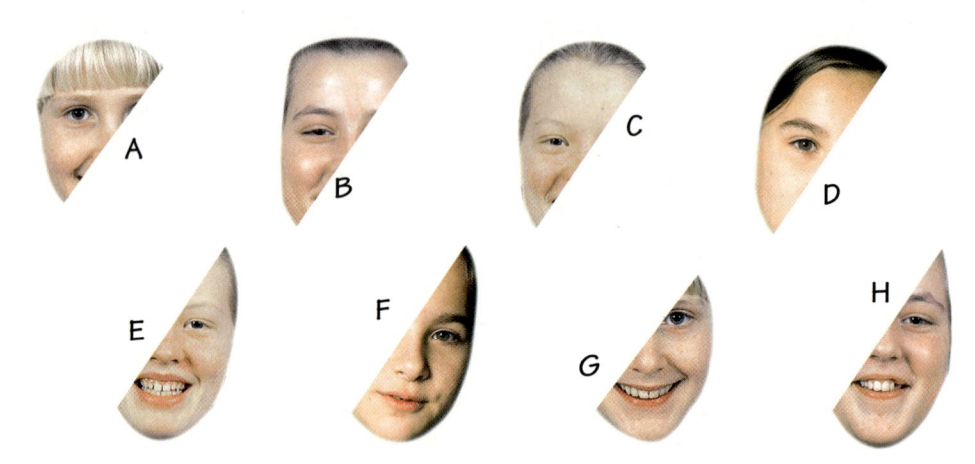

½ + ½ = 1

1. Welche zwei Teile bilden ein Gesicht? Beschreibe deinem Nachbarn die Zusammensetzung: *Die Teile … und … gehören zusammen.* Warum musst du das Wort *und* verwenden?
2. Macht ein Ratespiel mit anderen Gegenständen (Bilder, mathematische Figuren).

„Glück gehabt" und „wasserscheu"

Cowboy-Jim hat ein gehorsames, *aber* eigenwilliges Pferd. Es lässt sich an- *oder* abstellen wie ein Motor. Beim Losreiten muss man „Glück gehabt" *und* beim Halten „wasserscheu" sagen. Sonst reagiert es nicht. Jim nimmt dem Pferd die Macke nicht übel, *denn* er
5 sieht darin einen Vorteil: Er ist selbst wasserscheu und kann so das Haltewort nicht vergessen. Eines Tages ist Jim auf seinem Pferd eingenickt. Daher bemerkt er nicht, *dass* es auf einen See zureitet. Kurz vor dem See wacht er auf. Ihm entfällt aber das Haltewort, weil er beim Anblick des Wassers zu Tode erschrickt. Nur ein Schrei
10 kommt über seine Lippen: „Halt! Ich bin doch wasserscheu!" Das Pferd hält genau vor dem See. Dann sagt Jim erleichtert: „Glück gehabt".

3. Was verbinden die kursiv gedruckten Konjunktionen?

DIE KONJUNKTION

Wie sich Konjunktionen unterscheiden lassen

Ausgetrickst

Ali Ibrahim lebte in einem fernen Land als Salzhändler. Die Zeiten waren schlecht, ▇ die meisten Menschen hatten keine Wahl. ▇ sie verdienten sich mühsam ihr Geld, ▇ die Familie musste hungern. Ali machte da keine Ausnahme, ▇ so schleppte er jeden Tag zwei Säcke Salz auf den Markt in der Hoffnung, ▇ er sie dort verkaufen könne. Dabei war ihm sein Esel Roxan eine große Hilfe, ▇ genau diese zwei Säcke konnte er auf dessen Rücken laden.

Doch von heute auf morgen gab es mit dem Esel Probleme. ▇ sie eines Tages auf dem Weg in die Stadt waren, überquerten sie einen Fluss. ▇ sie in der Mitte des Flusses waren, legte sich der Esel einfach hin. ▇ der erzürnte Salzhändler das Tier an das Ufer gezogen hatte, bemerkte er, ▇ sich ein großer Teil des Salzes im Flusswasser aufgelöst hatte. Esel mögen dumm sein, ▇ Roxan hatte schnell begriffen, ▇ er seine Traglast beträchtlich verringern konnte. Jeden Tag wiederholte sich nun das gleiche Spiel. ▇ Ali den Fluss überqueren wollte, stürzte sich der Esel in die Flut. Ali war verzweifelt. Er musste in die Stadt ▇ seine lieben Kinder würden hungern. Da hatte er auf einmal eine Idee, ▇ er dem Esel eine Lektion erteilen konnte, ▇ dieser sich seine Eigenheiten abgewöhnte. Ali lud dem Esel zwei Säcke Sand auf, ▇ er sich Folgendes erhoffte: ▇ der Esel sich wieder in den Fluss legt ...

> *aber, weil, denn, wie, oder, dass, wenn, und, damit, entweder ... oder, als, sobald, nachdem*

1. Setze die Konjunktionen in die Leerstellen der Geschichte ein. Wie könnte die Geschichte weitergehen?
2. Welche Konjunktionen verbinden Hauptsätze zu Satzreihen, welche Hauptsätze und Nebensätze zu Satzgefügen? Ordne sie entsprechend.
3. Welche dieser Konjunktionen können auch Wörter verbinden? Welche nicht? Probiert es aus.
4. Schreibe einen kleinen Text, in dem beide Konjunktionen (beiordnende und unterordnende) vorkommen.

- Konjunktionen drücken Verbindungen aus.
- Konjunktionen können Wortteile, Wörter, Wortgruppen und Sätze verbinden.
- Konjunktionen, die Hauptsätze (Satzreihe), Wortgruppen und Wörter verbinden, heißen beiordnend.
- Konjunktionen, die Haupt- und Nebensatz (Satzgefüge) verbinden, nennt man unterordnend.

42 WORTARTEN

Das Adverb

Was Adverbien anzeigen

Wie kommt die Maus zum Speck?

Weg 1
Bei der ersten Kreuzung links,
bei der nächsten rechts,
bei den beiden nächsten geradeaus,
bei der nächsten rechts,
bei der letzten links.

Weg 2
Bei der ersten Kreuzung rechts,
bei den beiden nächsten links,
bei den beiden nächsten rechts,
bei der letzten geradeaus.

1. Welcher Weg bringt die Maus zum Speck? Welche Wörter haben dir bei der Lösung vor allem geholfen? Warum?

Zu schnell gefahren?

Herr Müller besitzt ein schnelles Auto. Auf dem Weg zur Arbeit fährt er die Hauptstraße entlang. Vor der Schule steht eine Radarfalle. Herr Müller fuhr langsam, weil er Zeit hatte. Er fährt schnell. Es blitzt und Herr Müller muss mit einem Bußgeldbescheid rechnen.

gestern, heute, deshalb, ausnahmsweise, immer, plötzlich

2. Setze die kursiv gedruckten Wörter in die Geschichte ein, sodass sie einen Sinn bekommen.
3. Was zeigen diese Wörter an?

Adjektive und Adverbien vergleichen

Kurzbiografie

Er war ...
jung, gesund, stark, kräftig, lebensfroh, beweglich, energisch, tatkräftig, begeisterungsfähig, fleißig, gründlich, gebildet, klug, scharfsinnig, [...] hervorragend, anständig, gut, ehrlich, aufrichtig, offen, bescheiden, erhaben, gediegen, musikalisch, sparsam, selbstlos, aufopfernd, unermüdlich, gesellig, gastfreundlich, zuvorkommend, großzügig, liberal, gesittet, ordentlich, naiv, nachlässig, unbedeutend, desinteressiert, einfältig, ungehobelt, pedantisch, kriecherisch, nichtssagend, missgestaltet, boshaft, niederträchtig, feige, grausam, hinterhältig, falsch, rachsüchtig, alt ...

1. Suche dir Adjektive heraus, mit denen du deinen besten Freund/deine beste Freundin beschreiben kannst. Verwende bei der Beschreibung die Adjektive als Attribute.
2. Lassen sich deine Adjektive auch als Adverbien gebrauchen? Bilde Beispielsätze: *Sie sieht jung aus.*
3. Bilde von deinen Sätzen den Plural. Wie verändern sich die Adjektive beim attributiven und adverbialen Gebrauch? Was fällt dir auf?
4. Einige Adjektive sind aus den nebenstehenden Verben abgeleitet. Wie werden diese Adjektive gebildet? Teile sie in zwei Gruppen ein.

bilden, opfern, kommen, bedeuten, interessieren, hobeln, sagen, gestalten

Nächstenliebe   Slavica Tomic

Sie sind zu zweit. Ein Mann, eine Frau. Sie sitzen *leise*, unauffällig. Schwarze Hautfarbe, *wahrscheinlich* kommen sie von weit her. Sie sitzen *immer* am gleichen Ort. *Manchmal* liegt eine Silbermünze in ihrem Hut. Ein Passant hat sie *vielleicht* hineingeworfen. *Oft* ist der Hut auch leer. *Irgendwann* komme ich vorbei. Arme Menschen; Hunger ist fürchterlich; man muss ihnen helfen, *schnell* alle Not der Welt lindern, denke ich und gehe weiter.

5. Schreibe die kursiv gedruckten Adverbien heraus. Welche sind adverbial gebrauchte Adjektive? Welche nicht?
6. Welche Adverbien lassen sich steigern? Bilde Sätze mit ihnen.

Worauf Adverbien sich beziehen

Ein Greenhorn im Wilden Westen

Ein Greenhorn ist ein Neuling im Wilden Westen. Die Cowboys erkennen es sofort und lachen über sein komisches Benehmen:

Was macht ein Greenhorn, wenn es in der Prärie übernachten muss? –
Es pumpt <u>schnell</u> seine Luftmatratze auf.

Was verlangt ein Greenhorn im Westernladen für den ersten Ausritt? –
Die Salbe <u>dort</u> gegen einen wunden Po.

Was sind die letzten Worte eines Greenhorns, wenn es einem Revolverhelden begegnet? –
Mit deinen beiden Pistolen siehst du aber <u>komisch</u> aus.

Wie schließt ein Greenhorn mit Indianern Frieden? –
Es gibt ihnen <u>locker</u> lächelnd die Hand.

Was denkt ein Greenhorn, wenn es sieht, wie Indianer ein Lagerfeuer anmachen? –
<u>Wahrscheinlich</u> haben die ihr Feuerzeug vergessen.

Was denkt ein Greenhorn, wenn es zum ersten Duell herausgefordert wird? –
<u>Hoffentlich</u> ist in meiner Wasserpistole genügend Wasser.

Was sagt ein Greenhorn, wenn es im Saloon Speck und Bohnen zum Frühstück angeboten bekommt? –
„Ich trinke morgens nur <u>ganz</u> heiße Milch."

Wie will ein Greenhorn in die nächste Stadt kommen? –
Es lässt sich eine <u>gut</u> gepolsterte Kutsche reservieren.

Woran erkennt man ein Greenhorn beim Kauf eines Sattels? –
Es kauft sich ein Kissen <u>dazu</u>.

Was denkt ein Greenhorn, wenn es zum ersten Mal Indianer in Kriegsbemalung sieht? –
Die haben sich aber <u>sehr</u> schön geschminkt.

1. Worauf beziehen sich die unterstrichenen Adverbien und Adjektive?
2. Schreibe auf: Wie würde ein Cowboy in den Situationen handeln? Verwende dabei Adverbien und Adjektive in gleicher Funktion:
   Was macht ein Cowboy, wenn er in der Prärie übernachten muss? Er sucht zunächst einen geschützten Platz…

DAS ADVERB

Adverbien lassen sich einteilen

Ein Fall für Kommissar Hansmann

Der Gauner Ede führt seine Einbrüche *nachts* aus. Er geht *immer geschickt* vor und wurde *deshalb bisher* nicht erwischt. *Heute* hat er sich die Villa Messerschmidt ausgesucht, die abseits liegt. Die Gegend *dort* hat er *genau* ausgekundschaftet und ist sich *daher* seiner Sache sicher.

Es regnet *stark*. *Vorsichtig* klettert er über die Mauer, die das Grundstück umgibt. *Plötzlich* löst sich *oben* ein Stein und fällt *abwärts*. *Glücklicherweise* ist *nirgendwo* das leise Klicken gehört worden, als der Stein am Boden ankam.

Endlich hat Ede es geschafft, die Mauer zu überqueren, und *leise* nähert er sich der Villa. Vor der Alarmanlage fürchtet Ede sich nicht. In der Zeitung stand *nämlich*, die Villa bekomme *demnächst* die sicherste Anlage der Welt. „Wie dumm die sind", denkt Ede *noch verschmitzt*, „will man einen besseren Tipp bekommen? *Folglich* muss die Villa *augenblicklich* keine Warngeräte haben."

Kaum hat Ede diesen Gedanken zu Ende gedacht, heult es *überall laut*. „Die Alarmanlage! Eine Falle! Darum stand es in der Zeitung!", geht es ihm durch den Kopf.

Blindlings rennt Ede zur Mauer zurück und übersieht den Gartenteich, in den er plumpst. Doch *flugs* rafft er sich auf und schwingt sich *kurzerhand* über die Mauer. „Gerettet", denkt er bei sich und geht *erleichtert* die Straße entlang.

Plötzlich steht Kommissar Hansmann vor ihm. „Ede, du bist verhaftet!" – „Wo sind die Beweise?", fragt Ede. „Du bist ganz nass und die Nachbarn haben gesehen, dass der Einbrecher kopfüber in den Teich gefallen ist", behauptet Hansmann. „Es regnet, *darum* bin ich nass", entgegnet Ede *siegessicher*.

Ruhig geht Hansmann auf Ede zu, hebt dessen Arme in die Höhe und sagt: „Schau deine nassen Achseln an! *Also* kannst du nicht vom Regen nass sein."

1. Warum ist Hansmann sich sicher, dass Ede nicht vom Regen so nass ist?
2. Unterscheide die kursiv gedruckten Adverbien und adverbial gebrauchten Adjektive. Trage sie in eine Tabelle ein:

lokal	temporal	modal	kausal
abseits	nachts	flugs	deshalb

218

Wie Adverbien gebraucht werden

Klassensprecherwahl

In der 6a wird ein neuer Klassensprecher oder eine Klassensprecherin gewählt. Normalerweise ist diese Tätigkeit nicht so begehrt. In der 6a ist alles anders: Fünf Kandidatinnen und ein Kandidat stehen zur Auswahl. Um der Klasse die Wahl zu erleichtern, kam die Klassenlehrerin auf die Idee, dass jeder der sechs kurz begründen soll, warum gerade er oder sie für dieses Amt geeignet ist.

Sebastian, der einzige Junge als Kandidat, ist sehr ehrgeizig. Vor allem meint er, die Ehre der Jungs retten zu müssen. Für seine Rede holt er sich deshalb Rat bei seinem älteren Bruder, der bereits die Oberstufe besucht und in der Schule als Angeber gilt. Sein Bruder hat ihm folgende Rede aufgesetzt:

Liebe Mitschülerinnen und Mitschüler,
ich bin für diesen Posten ausgezeichnet geeignet, weil ich mir schon sehr, sehr lange intensivst Gedanken darüber gemacht habe. Als Klassensprecher muss man hervorragend reden können. Durch äußerst zahlreiche Diskussionen mit meinem älteren
5 Bruder habe ich das besonders geübt. Auch muss ein Klassensprecher äußerst viel Mut besitzen. Er muss notwendigerweise höchst beherzt die Interessen der Klasse gegenüber Lehrern vertreten. Besonders förderlich sind hier meine sehr vielfältigen Erfahrungen zu Hause. Mein großer Bruder ist überragend intelligent. Gegen ihn muss ich mich mühevollst behaupten.
10 Darüber hinaus habe ich noch unzählig andere Fähigkeiten für diesen Posten, ja sogar noch mehr. Ich bin mir irgendwie ganz sicher, dass ihr für diesen Posten keinen so guten Bewerber wie mich finden könnt. Ihr seht ja auch, wie mir die Sache unheimlich am Herzen liegt. Vielleicht solltet ihr deshalb unbedingt die Gelegenheit wahrnehmen und mich wählen.

1. Hat Sebastian mit seiner Rede Erfolg? Begründe deine Meinung.
2. Schreibt selbst eine solche Rede. Vergleicht sie mit Sebastians Entwurf.

- Adverbien bezeichnen die Umstände des Geschehens in einem Satz näher.
- Manche Adverbien können wie Adjektive gesteigert werden. Ansonsten sind sie unveränderlich.
- Adverbien können sich auf ein Verb, ein Substantiv, ein Adjektiv, ein anderes Adverb oder auf den ganzen Satz beziehen.
- Partizip I (Partizip Präsens) und Partizip II (Partizip Perfekt) können auch als Adverbien gebraucht werden.
- Adverbien können in Lokal-, Modal-, Temporal- und Kausaladverbien eingeteilt werden.

Knifflige Fälle für Grammatikfans

In welche Richtung bitte?

Wer Fahrrad fährt, weiß, dass man in die falsche Richtung fahren kann. Auch wenn man spricht, kann es sein, dass die Richtung nicht stimmt:
Ich ging die Treppe herunter/hinunter. Ich soll ihr das Buch herauf/hinaufbringen. Ich schiebe ihm den Zettel herüber/hinüber. Wie würdest du sagen?

Auch wenn Verben transitiv sind …

Für die Passivbildung gelten bestimmte Regeln, die du sicherlich im Kopf hast. Anders ausgedrückt: Wann kann aus einem Aktiv- ein Passivsatz werden? Wende diese Regeln auf folgende Sätze an:
*Ich habe Angst.
Das Buch kostet viel Geld.
Ich kenne einen guten Witz.*
Was fällt dir auf?

Aus unter- wird nebenordnend

Da gibt es doch tatsächlich eine Konjunktion, die in der gesprochenen Alltagssprache oft so gebraucht wird, wie wir es nicht tun sollten:
*Ich konnte nicht kommen,
weil ich hatte keine Zeit.*
Weißt du, warum die Grammatiker einen roten Kopf bekommen, wenn sie einen solchen Satz hören? Wie muss der Satz richtig heißen?

Doppelt gemoppelt

Weißt du, was doppelt gemoppelt ist? Wenn jemand etwas tut, obwohl es gar nicht nötig ist, also zwei Hölzer zusammenklebt und sie dann noch zusammennagelt. Folgende Sätze sind auch doppelt gemoppelt:
Sie helfen sich einander. Sie schaden einander gegenseitig.
Warum?

Zweimal deklinieren geht nicht

Mit dem Kasus ist es beim Relativpronomen so eine eigene Geschichte. Der richtet sich nicht nach dem, worauf sich das Relativpronomen eigentlich bezieht. Verwirrt? Schau dir mal folgenden Satz an:
Mein Freund, mit dessen/dessem Ball ich gespielt habe, war wütend.
Welche Form des Relativpronomens ist richtig? Versuche, deine Meinung zu begründen. Ein Tipp: *dessen* ist bereits eine deklinierte Form.

Furchtbar geschwollen

Wörter sind geduldig. Sie lassen viel mit sich machen, auch das Demonstrativpronomen. So stört es diese Wörter nicht, wenn man geschwollen daherredet:
Nachdem ich das Buch gekauft hatte, wollte ich dasselbe sofort lesen. Der höchste Berg im Schwarzwald ist der Feldberg. Die Höhe desselben beträgt 1493 m.
Wie kannst du das einfacher sagen?

Wortbildung

Wie Wörter gebildet werden

Der Zauberhut

Solambo ist ein ganz besonderer Zauberer: ein Wortzauberer. Er wirft Wörter in seinen Hut, spricht ein Zauberwort und schon kommen ganz andere Wörter aus dem Hut heraus. Hier ein paar Beispiele: Wenn er „hokus" sagt, wird aus einem Wort mit Hilfe von kurzen Zeichen ein neues Wort gebildet: *grün* – „hokus" – *-lich* = *grünlich*. Bei dem Zauberwort „pokus" wechselt das Wort die Wortart: *essen* – „pokus" – *das Essen*.

Wenn „hokuspokus" zu hören ist, werden zwei Wörter zu einem zusammengefügt: *Strich* – „hokuspokus" – *Punkt* = *Strichpunkt*. Jetzt siehst du seinen Hut mit den sechs Ursprungswörtern und all den Wörtern, die daraus gezaubert wurden:

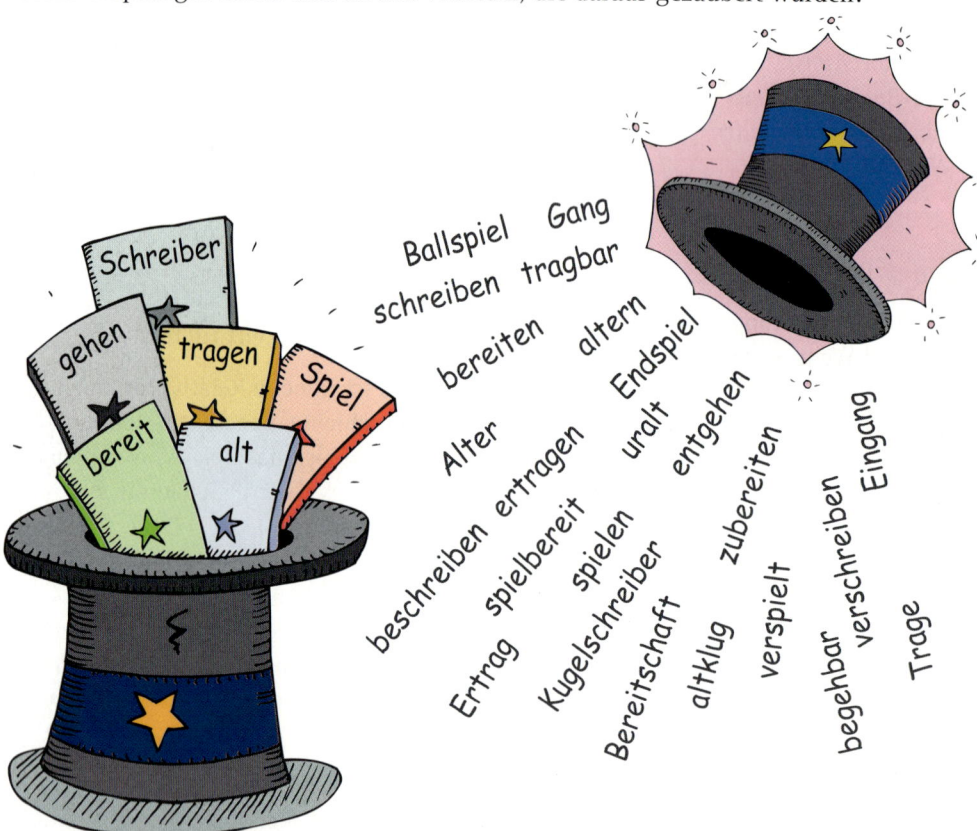

Ursprungswörter: Schreiber, gehen, tragen, Spiel, bereit, alt

Verzauberte Wörter: Ballspiel, Gang, schreiben, tragbar, bereiten, altern, Alter, Endspiel, uralt, entgehen, Eingang, beschreiben, ertragen, spielbereit, spielen, zubereiten, verschreiben, Ertrag, Kugelschreiber, altklug, verspielt, begehbar, Bereitschaft, Trage

1. Ordne die verzauberten Wörter den Ursprungswörtern zu.
2. Bestimme die Veränderungen: Welches Zauberwort musste der Zauberer jeweils sagen?

WORTBILDUNG

Wie Substantive gebildet werden

Schubladen

1
heiße Luft
blaues Licht
die höchste Leistung
ein enger Pass

2
hetzen + -erei
erlauben + -nis
lehren + -ling
mahnen + -ung
fahren + -er
ge- + hopsen

3
Jacke aus Wolle
Spezialist für Computer
Dieb, der aus Taschen stiehlt
Dieb, der Juwelen stiehlt

4
– die Zeit vor dem Mittag
– eine Tür hinter der Tür
– ein Name nach dem Namen
– eine Hose unter der Hose

5
frech + -heit
fremd + -ling
heiter + -keit
reich + -tum
rot + -e
trüb + -e

6
– diese Maschine spült
– mit diesem Finger zeigt man
– aus diesem Buch liest man
– auf diesem Tisch schreibt man

7
Fisch + -lein
Haus + -chen
Schüler + -schaft
Lehrer + -in
Gips + -er
Bürger + -tum
Kind + -heit
Ge- + Busch
Ur- + Wald
Un- + Sitte

- Substantiv + Substantiv
- Substantiv + Adjektiv
- Adjektiv + Suffix
- Substantiv + Präfix/Suffix
- Substantiv + Verb
- Verb + Präfix/Suffix
- Substantiv + Präposition

1. Wie heißen die Substantive in den einzelnen Schubladen? Schreibe sie heraus.
2. Nach welchen Gesichtspunkten sind die Wörter und Wortteile den Schubladen zugeteilt? Ordne ihnen die gelben Schilder zu.
3. Suche für jede Schublade weitere Beispiele.
4. Wonach richtet sich bei Komposita der Artikel?

50 WORTKUNDE · WORTBILDUNG

Wie Adjektive gebildet werden

Setzkasten

Blitz	-al	heute	-sam	sicher	Seide
voll	halten	frisch	Rest	Rom	sagen
dunkel	Tod	elastisch	hoch	-alisch	Kugel
groß	Wunder	schnell	-en	Spiegel	-haft
frei	leicht	modisch	satt	Ernst	-lich
Kind	Fehler	glatt	Norm	durchlassen	rund
Farbe	un-	neu	schön	-ig	Feder
Blei	blau	-bar	Moral	sparen	Wind
still	rösten	-eren	Riese	-isch	alt

1. Bilde mit den Wörtern und Wortteilen aus dem Setzkasten möglichst viele Adjektive.
2. Erkläre jeweils, wie das Adjektiv gebildet wurde: *Freude (Substantiv) + -ig (Suffix) = freudig.*
3. Fertige selbst einen solchen Setzkasten an.

WORTBILDUNG

Wie Verben gebildet werden

Dichterworte

*Viele ältere Dichter haben Verben auf vielfältige Weise gebildet.
Hier ein paar Beispiele:*

Wenn ich <u>bedenke</u>, wie heiß treue Eltern auch an ihren ungeratensten Kindern hangen und dieselben nie aus ihrem Herzen <u>verbannen</u> können, so finde ich es höchst unnatürlich, wenn sogenannte brave Leute ihre Erzeuger <u>verlassen</u> und <u>preisgeben</u>, weil dieselben schlecht sind und in der Schande leben.
Gottfried Keller (1819–1890): Der grüne Heinrich

Wenn sich das Ewige und Unendliche immer so <u>stillhält</u> und <u>verbirgt</u>, warum sollten wir uns nicht auch einmal eine Zeit ganz vergnügt und friedlich <u>stillhalten</u> können?
Gottfried Keller: Die Leute von Seldwyla

Das deutsche Wort „Dichtkunst" <u>entspricht</u> dem griechischen „Poesie" keinesweges. Richtiger wäre es durch „Bildnerei" zu <u>übersetzen</u>. Denn <u>gedichtet</u> oder <u>gefabelt</u> wird nicht immer; hergegen überall wird <u>gebildet</u>.
*Gottfried August Bürger (1747–1794):
Von der Popularität der Poesie*

Du Langschläfer, sagte der Vater, wie lange sitze ich schon hier und <u>feile</u>. Ich habe deinetwegen nichts <u>hämmern</u> dürfen; die Mutter wollte den lieben Sohn schlafen lassen.
Novalis (1772–1802): Heinrich von Ofterdingen

Der Schwärmer tut oft sehr richtige Blicke in die Zukunft: aber er kann diese Zukunft nur nicht <u>erwarten</u>. Er wünscht diese Zukunft beschleuniget; und wünscht, dass sie durch ihn beschleuniget werde. Wozu sich die Natur Jahrtausende Zeit nimmt, soll in dem Augenblicke seines Daseins <u>reifen</u>.
*Gotthold Ephraim Lessing (1729–1781):
Die Erziehung des Menschengeschlechts*

Fragt der Zehnte: „Warum schlüpft der Küfer in die Fässer?" Der Jud sagt: „Wenn die Fässer Türen hätten, könnte er aufrecht <u>hineingehen</u>."
*Johann Peter Hebel (1760–1826):
Schatzkästlein des rheinischen Hausfreundes*

1. Wie sind die unterstrichenen Verben gebildet? Achte darauf, wie sie zusammengesetzt sind.
2. Suche neuere Wortbildungen, die diese Dichter noch nicht kannten: *notlanden, abdriften …*

- Viele Wörter werden durch Wortartwechsel, durch Zusammensetzung und durch Ableitung gebildet.
- Substantive, Adjektive und Verben werden häufig mit Wörtern verschiedener Wortarten sowie Präfixen und Suffixen gebildet.

52 WORTKUNDE

Bedeutungslehre

Welche Bedeutungen Wörter haben können

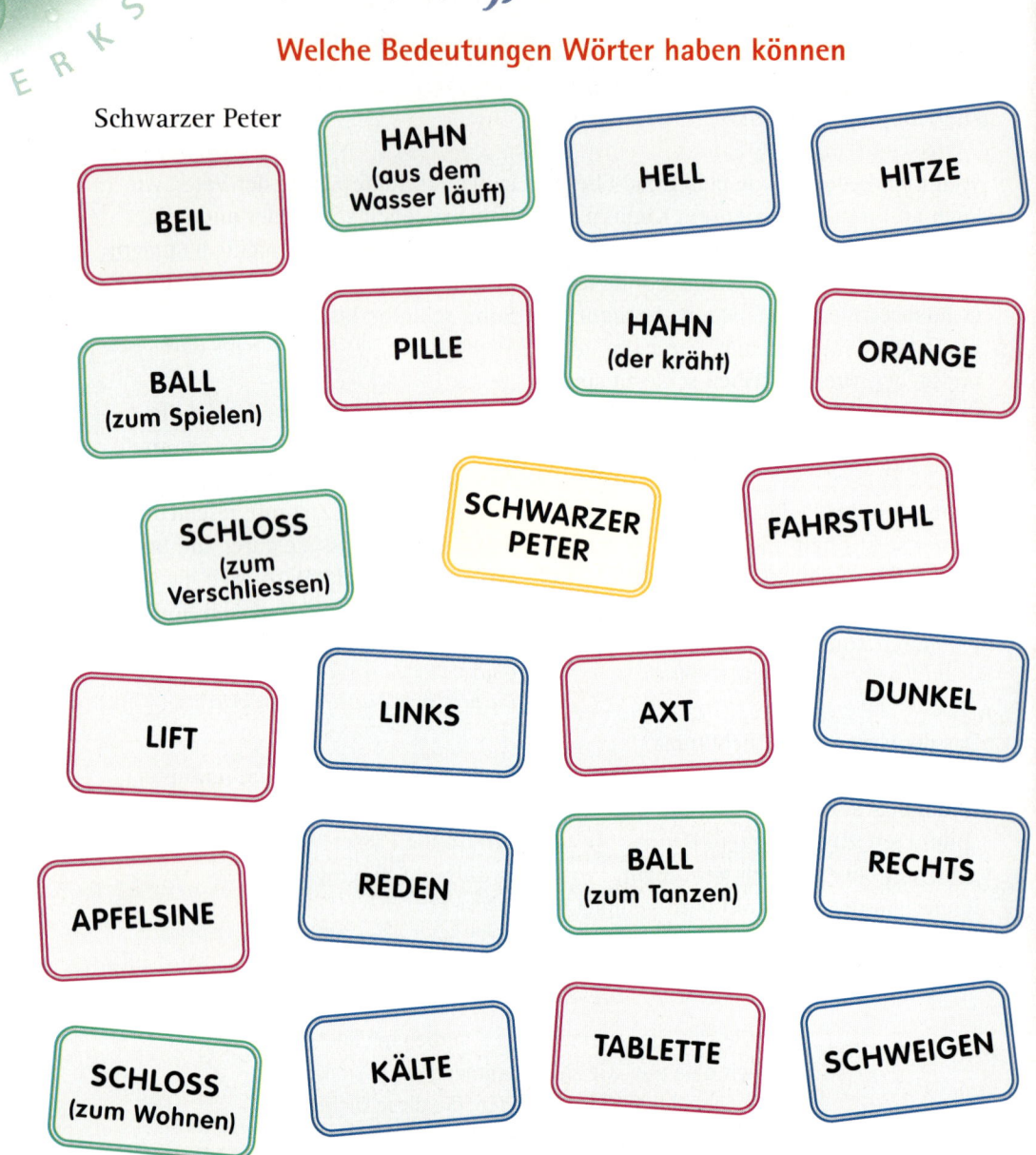

Schwarzer Peter

- BEIL
- HAHN (aus dem Wasser läuft)
- HELL
- HITZE
- BALL (zum Spielen)
- PILLE
- HAHN (der kräht)
- ORANGE
- SCHLOSS (zum Verschliessen)
- SCHWARZER PETER
- FAHRSTUHL
- LIFT
- LINKS
- AXT
- DUNKEL
- APFELSINE
- REDEN
- BALL (zum Tanzen)
- RECHTS
- SCHLOSS (zum Wohnen)
- KÄLTE
- TABLETTE
- SCHWEIGEN

1. Warum haben die Spielkarten unterschiedliche Farben?
   Welche Spielkarten bilden ein Paar?
   Was haben die Paare gemeinsam?
   Kennst du weitere Wortpaare?
2. Bastle auch solche Spielkarten. Du kannst dann mit deinem Nachbarn oder in der Gruppe *schwarzer Peter* spielen.

219

BEDEUTUNGSLEHRE 53

Wie Begriffe geordnet werden können

Ordnung im Regal

Kathrin hat eine kleine Schwester, die einen schönen Kaufladen besitzt. Zu dem Kaufladen gehören verschiedene Karten, die Obstsorten bezeichnen. Damit lässt sich das Obstregal des Kaufladens beschriften. Leider sind alle Karten durcheinander geraten. Kathrin will ihrer kleinen Schwester helfen, Ordnung zu schaffen.

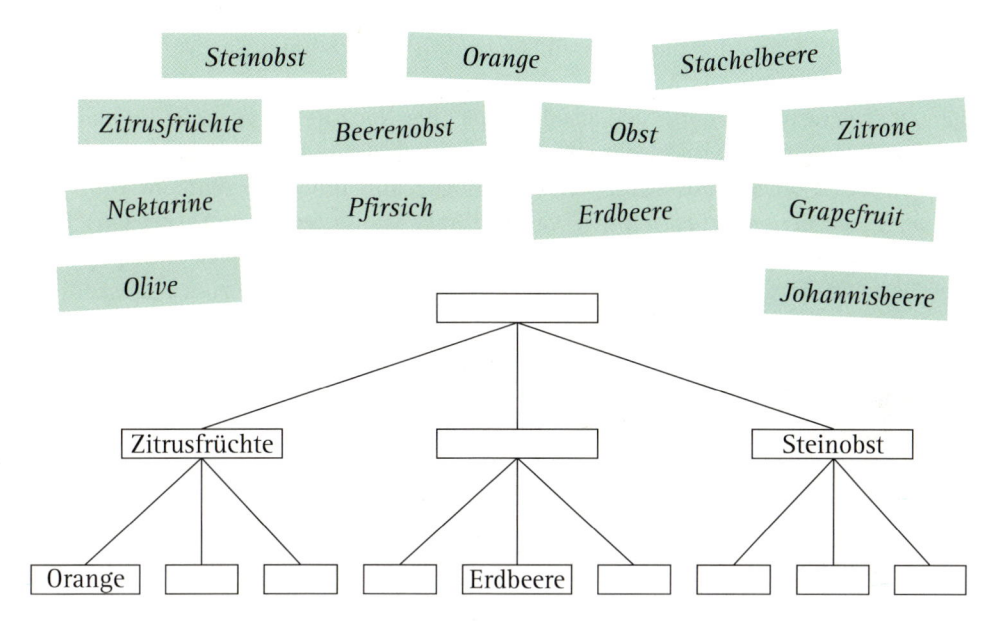

Steinobst   *Orange*   *Stachelbeere*
Zitrusfrüchte   *Beerenobst*   *Obst*   *Zitrone*
Nektarine   *Pfirsich*   *Erdbeere*   *Grapefruit*
Olive   *Johannisbeere*

```
                    [       ]
          _____|_____
         |           |           |
   Zitrusfrüchte  [     ]     Steinobst
    ___|___      ___|___      ___|___
   |   |   |    |   |   |    |   |   |
 Orange          Erdbeere
```

1. Wie will Kathrin die Karten ordnen? Kannst du ihr helfen und die Lücken auffüllen?
2. Wie könnte man die Obstsorten nach unten und oben weiter ordnen? Denke daran, wozu Obst gehört und woraus etwa ein Pfirsich besteht.
3. Ordne auch die folgenden Begriffe:

Kohlrabi, Blütengemüse, Sellerie, Schalotte, Gemüse, Broccoli, Blumenkohl, Fruchtgemüse, Wassermelone, Honigmelone, Karotte, Knoblauch, Zwiebelgemüse, Lauch, Artischocke, Kürbis, Wurzelgemüse, Schwarzwurzel

- Wörter mit gleicher Bedeutung heißen **Synonyme**.
  Gleiche Wörter mit verschiedener Bedeutung heißen **Homonyme**.
  Wörter mit gegensätzlicher Bedeutung heißen **Antonyme**.
- Wörter lassen sich nach **Ober-** und **Unterbegriffen** ordnen.

Sprachliche Bilder

Was Metaphern sind und welche Funktion sie haben

Untergehende Sonne

Die Nachmittagssonne senkte sich zwischen die Tipis am Fluss. *Springender junger Hund* saß am Ufer und dachte nach. Er gehörte zum Stamm der *Nez Percés*, der *durchbohrten Nasen*, die ihren Namen von der Tradition hatten, ihre Nasen mit Ringen zu schmücken. Er hatte sich aus dem Spiel der *Noch nicht mit tiefer Stimme Redenden* zurückgezogen und wollte in das Tipi seiner Mutter gehen. Diese schickte ihn jedoch sofort wieder aus dem Zelt hinaus. Die alte Frau, die man im Dorf *Die Schmerz und Freude bringt* nannte, war bei seiner Mutter gewesen. *Springender junger Hund* wusste, was das bedeutete. Das Kind, das seine Mutter viele Monde getragen hatte, sollte geboren werden. *Springender junger Hund* ging zum Fluss zurück. Er war nun schon 13 Sommer alt und hatte dem Ereignis ziemlich gelassen entgegengesehen. Nun freute er sich doch und erinnerte sich daran, was man ihm über den Tag seiner Ankunft in den Zelten am Fluss berichtet hatte. Er wurde in einer ziemlich kalten Nacht geboren und so verwunderte es niemanden im Dorf, dass er *Klirrender Frost* genannt wurde. Diesen Namen hatte er behalten bis zu jenem Tag, an dem er von einer vergorenen Kürbisfrucht gekostet hatte. Die Wirkung war wie bei Männern, die Feuerwasser getrunken hatten. Er war wild tanzend durch das Dorf gesprungen und hatte gar nicht bemerkt, wie die anderen ihn auslachten. Nun träumte er von einer großen Tat, denn es gab Männer im Dorf, die hießen *Tötet den großen Bären* und *Kämpft mit beiden Armen*. Solch einen Namen wollte er sich auch verdienen.

Die Sonne war inzwischen ganz in den Weiten versunken. *Springender junger Hund* ging zum Zelt zurück. „Das ist *Untergehende Sonne*", begrüßte ihn seine Mutter lächelnd. Neugierig betrachtete er seine kleine Schwester.

1. Welche Namen haben die Indianer?
   Wie bekommen sie diese?
2. Worin unterscheiden sich diese Namen von unseren?
3. Gebt euch Namen in *Indianersprache*.
   Was müsst ihr dabei beachten?
4. Den Begriff *Mitleid* gibt es bei den Indianern nicht.
   Sie drücken dieses Gefühl mit *Die hungernden Fremden speisen* aus. Versuche *Durst, Hunger, Freude, Angst* oder *Trauer* zu umschreiben.

SPRACHLICHE BILDER 55

Schule in Seenot!

Am Gymnasium einer Hafenstadt gibt es große Probleme. Die Schülermitverantwortung ist untereinander zerstritten und der Schulsprecher, Hans Widerborst, liegt zudem in ständigem Streit mit dem Direktor und der Lehrerschaft. Nun steht die Wahl eines neuen Schulsprechers an: Einziger Kandidat ist Jens Tiedfrieden aus der 12. Klasse, der auch tatsächlich gewählt wird. Sein Vater ist Kapitän und irgendwie wirkt sich das auf seine Antrittsrede aus:

Sehr geehrter Herr Direktor, sehr geehrte Lehrer, liebe Schüler!

Wir sitzen doch alle in einem Boot, dessen Kapitän ich gern für einen Teil der Schiffscrew sein will. „Alle Mann an Deck!", möchte ich Ihnen allen zurufen. Keiner soll in dieser Zeit von Bord gehen.
Es hat doch keinen Sinn, ständig auf Gegenkurs zu steuern. Wir müssen das Ruder herumreißen und wieder in ruhigeres Fahrwasser kommen ...

Sturm · Mannschaft · Meuterei · Anker werfen · Steuermann · Hafen · In Seenot geraten

5. Was will Jens mit seiner Rede erreichen? Wie macht er dies?
6. Setze die Rede mit den aufgeführten Wörtern fort.

- **Metaphern** sind bildhafte Ausdrücke mit übertragener Bedeutung. Sie dienen häufig der Veranschaulichung von Texten und Reden.

Knifflige Fälle für Grammatikfans

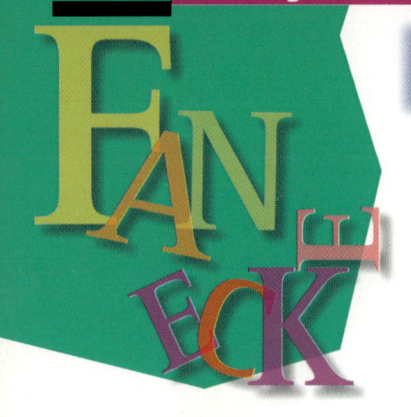

Nur der Infinitiv!

Verben haben schon ihre Eigenheiten, vor allem wenn ein Teil von ihnen ein Substantiv ist, also Verben wie *bergsteigen*, *bausparen* oder *schutzimpfen*. Dann wollen diese Verben doch tatsächlich das nicht zulassen, was alle einfachen Verben problemlos erlauben. Was das wohl ist? Konjugiere diese Verben mal! Dann wirst du es merken.

Aufdringlich!

Was hat Mathematik mit der Wortbildung zu tun? Ganz einfach: Mathematisch gesprochen ergibt sich bei der Wortbildung von Substantiven folgende Gleichung:
Substantiv + Substantiv = Substantiv.
Doch leider will sich manchmal der Buchstabe *s* dazwischen drängen. Man weiß dann nicht so recht, ob es hingehört oder nicht. Bei *Mordskerl* ist es klar. Wie ist es aber bei den folgenden Substantiven: *Verbandmull, Gesangverein, Ausweglosigkeit, Mehrwertsteuer?*
Ein Tipp: Alle haben die gleiche Schreibung.

Wer spricht denn so?

Willst du ab und zu mal witzig reden? Dann verwende doch ganz einfach folgende Wortzusammensetzungen: *heuschrecklich, Ehrgeizhals, Blitzschlagzeug, Apfelkernreaktor.*
Warum wirken diese Wörter witzig? Kannst du weitere erfinden?

Geschrieben und gesprochen

Was auf Papier geschrieben steht und keine Fehler enthält, ist klar und deutlich.
So könnte man meinen.
Doch manchmal kommt es auf die Betonung an, was ein zusammengesetztes Verb bedeutet. Wenn es geschrieben ist, wird gar nicht so recht klar, was eigentlich gemeint ist:
So kann ich etwas *um*fahren, aber auch um*fahren*. Denke an den Polizisten an der Kreuzung, dem das nicht egal ist, was du hier machst. Also betone und fahre richtig:
Alles klar? Dann erkläre mal, wie man die Verben *durchbrechen* und *übersetzen* je nach Betonung verstehen kann.

Tod ist nicht gleich tot!

Es sieht so aus, als ob bei der Wortbildung ein ziemliches Durcheinander herrscht. Anscheinend kann jede Wortart mit jeder zusammengesetzt werden, etwa das Adjektiv mit dem Substantiv (z. B. wie in *Schnellimbiss*) oder mit dem Verb (z. B. *schönreden*). Beim Substantiv *Tod* und beim Adjektiv *tot* ist dies jedoch ganz anders. Die können nur die Verbindung mit *einer* Wortart eingehen. Mit dem Adjektiv oder mit dem Verb. Weißt du, welches der beiden Wörter mit einem Adjektiv und welches mit einem Verb zusammengesetzt werden kann?

WERKSTATT

Werkstatt 57

Schreiben

Zum Schreiben gehört Handwerkszeug:
z. B. um den Anfang, das besondere Ereignis und
das Ende einer Erzählung zu gestalten.
In dieser Schreib-Werkstatt wird nun das Handwerkszeug verfeinert: Du lernst raffinierte
Erzähltechniken kennen wie etwa die
Perspektivgestaltung oder die Raffung
und die Dehnung.

Bausteine des Erzählens

Was zum Erzählen gehört

Fahrradgeschichten

Wer war dabei?

Wann war das?

Wo denn?

Was ist denn eigentlich passiert?

1. Erzähle eine Geschichte zu dem Bild. Beantworte dabei die Fragen.
2. Setzt euch im Kreis zusammen und erzählt eure Geschichten. Wie wurden die Fragen beantwortet?

Die geheimnisvolle Insel *Eva Marder*

Die Neumondnacht war zum Fürchten schwarz und finster. Nur das Leuchtfeuer am Hafen flammte rot, erlosch und flammte wieder auf. Die Insel weit draußen im Meer konnte man nur ahnen. Oben im Dorf standen zwei Betten leer. An der Mole machten sich zwei Jungen am Kahn des alten Petersen zu schaffen, banden den Strick los und sprangen hinein.
Es war ein schwerer Kahn aus gutem Eichenholz. Tim und Tom saßen nebeneinander. Jeder hatte ein Ruder mit beiden Händen gepackt. Jeder ruderte, als ob es ums Leben ginge. Trotzdem schien das Boot kaum vom Fleck zu kommen. [...]

3. Wie wird in dieser Geschichte über Ort, Zeit, Personen und Handlung erzählt?
4. Wie könnte diese Geschichte weitergehen?

Einen Ort entdecken

Die Schule als Fundort

Bei diesem Spiel wird die Klasse in sechs Gruppen geteilt. Aufgabe für jede Gruppe ist es, in fünf Minuten möglichst viele Gegenstände im gesamten Schulgebäude zu entdecken, die bestimmte Merkmale aufweisen, und zwar solche, die entweder
- a) rund sind,
- b) in die Hand genommen werden können,
- c) mit dem Buchstaben T beginnen.

Die Namen der gefundenen Gegenstände werden auf einen Zettel geschrieben.
Die Gruppe mit der längsten Wörterliste hat gewonnen.
Anschließend findet ein Schreibspiel statt: Jede Gruppe wählt sechs Wörter aus ihrer Wörterliste aus und schreibt sie auf ein großes Blatt. Jede Gruppe fügt bei den fünf anderen Gruppen ein beliebiges weiteres Wort hinzu. Jede Gruppe hat am Ende eine Liste mit elf Wörtern.
Alle Gruppen schreiben nun eine witzige, merkwürdige oder spannende Schulgeschichte, in der alle elf Wörter vorkommen.

1. Geht in eurer Schule auf Wörtersuche und spielt anschließend das Schreibspiel.

Auf dem Bahnhof

2. Wann warst du das letzte Mal auf einem Bahnhof? Erinnerst du dich, welche Geräusche, Gerüche, Bilder und Sprachfetzen es dort gab? Lege einen Stichwortzettel an.
3. Was ist das Besondere an diesem Ort? Welche Bedeutung könnte er für eine Geschichte haben?
4. Schreibe eine Bahnhofsgeschichte.

Personen entdecken

Die Neue

Edvard Munch
(1863–1944):
Aasgaardstrand (1902)

1. Beschreibe den Eindruck, den die Personen auf dich machen.
   Zu welcher Geschichte können sie dich anregen?
   Schreibe sie auf.

Auf Personensuche – ein Partnerspiel

Bei diesem Spiel zeichnen zwei Spieler jeweils die Körperumrisse einer Person auf ein DIN-A4-Blatt. Dann denkt sich jeder eine interessante Person aus und beschreibt auf dem Blatt möglichst genau ihr Aussehen: Größe, Körperbau, Haare, Kleidung. Die Blätter werden getauscht und jeder fügt weitere Informationen hinzu: Name, Alter, Beruf, Familie, Wohnort, Hobbys. Die Blätter mit den neuen Informationen werden erneut getauscht. Nun wird aufgeschrieben, was diese Person in einer bestimmten Situation denkt und fühlt, z.B. morgens um 7 Uhr, beim Einkaufen, im Café …

2. Spiele dieses Spiel mit deinem Nachbarn.
   Welche Figuren sind bei euch entstanden?
3. Denkt euch zu euren Figuren Gegenfiguren aus,
   z.B. einen stillen Jungen zu einer zänkischen alten Frau.
4. Schreibt gemeinsam eine Geschichte,
   in der eure Figuren vorkommen.

BAUSTEINE DES ERZÄHLENS 61

Eine Handlung entdecken

Ein Drehbuch-Entwurf

	Zeit	Ort	Personen	Handlung
1. Bild	Ein Nachmittag im Januar	Zugefrorener See am Dorfrand; Eisfläche mit Schnee bedeckt	Zwei Kinder: Miriam, 12 Jahre, mutig und draufgängerisch; Mark, 11 Jahre alt, ängstlich und schüchtern	?
2. Bild	gleiche Zeit	gleicher Ort	...	...
3. Bild	...	...	...	...
...				

1. Schreibe dieses Drehbuch weiter: Was könnte sich ereignen? Du kannst beliebig viele Bilder verwenden.
2. Vergleicht eure Drehbücher. Gibt es Ähnlichkeiten?

- Eine Erzählung besteht aus folgenden Bausteinen:
  Ort, Zeit, Personen und **Handlung**.

Techniken des Erzählens

Die Perspektive gestalten

Unterschiedliche Blickwinkel

① ② ③ ④

1. Beschreibe, was du siehst.
2. Wie unterscheiden sich die vier Bilder?
3. Finde zu jedem Bild eine passende Überschrift.

▶ 186 f.   ▶ 221

Ich- und Er-Erzähler

Ein Hausbesitzer und ein Polizist

Peter Lodewald, Eigentümer des Hauses Goethering 23

Meine Frau war gestern Abend mit ihrer Freundin im Kino und wollte bald wieder zurück sein. Ich dachte mir nichts Schlimmes, als ich die Haustür offen ließ, weil sie ihren Hausschlüssel auf der Kommode liegen gelassen hatte. Um Mitternacht ging ich in die Küche. Als ich den Lichtschalter betätigte, gab es einen Kurzschluss. Ich nahm die Taschenlampe, ging in den Keller und entdeckte die herausgesprungene Sicherung. Als ich sie einsetzte, sprang sie aber sofort wieder heraus. Also ging ich zurück zur Wohnung und kontrollierte die elektrischen Anschlüsse in den anderen Räumen. Plötzlich hörte ich ein Poltern auf der Treppe. „Stehen bleiben oder ich schieße!" ...

Werner Starkmann, Polizeibeamter

Gestern hatte ich Spätdienst und machte mich gegen Mitternacht auf den Heimweg. Es war ziemlich dunkel in dem Wohnviertel, durch das ich kam. Aber ich sah ganz deutlich ein aufflammendes Licht im Fenster eines Einfamilienhauses. Dann kam wieder ein Lichtstrahl, ganz kurz, dann verlöschte er. Dann am Nebenfenster, dann im Treppenhaus, immer nur ein kurzes Aufleuchten! Das kam mir doch sonderbar vor. Ich nahm mein Handy und verständigte meinen Kollegen im Revier von den eigenartigen Vorgängen. Er versprach, in wenigen Minuten hier zu sein. Ich schlich vorsichtig zu dem Haus, sprang über den Gartenzaun und drückte die Haustür auf. Sie war nicht abgeschlossen. Ich tastete mich zur Treppe, fand auch die erste Stufe, schlich mich dann am Treppengeländer nach oben und sah wieder den verdächtigen Lichtschein. Ausgerechnet in diesem Moment stolperte ich über irgendetwas. Es gab einen fürchterlichen Lärm. Ich rappelte mich auf und rief: „Stehen bleiben oder ich schieße!" ...

1. Was steht am nächsten Tag wohl in der Lokalzeitung? Schreibe diese Meldung mit passender Überschrift.
2. Erzähle jetzt, was in dieser Nacht passiert ist. Wie musst du erzählen?
3. Vergleiche deine Erzählung mit den beiden Ich-Erzählungen. Welche Unterschiede stellst du fest?

Auf die Gestaltung der Perspektive achten

Im Keller

Hier ist ein Auszug aus Martins Aufsatz zu diesem Thema:

Denen werde ich's schon zeigen! Feigling, von wegen! Also stieg ich langsam die wacklige Treppe zum Keller hinunter und schon stand ich vor der schweren Eisentür. Was mich wohl dahinter erwartet? Was mach ich bloß, wenn die alte Frau mich erwischt? Dann drückte ich vorsichtig die Türklinke herunter. Ich hielt den Atem an, weil sie entsetzlich quietschte. Abgeschlossen! Ob die anderen das wussten, als sie mir den „Auftrag" erteilten? Sie hatten sich inzwischen alle am verabredeten Platz im alten Schuppen getroffen. Jens meinte zu den anderen: „Das schafft der nie!" Die anderen waren sichtlich nervös. „Wenn die Alte bloß nichts merkt", dachte Björn im Stillen, aber er sagte nichts und schaute nur auf seine Füße. Ich musste kichern, als ich mir vorstellte, wie sie alle gucken würden, wenn ich mit der Trophäe erscheinen würde. Aber noch war es nicht so weit. Erst musste ich die blöde Tür irgendwie aufbekommen. Die Frau machte sich inzwischen im Kellerraum an dem Regal zu schaffen. „Nanu, wo sind denn die Gläser? Ich hab sie doch gestern erst in das Regal gestellt", dachte sie und holte sich einen Schemel, um besser an das Regal zu kommen. Sie war gerade dabei, ein Glas Marmelade vom obersten Regal zu holen, als sich plötzlich eines der schweren Bretter löste und …

1. Worüber erzählt der Ich-Erzähler?
2. Was stimmt an diesem Erzählausschnitt nicht?
3. Korrigiere die Geschichte.

TECHNIKEN DES ERZÄHLENS **65**

Ungewöhnliche Perspektiven einnehmen

Frosch und Adler

1. Schlüpfe in die Rolle des Frosches. Damit du dir das besser vorstellen kannst, gehe in die Hocke. Schau dich um. In welcher Weise verändert sich dein Blickwinkel? Was kannst du alles sehen, was kannst du nicht sehen?
2. Stell dir vor, du bist ein Adler. Was kannst du alles sehen?
3. Nimm eine andere ungewöhnliche Perspektive ein, z. B. die einer Rolltreppe oder eines Skateboards.
4. Schreibe eine Geschichte aus der Perspektive, die dir am besten gefällt.

- Der Blickwinkel, aus dem erzählt wird, heißt **Erzählperspektive**.
- Es gibt eine **Ich-Erzählung** und eine **Er-Erzählung**.
- Ungewöhnliche Perspektiven sind z. B. die **Froschperspektive** und die **Vogelperspektive**.

Äußere und innere Handlung gestalten

Ein aufregender Tag

Stefan war mit seiner Klasse bei einem zweitägigen Skiausflug. Schon am ersten Tag ging alles schief. Stefan hatte Vaters Thermosflasche mitbekommen für den Kakao und der Vater hatte ihm gesagt, er darf sie nur ja nicht kaputtmachen. Aber Eddi, der Aller-
5 schlimmste in der Klasse, zwang ihn, den Todeshang hinunterzufahren, obwohl er sich nicht getraut hatte. Und da stürzte er und hat die Thermosflasche zerschlagen. Und alle lachten, vor allem Eddi. Stefan hatte Wut auf den Eddie und ging auf ihn los und die Lehrerin war wütend auf Stefan – und die Thermosflasche lag da:
10 in tausend Stücken.

Diese Gedanken gehen Stefan abends im Kopf herum:

- Immer gibt die Frau Waldmann dem Eddi Recht! Die ist so ungerecht!
- Puh, diese vereiste Stelle am Hang! Kaum einer fährt da runter.
- Der Papa wird so enttäuscht sein, wenn er erfährt, dass die Thermosflasche kaputt ist.
- Morgen werden mich bestimmt alle anglotzen beim Frühstück.
- Wie der immer lacht! Findet sich wohl cool!
- Ich hatte morgens schon ein komisches Gefühl.
- Warum kann ich mich bloß gegen den Eddi nicht wehren?
- Ich hätte den Eddi ja nicht gleich vors Schienbein treten müssen!
- Es war ein ganz schrecklicher Tag.

1. Was beschreibt der Text, was beschreiben die Gedanken?
2. Ordne die Gedanken den einzelnen Textstellen zu.
3. Schreibe die Erzählung so um, dass die Gedanken in den Text eingebunden werden, z. B.:
   Beim Aufstehen dachte er schon: „Ich habe heute so ein komisches Gefühl …"
   Du kannst dir auch noch andere Gedanken und Gefühle ausdenken.
4. Lest eure Geschichten vor und vergleicht sie.

TECHNIKEN DES ERZÄHLENS 67

Brüderlein und Schwesterlein

Was denkt wohl mein kleiner Bruder, was ich auf dem nächsten Parkplatz mit ihm vorhabe?

Dann soll sie doch im Urlaub mit ihrem Teddy spielen.

Was die bloß wieder hat?

Die ganze Fahrt über hat er mich schon genervt.

5. Was denkt der Junge? Was denkt das Mädchen?
   Was könnten der Junge und das Mädchen noch denken?
6. Was ist vorausgegangen? Wer ist noch im Auto?
7. Schreibe eine Geschichte zu diesem Bild.
   Schreibe sie so, dass die Gedanken der beiden mit der äußeren Handlung verbunden werden.

- Neben der **äußeren Handlung** können in einer Erzählung auch innere Vorgänge (Gedanken, Gefühle) der Figuren beschrieben werden (**innere Handlung**).

Ein Ereignis dehnen und raffen

Die Zeit-Erzähl-Maschine

Spielregel: Bei diesem Spiel setzt man sich in einem Erzählkreis zusammen. Dann werden zwei Erzähler bestimmt, die mit ihren Stühlen in der Mitte des Kreises sitzen. Einer stoppt die Zeit. Der erste Erzähler erzählt genau zwei Minuten lang den Verlauf einer zweiwöchigen Urlaubsreise. Der zweite Erzähler erzählt danach genau zwei Minuten lang, wie er sich morgens seine Schuhe anzieht.

1. Spielt dieses Spiel.
   Welche Beobachtungen habt ihr dabei gemacht?
2. Unterhaltet euch über Situationen, wo es euch so vorkam, als verginge die Zeit wie im Fluge, und solche, wo es genau umgekehrt war und der Uhrzeiger nicht weiterrücken wollte.

Ein Ereignis – verschieden erzählt

3. Schreibe eine „Kürzestgeschichte" zu diesem Bild in drei Sätzen. Lasse alles Überflüssige weg!
4. Schreibe nun die Geschichte noch einmal. Diesmal sollte sie ausführlich sein.
5. Lest eure Geschichten vor. Was fällt euch auf?

Ein Wandertag

1 Am Wandertag fuhr Herr Schmittchen mit seiner Klasse auf Fahrrädern zum nahe gelegenen Waldsee, um dort zu baden. Es war ein heißer Tag angesagt.

2 Als sie den See erreicht hatten, legten sie die Fahrräder ins Gras, zogen sich rasch die Badesachen an, während sie alles in der Eile durcheinander warfen. Dabei schrien und johlten sie wie wild herum. Einige konnten gar nicht schnell genug im Wasser sein. Sie kreischten laut, da das Wasser doch recht kalt war, und kamen pudelnass wieder zurückgelaufen. „Kommt!", schrien sie. „Wir machen ein Wettschwimmen. Jungen gegen Mädchen!" Und Hans schüttelte wie ein nasser Hund seine Haare. Das fand er männlich. Nur Elena zögerte. Sorgfältig faltete sie ihre Sachen zusammen, breitete darüber das Handtuch aus und ging dann als Letzte langsam zum Wasser. Dort tunkte sie prüfend den Fuß hinein, bespritzte vorsichtig Arme und Beine, bevor sie dann ganz ins Wasser tauchte. Die anderen waren schon weit hinausgeschwommen. Immer wieder wandte sich eines der Mädchen um und rief: „Komm. Beeil dich, du Angsthase! So gewinnen wir nie! Du musst einfach losschwimmen. Mach schon!" Elena schwamm langsam los.

3 Herr Schmittchen saß ruhig im Gras bei den Fahrrädern und beobachtete die badenden Kinder.

4 Die Kinder hatten schon fast die Mitte des Sees erreicht und Elena war immer noch nicht bei ihnen. Herr Schmittchen stand jetzt auf und blickte auf das Wasser, denn Elena machte eigenartige Schwimmbewegungen.

5 Plötzlich sprang der Lehrer in Jeans und T-Shirt ins Wasser, kraulte mit kräftigen Schlägen rüber zu dem Mädchen, packte es am Kinn, obwohl sie sich heftig wehrte, und schleppte sie zurück ans Ufer.

6 Erschöpft erreichte er das Ufer und zog das entkräftete Mädchen aus dem Wasser. Die anderen Kinder kamen ganz schnell zurückgeschwommen. Elena sagte ihnen später, dass sie nie richtig schwimmen gelernt hat.

6. Lies die Textstellen in der angegebenen Reihenfolge. Was fällt dir auf?
7. Bei welcher Textstelle möchtest du noch genauer erfahren, wie sich etwas im Einzelnen zugetragen hat? Wie könntest du sie dehnen?
8. Bei welcher Textstelle ist die geraffte Darstellung angebracht? Begründe deine Meinung.

Wie ein Dichter dehnt und rafft

Ist das Geld noch da?   *Erich Kästner*

Als er aufwachte, setzte sich die Bahn eben wieder in Bewegung. Er war, während er schlief, von der Bank gefallen, lag jetzt am Boden und war sehr erschrocken. Er wusste nur noch nicht recht, weswegen. Sein Herz pochte wie ein Dampfhammer. Da hockte er nun in der Eisenbahn und hatte fast vergessen, wo er war. Dann fiel es ihm, portionsweise, wieder ein. Richtig, er fuhr nach Berlin. Und war eingeschlafen. Genau wie der Herr im steifen Hut …
Emil setzte sich mit einem Ruck bolzengerade und flüsterte: „Er ist ja fort!" Die Knie zitterten ihm. Ganz langsam stand er auf und klopfte sich mechanisch den Anzug sauber. Jetzt war die nächste Frage: Ist das Geld noch da? Und vor dieser Frage hatte er eine unbeschreibliche Angst.
Lange Zeit stand er an die Tür gelehnt und wagte nicht, sich zu rühren. Dort drüben hatte der Mann, der Grundeis hieß, gesessen und geschlafen und geschnarcht. Und nun war er fort. Natürlich konnte alles in Ordnung sein. Denn eigentlich war es albern, gleich ans Schlimmste zu denken. Es mussten ja nun nicht gleich alle Menschen nach Berlin-Friedrichstraße fahren, nur weil er hinfuhr. Und das Geld war gewiss noch an Ort und Stelle. Erstens steckte es in der Tasche. Zweitens steckte es im Briefumschlag. Und drittens war es mit einer Nadel am Futter befestigt. Also, er griff sich langsam in die rechte innere Tasche. Die Tasche war leer! Das Geld war fort!

(Aus: Erich Kästner: Emil und die Detektive)

1. Wer kennt das Buch von Erich Kästner und kann die Geschichte mit dem Geld zu Ende erzählen?
2. Wie wird in dieser Erzählung der Vorgang um das Geld gedehnt?
3. Schreibe selbst eine spannende Geschichte zu dem Thema:
   Das Geld war weg!
   Wähle einmal den Vorgang des Raffens und einmal den Vorgang des Dehnens.

- Eine Geschichte kann mit unterschiedlichem Erzähltempo gestaltet werden. Dabei wird gedehnt und gerafft.

Wie ein Profi erzählt

Eine Erzählung untersuchen

Das Kopftuch *Renate Welsh*

Eva rennt die Treppe hinunter. Hinter ihr donnert das Schultor zu.
Ihr war's egal. Wenn es morgen deswegen Krach gab, dann gab es eben Krach.
Jemand schimpfte hinter ihr her.
Zu Hause war niemand. Typisch. Aber sie konnte jetzt ohnehin niemanden brauchen,
vor allem nicht so ein besorgtes mütterliches „Was hast du denn, Eva?"
Trotzdem war es scheußlich, in die leere Wohnung zu gehen. Sie stolperte über etwas im dunklen Vorzimmer, schlug sich die Zehen an, hüpfte fluchend auf einem Bein. Blöder Bruder, das war sicher sein ... Nein, Moment, das war ihr Koffer. Den hatte sie vor dem Weggehen vom Schrank geholt, weil sie gleich nach der Schule packen wollte. Sie stieß den Koffer quer durchs Vorzimmer, ging in die Küche, riss die Kühlschranktür auf. Die Orangensaftpackung kippte um, Saft tropfte in die Gemüselade.
Eva nahm ein Joghurt in ihr Zimmer. Sie warf sich aufs Bett. Nie wieder, dachte sie, nie wieder rühre ich eine Hand für jemanden. Eine Hand? Keinen Finger rühr' ich!
Bilder schossen ihr durch den Kopf. Mijase, wie sie am ersten Tag in der Klasse stand, mit verschlossenem Gesicht und zurückgeworfenem Kopf.
„Was bildet die sich ein, wer sie ist?", sagten alle.
Damals hatte Eva erklärt: „Die bildet sich gar nichts ein. Die fürchtet sich."
Carola hatte sich achselzuckend abgewandt. „Was du nicht immer alles weißt." Aber die Freundschaft mit Carola war ohnehin schon aus gewesen. Eva hatte es nur noch nicht gewusst. Carola hatte längst dieser Ziege von einer Astrid alles weitererzählt, obwohl sie doch versprochen hatte ...
Ich bin ja blöd, dachte Eva. So etwas von blöd wie mich gibt's gar nicht.
Ich hätte es wissen müssen.
Der Film lief weiter: Mijase neben ihr auf der Bank an der Wand des Turnsaals, die anderen vor dem Barren aufgereiht.
Mijase hielt die Hände im Schoß gefaltet. Ihre Haare waren so schwarz, ringelten sich an den Enden. Eva begann Zöpfe zu flechten, löste sie wieder auf, flocht sie neu.
Mijases Haare fassten sich anders an als ihre eigenen, schwerer.

Kurz darauf kam Mijase zum ersten Mal mit einem Kopftuch in die Schule.

Als Eva fragte, warum sie das trage, das sei doch hässlich, sagte sie nur: „Es gehört sich so."

Turnte nie mehr mit, ging nicht zum Schwimmen, hatte nachmittags nie mehr Zeit, musste in die Koranschule, antwortete nicht auf Fragen.

Ich hätte es wissen müssen, sagte sich Eva. Hätte wissen müssen, dass es keinen Sinn hat. Trotzdem habe ich den Vorschlag gemacht, dass wir Geld verdienen für die Klassenfahrt, damit alle mitkommen können. Habe an Mijase gedacht, wenn ich Brötchen belegt und beim Elternsprechtag verkauft habe. War so stolz, dass fast alle mitmachten, war so stolz, als wir zu dritt auf die Bank gingen und das Geld aufs Sparbuch legten.

Und jetzt? Sie fährt nicht mit, sagt sie. Einfach so. Als ob das nichts wäre. Als ob das nichts gewesen wäre, morgens früh in die Schule zu gehen und „Türken raus!" von der Tafel abzuwaschen und das böse Bild von Mijase mit dem Kopftuch.

Nicht einmal: Tut mir leid.

Nicht einmal: Ich darf nicht.

Einfach: Ich fahre nicht mit.

Als Evas Mutter nach Hause kam und fragte, was denn los sei, sprang Eva auf. „Nichts ist los! Überhaupt nichts!"

Sie rannte ins Bad, knallte die Tür zu, setzte sich auf den Wannenrand und fing an zu heulen.

Zwei Häuserblocks entfernt schrubbte Mijase den Küchenboden. Ihre Mutter öffnete die Tür.

„Es geht nicht", sagte sie, „das musst du verstehen. Es schickt sich nicht. Nicht nur, weil dein Vater es verbietet. Es geht wirklich nicht."

Mijase gab keine Antwort.

Mijases Mutter seufzte.

„Im Sommer fahren wir nach Hause", sagte sie. „Für vier Wochen. Du wirst sehen, wie schön das sein wird."

Mijase ließ das Tuch in den Eimer fallen. Schmutziges Wasser spritzte auf den sauberen Küchenboden.

1. Wie hat euch die Geschichte gefallen?
2. Welches Problem wird hier angesprochen? Sprecht in der Klasse darüber.
3. Warum hat die Zeichnerin für diese Geschichte wohl diese Illustration gewählt?
4. Welche Textstellen eignen sich noch gut zum Illustrieren?

Expertenrunden

In der 6a wurden mehrere Gruppen gebildet, die den Text nach bestimmten Fragen untersucht haben. Als Ergebnis fertigten die Gruppen Wandplakate an. Das folgende Wandplakat hat die erste Gruppe hergestellt:

Person — **Ort** — **Innere Handlung** — **Dehnung** — **Äußere Handlung**

Eva rennt die Treppe hinunter. Hinter ihr donnert das Schultor zu. Ihr war's egal. Wenn es morgen deswegen Krach gab, dann gab es eben Krach. Jemand schimpfte hinter ihr her. Zu Hause war niemand. Typisch. Aber sie konnte jetzt ohnehin niemanden brauchen, vor allem nicht so ein besorgtes mütterliches „Was hast du denn, Eva?" Trotzdem war es scheußlich, in die leere Wohnung zu gehen. Sie stolperte über etwas im dunklen Vorzimmer, schlug sich die Zehen an, hüpfte fluchend auf einem Bein. Blöder Bruder, das war sicher sein ... Nein, Moment, das war ihr Koffer. Den hatte sie vor dem Weggehen vom Schrank geholt, weil sie gleich nach der Schule packen wollte. Sie stieß den Koffer quer durchs Vorzimmer, ging in die Küche, riss die Kühlschranktür auf.

5. Nach welchen Gesichtspunkten hat diese Gruppe einen Teil des Textes untersucht?
6. Bildet in der Klasse Gruppen und verfahrt mit dem weiteren Text genauso. Präsentiert eure Ergebnisse als Wandplakate und vergleicht sie.
7. Bildet Fünfergruppen und schreibt zu einem der folgenden Themen eine Geschichte. Versucht dabei der Erzählerin nachzueifern:
   – Wie haben sich Eva und Mijase näher kennen gelernt?
   – Wird Eva an der Klassenfahrt teilnehmen?
   – Eva ist von der Klassenfahrt zurück und trifft Mijase.
   – Evas und Mijases Mutter treffen sich auf der Straße.
8. Tragt eure Geschichten in der Klasse vor.

Erzählen nach literarischen Mustern

Welche Tiere in Fabeln eine Rolle spielen

Wer kennt die Tiere?

1. Benenne die Tiere.
   Welche Eigenschaften würdest du ihnen zuordnen?
2. Kennst du Fabeln, in denen diese Tiere mitspielen?

Wie Fabeln gebaut sind

Fabelmix: Zwei in einem

In dem folgenden Text sind die beiden Fabeln „Der Frosch und der Ochse" und „Der Ölbaum und das Schilfrohr" von Äsop versteckt:

Ein Frosch, der sich wunders wie groß vorkam, hockte bei seinen Kindern im Sumpf, als er einen Ochsen erblickte, der am Ufer sein Futter suchte. Ein Schilfrohr und ein Ölbaum stritten sich, wer von ihnen stärker und fester stehe. Da wollte er gerne auch so groß
5 sein und blies sich auf, so stark er nur konnte. „Bin ich nun so groß wie der Ochse?", fragte er. „Nein", antworteten die Kinder. Da blies er sich noch stärker auf und fragte abermals: „Bin ich jetzt so groß?" „Noch immer nicht!", antworteten die Kinder. „Was für ein schwächliches Rohr du bist!", tadelte der Ölbaum. „Du wirst leicht
10 von allen Winden bewegt, niemals hältst du stand." Doch das Schilfrohr schwieg und sprach kein Wort. Da blies der Frosch sich mit solcher Gewalt auf, dass er zerbarst. Nach einer kleinen Weile erhob sich ein heftiger Sturm; das hin und her geschüttelte Rohr gab den Stößen des Windes nach und blieb unbeschädigt, der Öl-
15 baum dagegen stemmte sich dem Sturm entgegen und wurde von seiner Gewalt gebrochen. Die Welt ist voller aufgeblähter Bäuche, die innen hohl sind. Die sich den Umständen und den Stärkeren nicht widersetzen, handeln klüger als diejenigen, welche sich mit Mächtigeren streiten.

1. Schreibe beide Fabeln in der richtigen Fassung in dein Heft.
2. Vergleiche den Aufbau der beiden Fabeln.
Was stellst du fest?
Trage deine Beobachtungen in eine Tabelle ein.

Teil		Der Frosch und der Ochse	Der Ölbaum und das Schilfrohr
1.	Ausgangssituation	Frosch sieht einen Ochsen, neidet ihm seine Größe.	Ölbaum tadelt das Schilfrohr wegen seiner Biegsamkeit.
2.	...	...	...
3.	Gegenhandlung	...	...
4.	...	...	...

Fabeln schreiben

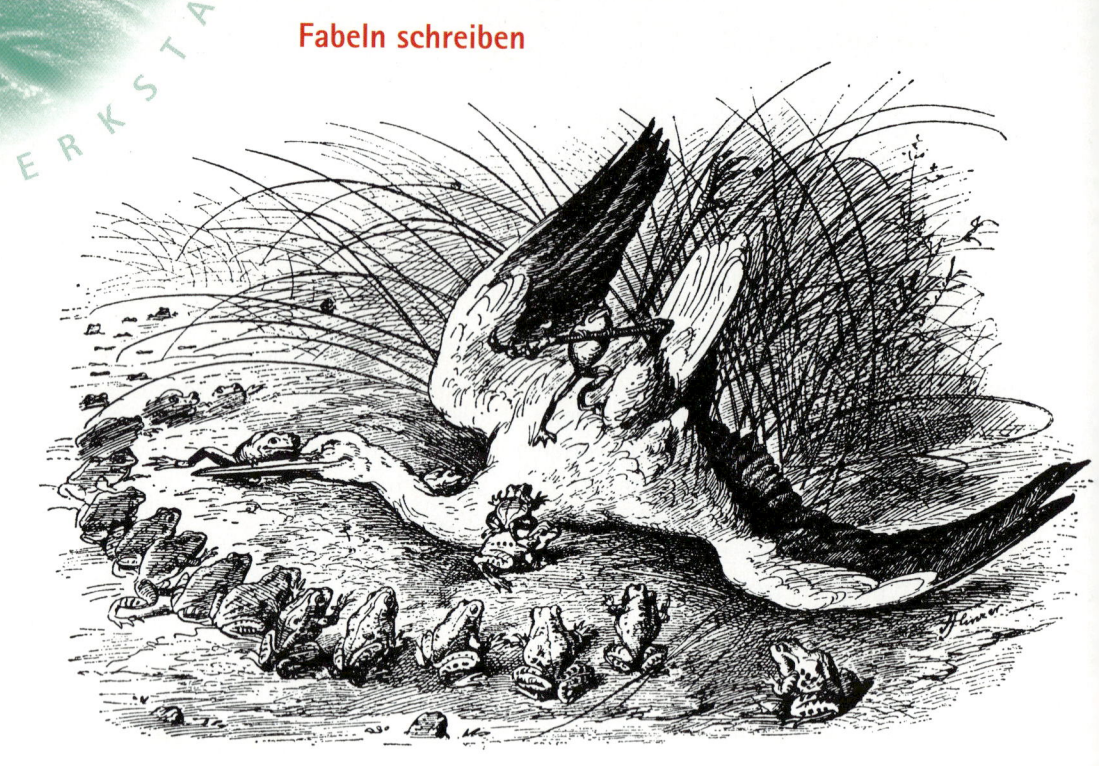

Fedor Flinzer: Der Storch und die Frösche

1. Betrachte das Bild ganz genau.
   Wie verhält sich der Storch, wie verhalten sich die Frösche?
2. Schreibe zu diesem Bild eine passende Fabel:
   Notiere zunächst Stichworte, die du dann ausgestaltest.
   Achte auf den Aufbau einer Fabel.

Redewendungen

*Wenn zwei sich streiten,
freut sich der Dritte.
Eile mit Weile.
Hochmut kommt vor dem Fall.
Der Klügere gibt nach.*

*Vor falschen Freunden muss
man sich hüten.
Wer anderen eine Grube gräbt,
fällt selbst hinein.
Der Stärkere hat immer Recht.*

3. Was bedeuten die Redewendungen? Sprecht darüber.
4. Denkt euch dazu passende Situationen aus mit Spieler und Gegenspieler.
5. Schreibt eine Fabel dazu. Achtet dabei auf den Aufbau. Vergleicht eure Texte.

ERZÄHLEN NACH LITERARISCHEN MUSTERN   77

Der Fuchs und der Igel

Mensch, den Igel, den könnt' ich doch fressen! Wenn der bloß nicht diesen blöden Stachelpanzer hätte.

Lass du dir erst mal deine Beißer ziehen! Dann überleg' ich mir, ob ich mein Panzerkleid ablege.

6. Schreibe die Fabel von Fuchs und Igel.

- In Fabeln zeigen Tiere menschliches Verhalten.
- Fabeln haben in der Regel einen klaren Aufbau.

Schildbürgerstreiche nacherzählen und erfinden

Ein Schelm, der's wörtlich nimmt *Erich Kästner*

Im Mittelalter, damals, als man das Schießpulver noch nicht erfunden hatte, lag mitten in Deutschland ein Stadt, die Schilda hieß, und ihre Einwohner nannte man deshalb die Schildbürger. Das waren merkwürdige Leute. Alles, was sie anpackten, machten sie verkehrt. Und
5 alles, was man ihnen sagte, nahmen sie wörtlich. Wenn zum Beispiel ein Fremder ärgerlich ausrief: „Ihr habt ja ein Brett vorm Kopf!", griffen sie sich auch schon an die Stirn und wollten das Brett wegnehmen.
10 Und meinte ein anderer ungeduldig: „Bei dir piept es ja!", so sperrten sie neugierig die Ohren auf, lauschten drei Minuten und antworteten dann gutmütig: „Das muss ein Irrtum sein, lieber Mann. Wir hören nichts piepen."

  1. Sammle weitere Ausdrücke und Redensarten, die die Schildbürger wörtlich nehmen könnten.
  2. Entwickle daraus eine lustige Schildbürgergeschichte.

Brand im Rathaus

Ein Brand mit vermutlich verheerenden Folgen konnte gestern Abend in S. gerade noch verhindert werden. Wie bekannt, ist das Rathaus von S. ohne Elektrizität, und da auch die Fenster vergessen wurden, finden die Ratssitzungen bei Kerzenschein statt. Während der Rede
5 des Bürgermeisters musste aus noch nicht geklärten Gründen sich der Holzfußboden entzündet haben. Die rasch herbeigerufene Feuerwehr konnte den Brand zunächst nicht löschen, weil kein Wasser floss. Erst nach einigen Minuten war die Wasserleitung wieder frei. Und so wurde der brennende Fußboden doch noch rechtzeitig gelöscht, bevor
10 der Brand auf das Mobiliar und das Gebälk des Fachwerkhauses übergreifen konnte.

  3. Schreibe diese Zeitungsnachricht zu einem Schildbürgerschwank um. Erzähle so, dass die Geschichte für deine Leser lustig und unterhaltsam ist.

ERZÄHLEN NACH LITERARISCHEN MUSTERN

Einen Schwank aus anderer Perspektive erzählen

Anastratin und die Maulbeeren *Unbekannter Verfasser*

Die Kinder in Griechenland kennen die Geschichten des Schelms Anastratin.
In einem Dorf am Fuße der Berge lebte einst ein Mann namens Anastratin. Die einen hießen ihn einen Schelm und Gaukler, andere einen schlauen Fuchs und die Dritten meinten, er treibe nur Schabernack mit den Leuten, während die Vierten ihn für einen weisen Mann hielten. In ganz Griechenland erzählte man sich von ihm viele Geschichten.
Einmal war Anastratin unterwegs in die Stadt. Die Straße war staubig, die Sonne brannte vom Himmel herab und kein Windhauch regte sich. Anastratin verspürte Hunger und die Zunge klebte ihm am Gaumen. Um die Mittagszeit kam er in ein Dorf, dessen Bewohner im ganzen Land für ihren Geiz bekannt waren.
Er tat, als sei er total erschöpft vom schnellen Lauf, und sagte atemlos zu dem Wirt: „Rufe schnell das ganze Dorf zusammen, ich habe euch etwas Wichtiges mitzuteilen, was keinen Aufschub duldet!" Der Wirt erschrak, rannte hinaus und rief alle Dorfbewohner zusammen. Im Nu war die Wirtsstube voll.
Anastratin stieg auf eine Bank und sagte: „Ihr habt selbst gesehen, was für ein heißer Tag heute ist. Ich bin in höchst wichtiger Angelegenheit unterwegs in die Stadt und habe großen Hunger und größeren Durst. Gebt mir sofort etwas zu essen, eine ordentliche Portion Maulbeeren und einen guten Wein. Wenn nicht, mache ich in eurem Dorf das Gleiche wie im Nachbardorf. Ihr braucht nur eure Nachbarn zu fragen!"
Die Leute erschraken. Sie waren zwar weit und breit für ihren Geiz verschrien, aber ihre Angst war noch zehnmal größer als ihr Geiz. Sie liefen schnell nach Hause und holten die besten Leckerbissen herbei, die sie dort fanden: gebratene Hühner, Fondant[1], gespickten Lammbraten, Schüsseln voller Maulbeeren und Krüge roten Weins. Anastratin aß und trank, so viel er nur vermochte, bedankte sich und wollte weiterziehen.
Die Bauern, die die ganze Zeit um ihn herumgestanden und sein Tun aufmerksam verfolgt hatten, fragten erleichtert: „Du scheinst zufrieden zu sein. Das freut uns. Doch sage uns noch, was hast du denn im Nachbardorf getan, als man dir nicht gab, wonach du verlangtest?" „Was ich getan habe? Ich bin ohne ein Wort zu sagen davongegangen aus ihrem Dorf."

[1] *Fondant:* Konfekt

1. Was für ein Schelm ist Anastratin in deinen Augen?
2. Erzähle die Geschichte aus der Perspektive des Wirts. Fang so an: *Gerade stand ich am Herd und spickte den Lammbraten, als ich einen Mann in fliegender Eile auf meinen Gasthof zulaufen sah. Ich ahnte Schlimmes...*
3. Was werden die übertölpelten Leute wohl am nächsten Tag im Nachbardorf erzählen? Schreibe einen Dialog.

Eulenspiegelgeschichten nacherzählen und erfinden

Wie sich Eulenspiegel in Lüneburg vor dem Galgen rettete   *Hermann Bote*

In Lüneburg verübte Eulenspiegel einen so argen Streich, dass ihn der Herzog des Landes verwies und ihm verbot, ihm nochmals in seinem Land unter die Augen zu kommen.
[…]
Da musste der Herzog lachen. „Fahr hin!", rief er. „Du bleibst ja doch, was du bist, und kannst wohl manchen König belehren!"

1. Erzähle den mittleren Teil dieser Eulenspiegelgeschichte.
2. Ist Eulenspiegel so närrisch wie die Schildbürger? Vergleiche.

Lauter närrische Leute

pfiffig, verschmitzt, durchtrieben, einfältig, klug, gerissen, dumm, einfallsreich, witzig, arglos, überheblich, originell, listig, schlau, gemein, geistreich, beschränkt, findig, schlagfertig, fantasiereich, spaßig, genial, kriminell, scheinheilig, falsch, unaufrichtig

3. Ordne die Eigenschaften den verschiedenen Gestalten zu. Welche Eigenschaften passen zu keiner der Figuren? Begründe.
4. Wähle eine Gestalt aus und schreibe eine närrische Geschichte über sie.

▶192

ERZÄHLEN NACH LITERARISCHEN MUSTERN

Till-Eulenspiegel-Schreibkiste

*Eulenspiegel lebt auch heute noch unter uns.
In der Schreibkiste findest du alles, was für
eine moderne Eulenspiegelei wichtig ist.*

Zeit,
in der alles spielt:
- Vergangenheit
- Gegenwart
- Zukunft
…

Arbeitgeber:
- Handwerksmeister
- Bankdirektor
- Computerfachmann
- Vertreter
…

Orte:
- Frankfurt
- New York
- Leipzig
- Weimar
…

**Doppeldeutige
Redensarten
und Wörter:**
- dem steig ich aufs Dach
- die Sau rauslassen
- den Code knacken
- anbaggern
- absahnen
- Honig um den Bart schmieren
- reinen Wein einschenken
- etwas aussitzen
- im Netz surfen
…

Situationen:
- Büro im Hochhaus
- Klassenzimmer
- in der Backstube
- im ICE
- in der Disko
- in der Hotelküche
…

5. Ergänze das Schreibmaterial in der Kiste.
6. Wähle das heraus, was dich zum Schreiben einer modernen Eulenspiegelgeschichte anregt.
7. Wer Lust hat, kann die Geschichte illustrieren.

- Wenn man nach einem literarischen Muster erzählt, muss man sich an der Vorlage orientieren.
- Schwänke eignen sich für die Nachahmung, da sie ein klares Muster vorgeben und ihre Figuren bestimmte Eigenschaften haben.
- Einen Schwank kann man, wie alle anderen Geschichten auch, aus einer anderen Perspektive nacherzählen. Dabei muss man sich in die Person hineinversetzen, aus deren Blickwinkel das Geschehen erzählt werden soll.

Projekt: Ein Buch erstellen

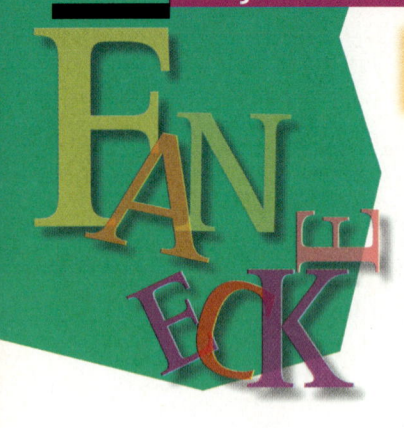

Schreibt doch mal ein Buch: Eine Idee in die Tat umsetzen

Ein eigenes Buch zu schreiben ist gar nicht so schwierig, wenn ihr alle zusammenarbeitet.
Selbst geschriebene Bücher sind die besten Geburtstagsgeschenke der Welt, denn es gibt sie nirgends zu kaufen.

Und so könnt ihr vorgehen:

Auswahlkomitee

Ihr habt inzwischen eine ganze Menge eigener Geschichten zu Hause und in der Schule geschrieben. Es wäre schade, wenn die alle einfach so in der Schublade liegen blieben.
Setzt euch in Gruppen zusammen und lest die Geschichten, von denen ihr meint, dass sie gut in das Buch passen. Am Ende entscheidet das Auswahlkomitee, das aus je einem Gruppenmitglied besteht, welche Geschichten in das Buch sollen.

– Überlegt euch, nach welchen Gesichtspunkten die Texte ausgewählt werden sollen.
– Überlegt, ob ihr eure Geschichten nach bestimmten Themen zusammenfassen könnt, z. B.:
  - *Fantasiegeschichten*
  - *Schulgeschichten*
  - *Eisenbahngeschichten*
  - *Fabeln und Schwänke*

Schreibwerkstatt

Hier sitzen die Autorinnen und Autoren zusammen und schreiben zu verschiedenen Themen ihre Texte, ganz neue, ganz frische!
Sie schreiben Geschichten, Gedichte, Dialoge oder auch kleine Szenen. Manchmal schreiben sie auch mit einem Partner zusammen.
Ihr könnt euch dazu im Kreis zusammensetzen und gemeinsam Schreibideen sammeln. Jeder geschriebene Text geht im Kreis herum und wird von den anderen ergänzt, so wie ihr es im Erzählkapitel schon geübt habt.

Projekt: Ein Buch erstellen

Buchgestaltungsteam

Hier ist so einiges zu besprechen und zu klären:
Wie soll euer Buch am Ende aussehen? Wie viele Seiten Umfang soll es haben? Wo sind Fotos, Zeichnungen oder Illustrationen angebracht? Was ist mit dem Inhaltsverzeichnis? Sollen die Texte handgeschrieben sein? Oder soll jeder seinen Text zu Hause oder in der Schule am Computer schreiben? Vielleicht solltet ihr einen Satzspiegel festlegen, ganz wie die Profis! Wie können die einzelnen Seiten zusammengebunden werden?
Sammelt Vorschläge für die Gestaltung der Titelseite: Welchen Titel soll das Buch haben, wie wird der Einband aussehen, soll ein Vorwort geschrieben werden?

Werbefirma

Überlegt einmal, ob ihr euer Buch vielleicht an andere weitergeben wollt.
Wie könntet ihr Werbung dafür machen? Und was ist mit den Kosten für die Herstellung des Buches, z. B. den Fotokopierkosten? Es wäre auch wichtig, sich einen Zeitpunkt zu überlegen, an dem das Werk der Öffentlichkeit vorgestellt wird. Wer soll dazu alles eingeladen werden?

Dichterlesung

Wie wäre es, wenn ihr einen Leseabend für eure Eltern und Lehrer oder für die Schülerinnen und Schüler der 5. Klasse veranstaltet? Dort werden natürlich nur Texte aus eurem eigenen Buch gelesen. Die Lesevorträge müsst ihr gut üben.
Woran ihr denken müsst:
– *Datum, Raum*
– *Ablauf der Lesung*
– *Getränke, Essen*
– *Einladungen schreiben*
…

Mündlich darstellen

Sprechkontakt aufbauen

Worüber ich mich aufrege

Lars hat sich in seiner Klasse über einiges besonders aufgeregt. Darüber möchte er mit seinen Mitschülern einmal reden:

Das war im letzten Jahr auch schon so: Dauernd verschwinden die Mäppchen. Die das machen, finden sich immer noch lustig. Wenn wir in Gruppen arbeiten wollen, sitzen ein paar Freunde sofort zusammen, andere werden dann in die Gruppen gar nicht richtig hineingelassen …

1. Worüber regst du dich in deiner Klasse auf? Notiere es. Schreibe den Text auf.
2. Tragt euch wechselseitig eure Texte vor.
   Erprobt verschiedene Arten, die Zuhörer anzusprechen, z. B.:
   – Schaut in euren Text.
   – Seht über die Zuhörer hinweg.
   – Blickt auf einen festen Punkt.
   – Sprecht einen einzelnen Zuhörer an.
   – Sprecht alle Zuhörer an.
3. Wann entsteht der beste Kontakt zu den Zuhörern? Warum? Beschreibt, wie ihr Sprechen und Zuhören gut durchführen könnt.

„Redekrücken"

4. An welchen „Krücken" hält sich der Redner fest? Beschreibe, was du auf dem Bild siehst.
5. Beobachte andere und dich selbst beim Reden: Woran kann man sich noch „festhalten"?
6. Wie kann man solche „Redekrücken" beim Reden vermeiden? Probiere Redehaltungen aus.

MÜNDLICH DARSTELLEN 85

Deutlich artikulieren

Hochzeitlied   *Johann Wolfgang von Goethe*

Wir singen und sagen vom Grafen so gern,
Der hier im Schlosse gehauset,
Da, wo ihr den Enkel des seligen Herrn,
Den heute vermählten, beschmauset.
5 Nun hatte sich jener im heiligen Krieg
Zu Ehren gestritten durch mannigen Sieg,
Und als er zu Hause vom Rösselein stieg,
Da fand er sein Schlösselein oben;
Doch Diener und Habe zerstoben.

10 Da bist du nun, Gräflein, da bist du zu Haus,
Das Heimische findest du schlimmer!
Zum Fenster, da ziehen die Winde hinaus,
Sie kommen durch alle die Zimmer.
Was wäre zu tun in der herbstlichen Nacht?
15 So hab ich doch manche noch schlimmer vollbracht,
Der Morgen hat alles wohl besser gemacht.
Drum rasch bei der mondlichen Helle
Ins Bett, in das Stroh, ins Gestelle.
[…]

1. Lies die Strophen des Goethe-Gedichtes laut vor.
   Artikuliere deutlich und öffne dabei weit den Kiefer.

Artikulationsspiele

> Barbara saß nah am Abhang, sprach gar zaghaft langsam:

> Was hallt am Waldbach da? Jagdklang schallt: Trara!

2. Stellt euch je zu zweit gegenüber auf.
   Sprecht diese oder zwei erfundene Sätze im Wechsel.
   Entfernt euch dabei langsam voneinander.
   Haltet Blickkontakt und achtet darauf, dass ihr euch auch in der Entfernung noch gut versteht.
3. Formuliert lustige Sätze und tragt sie laut und deutlich so vor, als ob ihr sie durch die Wand hindurch sprechen wolltet.

Sprechsituationen gestalten

Vor der Klasse

Sprechblasen:
- Wie wird das Passiv gebildet?
- Wie unterscheiden sich Aktiv und Passiv?
- …

1. Schreibe diese Gesprächssituation auf. Was könnte die Schülerin antworten? Was könnte der Lehrer noch fragen?
2. Welche Möglichkeiten hat die Schülerin dabei, ihre Rede frei zu gestalten? Diskutiert darüber.

Schwammschlacht in Aktiv und Passiv

Verena konnte nicht alle Fragen des Lehrers beantworten. Sie erhält die Aufgabe, ihre Klasse in der nächsten Stunde mündlich über Aktiv und Passiv zu informieren. Sie schaut zu Hause in ihrem Grammatikheft nach.

Rudi Maier, Peter Müller und Josef Schultze, Schüler der Klasse 6b, warfen den nassen Schwamm im Klassenzimmer herum. – Der nasse Schwamm wurde von Rudi Maier, Peter Müller und Josef Schultze im Klassenzimmer herumgeworfen. – Der nasse Schwamm wurde von den Schülern im Klassenzimmer herumgeworfen. – Der nasse Schwamm wurde im Klassenzimmer herumgeworfen …

3. Informiere dich noch weiter über Aktiv und Passiv. Halte diese Rede vor deiner Klasse. Du darfst dabei nur Notizen benutzen. Ansonsten musst du frei sprechen. Was musst du dabei beachten?

MÜNDLICH DARSTELLEN 87

Mündlich informieren, berichten, beschreiben

Eine abwechslungsreiche Schulwoche

In einer Schulwoche passiert sehr viel. Jedes Fach bietet andere Themen, stellt unterschiedliche Anforderungen, vermittelt Neues und vertieft Bekanntes. Manchmal geschieht etwas Unvorhergesehenes. Dann will man vielleicht Einzelheiten genau wissen oder anderen wiedergeben wie in den folgenden Beispielen:

> In Kunst haben wir …
> Dazu haben wir zuerst …
> Dabei kommt es darauf an, dass …

> Als wir in Mathematik eine neue Aufgabenart behandeln wollten, gab es Probleme. Die dafür vorgesehenen Seiten in unserem Mathebuch fehlten einfach. Also hat unser Mathelehrer beim Verlag angerufen und …

> Konditionstraining war im Sportunterricht in der letzten Woche wichtig. Folgende Einzelübungen standen auf dem Programm: …

1. Setze die Darstellungen mündlich fort.
2. Worin unterscheiden sich die verschiedenen Arten zu sprechen?
3. Wann informierst du, wann berichtest du, wann beschreibst du?
4. Wertet den Unterricht eurer letzten Schulwoche aus:
   Berichtet mündlich, was ihr erarbeitet habt.
   Beschreibt interessante Vorgänge und Einzelheiten.
   Informiert euch gegenseitig über wichtige Ergebnisse und Erkenntnisse.
5. Welche Rolle können die Zuhörer jeweils spielen?

- Beim mündlichen Darstellen muss man Kontakt zu den Angesprochenen aufbauen, halten und zuhören können. Wichtig ist eine deutliche Artikulation.
- Mündliche Beiträge müssen gegliedert und zusammenhängend vorgetragen werden.
- Auch beim mündlichen Darstellen muss man die Redeabsicht (informieren, berichten, beschreiben) berücksichtigen.

223

Informieren

Sich im Internet informieren

E-Mail und Internet

www.gutenberg.de
www.goethe.de/index.htm
www.b o.de
webmaster@jugendinfo.com
marcs@scram.de
www.disney.de
www.ngk.de/flutlicht/aktuell/index.htm
presse@goethe.de
flutlicht@ngk.de
www.fussball.de
www.swr2.de/hoerspiel/dschungelfuerkinder/index.html

1. Kannst du die Adressen lesen?
2. Was bedeuten die einzelnen Zeichen und Buchstaben? Informiere dich mithilfe der folgenden Zusammenstellung.
3. Welchem systematischen Aufbau folgen die Adressen? Informiere dich über Begriffe wie *Subdomain – Domain*. Wo findest du mehr darüber?
4. Gib deine gefundenen Informationen geordnet an die Klasse weiter. Fertige dazu eine Tischvorlage an.

Wichtige Begriffe rund ums Internet

@(at): Engl. Bezeichnung (bei) für Adressenteil einer E-Mail.
Domain: Kurzbezeichnung einer Firma oder einer Institution in einer Internetadresse, z. B. www.ARD.de
E-Mail: Elektronische Post. Programme, mit deren Hilfe Briefe über Netzwerke ausgetauscht werden können.
Homepage: Titelbildschirm einer Firma oder einer Person. Enthält Grundinformationen und anwählbare Verbindungen (Hyperlinks) zu weiteren Seiten.
Hypertext-Dokument: Teil einer Internetadresse; der Dateiname des Dokuments, das abgerufen werden soll, z. B. www.goethe.de/**index.htm**

Internet: Verbindung aller Computer, die über Standleitungen Daten austauschen können.
Server: Ein Rechner, der Dienstleistungen im Netzwerk für andere Computer zur Verfügung stellt. Er wird von einem Provider betrieben.
Subdomain: Teil einer Internetadresse; kann vom Teilnehmer zur näheren Kennzeichnung frei gewählt werden, z. B. www.asterix.**funonline**.de
Top-Level-Domain: Teil einer Internetadresse; bezeichnet die Organisation oder den Ländercode, z. B. **de** für Deutschland.
www: World Wide Web; die zur Zeit bekannteste Anwendung im Internet; Teil einer Internetadresse.

INFORMIEREN **89**

Informationen weitergeben: Homepage

http://www.gutenberg.de

GUTENBERG.DE

Mainz Gutenberg 2000
Das Jubiläumsjahr

Gutenberg im
Medienzeitalter

Gutenberg Museum Mainz
wg. Sanierung 1999 geschlossen

Presseinformationen

Gutenberg & seine Zeit

Die Gutenberg Bibel

Publikationen

Die Erfindung
Gutenbergs

English Version
Impressum
Web-Links

Ständige Einrichtungen

[Gutenberg und seine Zeit] [Die Gutenberg Bibel] [Die Erfindung Gutenbergs] [Gutenberg Museum Mainz]
[Gutenberg im Medienzeitalter] [Gutenberg 2000] [Presseinformationen] [Publikationen] [Ständige Einrichtungen]

1. Was ist eine Homepage? Informiere dich genauer darüber.
2. Welche Informationen will diese Homepage geben?
   Würdest du dir weitere Informationen wünschen?
   Diskutiert darüber in der Klasse.
3. Wie würdest du deine eigene Homepage gestalten?

- Das Internet ist eine moderne Möglichkeit sich zu informieren.
  E-Mail- und Internetadressen sehen zwar bunt aus, folgen aber
  einer klaren inneren Ordnung und enthalten Informationen.
- Mit einer Homepage und einer E-Mail kann man Informationen
  weitergeben.

SACHLICHES DARSTELLEN

Berichten

Genau beobachten und auswerten

Chaos im Supermarkt

1. Was reden die Leute?
   Warum reagieren sie so?
2. Betrachte das Bild aus der Perspektive eines Beobachters.
   Was sieht er?
3. Schreibe seine Notizen in dein Heft.
4. Später wird er vom Marktleiter um einen kurzen Bericht gebeten.
   Schreibe diesen Bericht.

▶ 193   ▶ 224

Eröffnung des Inline-Skater-Parks

Der letzte Samstag war ein guter Tag für alle jungen Inline-Skater des Ortes. Die neue Übungs- und Wettkampfanlage direkt neben dem Waldstadion wurde offiziell eröffnet.

Die Stadtverwaltung hatte alle Interessierten zu einer kleinen Feierstunde eingeladen.
Bürgermeister-Stellvertreter Hegener ließ es sich nicht nehmen, pünktlich um 10 Uhr auf Inline-Skates und im passenden Outfit vor den 200 meist jugendlichen Zuschauern „vorzurollen", begrüßt von begeistertem Beifall.

Zu Beginn wies er darauf hin, dass der Stadtrat trotz knapper Mittel den Bau der Anlage einstimmig beschlossen hatte, weil es in der Vergangenheit immer wieder zu Klagen über gefährliche Situationen mit Inline-Skatern auf den Straßen gekommen war. Er forderte die aktiven Skater auf, jetzt ihre Aktivitäten auf die neuen Bahnen, Pipes und Ramps zu verlegen. Zugleich mahnte er ihre sinnvolle und vorsichtige Benutzung an. Es wäre schön, wenn Meldungen über Unfälle oder Schäden möglichst lange ausblieben.

Zum Abschluss zeigte Hegener noch unter der musikalischen Begleitung durch den Fanfarenzug, dass er auch in der Halfpipe eine gute Figur zu machen weiß.

Wie man von einem Vertreter des Sportclubs hörte, wird überlegt, eine Abteilung für Inline-Skating zu gründen. Wenn jemand Interesse an einer Betreueraufgabe hat, kann er sich beim Sportclub melden.

5. Wer könnte diesen Bericht geschrieben haben?
Für wen ist er geschrieben?

6. Aus welchen Teilen ist der Bericht aufgebaut?
Welches sind die wichtigen Inhalte der Teile?
(Fasse in je einem Satz zusammen.)

7. Auf welche W-Fragen gibt der Bericht Antwort?

Aus verschiedenen Perspektiven berichten

Skater-Wettkampf

Die Skater-Abteilung des Sportclubs wurde tatsächlich gegründet. Ein Jahr nach Eröffnung der Skater-Bahn fand ein erster Geschicklichkeits-Wettkampf statt. Daran nahmen nicht nur Aktive und Zuschauer teil. Dazu gehörten auch viele, die mit der Organisation befasst waren. Jeder erlebte je nach Aufgabe die Veranstaltung aus einer anderen Sicht und hatte anderes zu berichten.

Die Zuschauer kamen aus dem Staunen nicht heraus. Fast Profi-Niveau im Out-door-Park.
Wer gekommen war, um ein bisschen Gerolle zu sehen, rieb sich schon bald die Augen. Die Kleinsten fuhren noch eher artig. Aber schon die 10–12-Jährigen zeigten Jumpings, Flips und Inverts mit Schwierigkeiten, dass ein Raunen durchs Publikum ging. …

Die kleine dreistufige Zuschauer-Tribüne war schon eine halbe Stunde vor Beginn gefüllt. Die später kommenden Besucher drängten sofort über die Markierung in die Bahn.
Zu zweit konnten wir das unmöglich verhindern. Deshalb habe ich Rudolf zur Wettkampfleitung

---

In den ersten zwei Stunden hatten wir überhaupt nichts zu tun. Als dann im dritten Viererlauf die beiden Führenden zusammenstießen, mussten wir ein paar Schürfwunden versorgen. Genau zu diesem Zeitpunkt kamen natürlich mehrere Zuschauer mit Problemen. Einer war an der Treppe mit dem Fuß umgeknickt, …

---

1. Gib jedem Bericht eine Überschrift.
2. Wer schreibt für wen und aus welcher Sicht?
3. Setze die Berichte fort. Achte dabei besonders auf:
   – wichtige Ereignisse
   – Reihenfolge und Verknüpfung.
4. Nenne weitere Situationen, bei denen du aus verschiedenen Perspektiven berichten kannst.

Vergleich Erzählung und Bericht

Der Rachegeist in der Halfpipe

„Warum denn gerade wieder ich?", wollte Ferdi wissen. „Und dann noch eine Stunde lang vorher im Halfpipe-Gerippe im Dunkeln hocken. Mag ich nicht!" „Weil du die beste Stimme dafür hast und weil es anders nicht geht", beschied ihn Pit.
So hatten die Waldseer sich die Sache ausgedacht und so gut wie beschlossen. Dass
5 die Mädchen aus dem Neubaugebiet meinten, eine eigene Bande gründen zu können, war deren Angelegenheit. Sollten sie doch! Aber dass sie sich einbildeten, sie könnten jeden Dienstag von 16 bis 18 Uhr die Inliner-Anlage für sich alleine beanspruchen, und dabei irgendetwas von Sondergenehmigung der Sportverwaltung faselten, das ging zu weit. Dagegen musste man etwas
10 unternehmen.
Und deshalb hatte sich die Waldseer-Gruppe, hatte sich ihr Halbjahres-Boss Pit einfallen lassen, diesen rollerbladenden Zicken einmal
15 Beine zu machen und ihnen ihre sondergenehmigten Extratouren zu vermasseln. Ferdi als Poltergeist und fürchterlich tönendes
20 Rachegespenst in der Halfpipe – das war sein Plan. Und dieser Geist musste rechtzeitig und unbemerkt an Ort und Stelle sein.
25 Alles andere würde sich finden …

1. Schreibe die Erzählung zu Ende.
2. Wandele die fertige Erzählung in einen Bericht für den Platzwart um unter der Überschrift:
   Eigenartige Vorkommnisse auf der Inline-Skater-Anlage.
   Beachte folgende Fragestellungen:
   – Wie verändert sich die Darstellungs-Perspektive?
   – Welche Teile müssen wegfallen, welche hinzukommen, welche sich verändern?
   – Zu welchen weiteren Fragen muss der Bericht etwas aussagen?
   – Wie verändert sich die Sprache im Bericht?

Die Sprache des Berichts

Ein Journalistenwettbewerb

Eine große Tageszeitung möchte für den Beruf des Journalisten werben. Sie hat deshalb einen Wettbewerb ausgeschrieben mit dem Thema: „Bericht über die Eröffnung des Skater-Parks". Angesprochen sind angehende Journalisten. Der Gewinner darf eine Woche den Auslandskorrespondenten der Zeitung in New York bei der Arbeit begleiten. Zwei Nachwuchsjournalisten haben folgende Texte eingereicht:

Text 1: In einem Vorort von K. wurde letzte Woche eine Übungs- und Wettkampfanlage für Inline-Skater eröffnet. Der Stellvertreter des Bürgermeisters war pünktlich zur Einweihung da. Er kam auf Inline-Skates und erhielt dafür viel Beifall von den Anwesenden. In
5 seiner Rede sagte er Folgendes: Der Stadtrat sei für den Bau der Anlage gewesen; es habe früher nämlich immer wieder gefährliche Situationen mit Inline-Skatern gegeben. Er forderte die Skater auf, nun die neue Anlage zu nutzen. Zum Schluss der Veranstaltung fuhr der Stellvertreter des Bürgermeisters unter Musikbegleitung
10 auf seinen Inline-Skates wieder fort.

Text 2: Am letzten Samstag wurde der neue Skater-Park direkt neben dem Waldstadion eröffnet. Pünktlich um 10 Uhr erschien der Stellvertreter des Bürgermeisters, Herr Hegener, vor dem zumeist jugendlichen Publikum, und zwar rollte er passend zum Anlass auf Inline-Skates herbei. Der begeisterte Beifall war ihm sicher.
5 Hegener drückte seine Freude aus, dass es trotz knapper Geldmittel gelungen war, die Anlage zu erstellen und so einen wichtigen Beitrag zur Sicherheit der vielen Skater zu leisten. Denn in der Vergangenheit war es immer wieder zu Unfällen mit Skatern auf den Straßen gekommen. Deshalb sollten jetzt alle – so Hegener – ihre Aktivitäten auf die neuen Pipes und Ramps verlegen und die Anlage mit Leben erfüllen.
10 Zum Schluss der Veranstaltung zeigte Hegener zur Musikbegleitung des Fanfarenzugs, dass er nicht nur die richtigen Worte finden, sondern auch die Halfpipe geschickt benutzen konnte. Nach diesem offiziellen Schlusspunkt wurde die neue Anlage von vielen schon ungeduldig wartenden Skatern „eingerollt".

1. Welcher der beiden Berichte wird wohl von der Jury den Vorzug bekommen? Warum? Diskutiert eure Meinungen.
2. Begründet eure Meinungen genauer. Stellt jeweils die Sätze einander gegenüber. Achtet dabei auf den Gebrauch der Adverbiale, Attribute, Substantive, Verben und Satzarten.

▶ 224

BERICHTEN 95

Skaten hält jung

Die Kleist-Schule, die Ortskrankenkasse und eine Sponsor-Firma beschlossen *(eine Party/einen Inline-Erlebnistag)* durchzuführen. Das Ergebnis war ein Aktionstag am letzten Montag vor Ferienbeginn *(auf einem Asphalthof/auf dem Gelände der Kleist-Schule)*. Beginn war *(irgendwann/vormittags/um 10.30 Uhr)*.

Eine Verleihfirma versorgte die Schülerinnen und Schüler mit Skates und der dazugehörigen Schutzausrüstung. *(Von dem Angebot wurde reger Gebrauch gemacht./Alle drängelten und schubsten, um dranzukommen.)* Slalom, Hockey, Zeitfahren, eine Schanze, Springen über eine Querstange und „Limbo"-fahren unter einer Querstange waren einige der Disziplinen.

Das Finale bestand aus einem Limbo-Turnier. Die Teilnehmer *(fuhren/schlängelten sich/krochen)* unter einer Querstange hindurch, deren Höhe nach jedem Durchgang gesenkt wurde. Bis zu einer Höhe von 60 cm hielt sogar die Sportlehrerin Andrea Wirt mit, doch darunter *(schnallten die meisten einfach ab/hatten nur noch die Kleinsten unter den Geschickten eine Chance)*.

Am Ende waren alle *(happy/zufrieden)*. „Ich bin kein einziges Mal hingefallen", sagte die kleine Selda ganz stolz. Und die Sportlehrerin Wirt meinte: „Skaten schult das Bewegungsgefühl und das Sicherheitsbewusstsein. Und es hält jung."

3. Schreibe den Bericht in dein Heft und wähle die passende Formulierung aus den Vorschlägen aus.

4. Begründe deine Wahl. Woran orientierst du dich?

- Je nach Situation und Verwendungszweck gibt es unterschiedliche Arten von Berichten.
- Berichte enthalten Antworten auf W-Fragen (Was? Wer? Wo? Wann? Wie? Wozu?).
- Berichte und Erzählungen unterscheiden sich nicht nur in Aufbau und Sprache, sondern auch in der Auswahl der Inhalte.
- Die Sprache des Berichts ist sachlich, dabei genau und konkret.

Beschreiben

Vorgänge beschreiben

Papierflieger falten

Hier siehst du eine einfache Anleitung zum Falten eines Papierfliegers:.

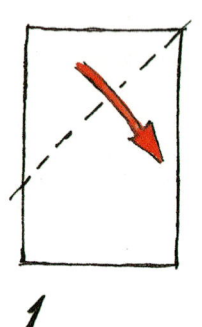

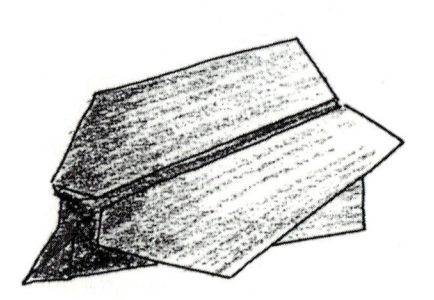

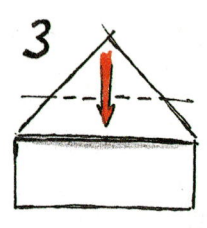

Die hütchenartige Spitze wird zwei Finger breit oberhalb der seitlichen Enden beider schrägen Linien nach unten zu umgeknickt.

Vor mir liegt ein rechteckiges Blatt Papier. Zunächst falte ich den linken oberen Teil so um, dass die linke Ecke auf den rechten Seitenrand zu liegen kommt.

1. Versuche, die beiden fehlenden Bilder in deinem Heft in passender Weise zu entwerfen.
2. Ordne die beiden Formulierungen den entsprechenden Bildern zu.
3. Verfasse auch Beschreibungen für die anderen Bilder. Wie muss eine Gesamtbeschreibung aufgebaut sein?
4. Vergleicht eure Gesamtbeschreibungen. Überprüft sie auf Genauigkeit, Reihenfolge, Anschaulichkeit und Vollständigkeit.
5. Bastle den Flieger. Probiere, ob er fliegt.

BESCHREIBEN 97

Gegenstände beschreiben

Schnüffler wird aktiv

Es hatte schon geläutet, aber „Schnüffler 1" musste unbedingt am schwarzen Brett vorbei, um noch schnell die neusten Verlustanzeigen zu lesen. Er hängte einen Zettel ab und steckte ihn ein. „Das wäre ein interessanter Fall!", dachte er.
Natürlich gab es ein Donnerwetter, als er zu spät in den Unterricht kam. Ungerührt hörte er sich den Wutausbruch an und ließ sich neben „Schnüffler 2" auf den Stuhl fallen. Unter der Bank schob er ihm die Verlustanzeige vom schwarzen Brett zu.

Verlustanzeige

Meine Armbanduhr, die ich am 11.11. verloren habe, hat ein goldenes Gehäuse sowie einen goldenen Verschluss. Das Armband ist aus Leder.
Das Ziffernblatt hat schwarze Zahlen und trägt den Namen „Zwitsch". Der Uhrendeckel ist aus Metall. Gegen Finderlohn ist die Uhr abzugeben bei:

Melanie Sauer, Kl. 6c

---

1. Enthält die Verlustanzeige alle wichtigen Angaben?
2. Wonach können die beiden „Schnüffler" Melanie in der nächsten Pause noch fragen?
3. Arbeite Melanies Antworten in die Verlustanzeige ein.
4. Schreibe eine eigene Verlustanzeige zu einem Gegenstand aus deinem Besitz, z. B. zu deinem Walkman …

▶ 195   225

Personen beschreiben

Buster, der Muskelprotz *Bjarne Reuter*

Buster ist ein Junge, der gerne etwas Besonderes sein möchte, aber Schwierigkeiten im Umgang mit seinen Schulkameraden hat.
Buster seufzte und besah sich seine Muskeln. Wenn er eine Faust machte, ruckte es im Ellenbogen. Ja, wenn er nur den kleinen Finger bewegte, rotierte es schon im Oberarm.
„Ein Mordskerl, dieser Buster", knurrte Buster und stellte sich mit
5 gespanntem Oberarm vor den Spiegel. „Wenn hier nicht die Decke im Wege wäre, würde dieser kolossale Bizeps sich immer weiter und weiter anheben bis hinauf in den Werkraum im vierten Stock", murmelte er vor sich hin und sprang auf die Bank, wo er sich sein Hawaii-Hemd um die Schultern schlang. […]
10 Das Haar stand nach allen Seiten ab. Die großen, runden wasserblauen Augen starrten ihn genauso an wie er sie. Dann grinste das Spiegelbild. Entweder war der Mund zu groß geraten … oder aber er war beim Verteilen der Zähne zu kurz gekommen. Jedenfalls sah es aus, als ob jeder zweite fehlte. Dafür waren sie groß und
15 kantig. […]

(Aus: Bjarne Reuter: So einen wie mich kann man nicht von den Bäumen pflücken, sagt Buster)

1. Kannst du dir ein genaues Bild der Person machen? Begründe deine Meinung.

Ilse aus dem Jugendbuch „Novemberkatzen" von Mirjam Pressler

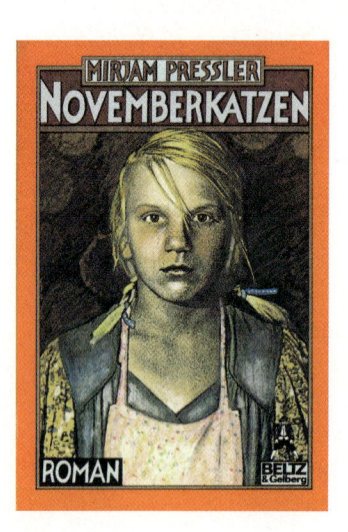

2. Beschreibe das Mädchen auf dem Bild genau. Welchen Eindruck macht es auf dich?
3. Sammelt Illustrationen von Figuren aus Büchern, die euch gefallen, und beschreibt diese Personen.
4. Schreibt Textstellen aus den Büchern ab, in denen Aussehen und Eigenschaften verschiedener Figuren beschrieben werden.
Vergleicht sie mit euren eigenen Beschreibungen.

Naturerscheinungen beschreiben

Im Wald

1. Beschreibe die Naturerscheinungen auf dem Foto.
2. Betrachte in ähnlicher Weise Naturerscheinungen an geeigneten Plätzen. Achte auf Farben und Farbspiele.
   Wirf Steine ins Wasser, beobachte die Bewegungen, die entstehen, und höre auf die Geräusche.
3. Erprobe verschiedene Formulierungen, indem du je 5 Verben ergänzt:

Wolken ziehen	Blätter rauschen	Wind weht	Sonne scheint	...
...	...	...	...	

4. Beschreibe deine Beobachtungen.
   Beginne am besten mit der Angabe deines Standortes, z. B.:
   Ich sitze unter dem Blätterdach eines Baumes...

225

Tiere beschreiben

Bei der Aufgabe für eine 6. Klasse, die Aquarien in der Schule zu beobachten und das Gesehene zu beschreiben, entstanden unter anderen diese zwei Texte:

Der Aal

Geschmeidig schlängelt sich der Aal durch das Wasser des Aquariums. Elegant ist es anzusehen, wenn er durch die Wasserpflanzen gleitet. Sein Schwanzende wirkt dabei wie ein Ruder.
Oftmals bespiegelt sich der Aal in den Seitenscheiben. Beim Gründeln wühlt er mit der Schnauze den Boden auf, denn er sucht nach Algen und kleinen Wasserpflanzen. Im Vergleich zu den anderen Fischen des Aquariums ist der Aal sehr friedlich. Mit seinen äußeren Kiemen macht er paddelartige Bewegungen.
Er ist grau und hat an manchen Stellen zackenartige Flecken auf dem Rücken. Seine Haut ist schuppig. Der Aal hat kleine schwarze Augen und über dem Maul zwei kleine höckerförmige Gebilde.

(Hendrik, 12 Jahre)

Die Schwertfische

Das Männchen ist silbrig und vom Kopf bis zur Schwanzflosse schwarzgelb gestreift. Das Weibchen dagegen ist nur silbrig. Beide haben schwarze Augen, die an der Seite des Kopfes liegen. Auch haben sie zwei kleine Vorderflossen, eine Rückenflosse und eine Schwimmflosse. Mit den Vorderflossen und der Schwanzflosse bewegen sie sich fort, die Rückenflosse dient zum Lenken. Sie können auch auf einer Stelle stehen bleiben.
Das Weibchen schwimmt fast immer dem Männchen nach. Sie tummeln sich gern zwischen den Wasserpflanzen und jagen sich. Das Männchen schwimmt auch einmal unter einem Stein hindurch, um den Weg abzukürzen. Als sie Hunger haben, wühlen sie den Sandboden auf und schnappen nach Nahrung.

(Angela, 12 Jahre)

1. Kannst du dir die Tiere gut vorstellen?
   Begründe dein Urteil genauer.
2. Wie schwimmen Fische?
   Ergänze die folgende Reihe:

   *gleiten, schnellen, springen durch die Fluten, ...
   tummeln sich, ... stiemen auseinander, ...*

3. Führe ähnliche Beobachtungen an einem Aquarium durch und beschreibe.

BESCHREIBEN 101

Ein Meerschweinchen

Ein Schüler stellt ein Meerschweinchen vor der Klasse dar.
Zwei andere Schüler beschreiben die Darstellung so:

Text 1: Der Darsteller ist auf Händen und Füßen rumgekrabbelt und hat so gemacht, als ob er essen würde. Dabei hat er gequietscht und gegrunzt. Dann hat er Männchen gemacht und auch dabei gekreischt. Die Füße hat er manchmal hinterhergezogen.
(Bernd, 12 Jahre)

Text 2: Zunächst krabbelte der Darsteller auf allen Vieren mehrmals hin und her. Manchmal zog er dabei die Hinterbeine nach, sodass es aussah, als ob er sich an etwas heranschleichen wolle. Weiter konnte man erkennen, wie er fraß. Beim ersten Mal sah es aus, als würde er wiederkäuen, und beim zweiten Mal, als würde er an etwas nagen. Dabei stieß er mehrere seltsame Laute aus, die sich wie Quietschen, dazwischen wie Grunzen anhörten.
Zum Schluss machte er Männchen und krabbelte geschwind unter einen Tisch. Wahrscheinlich sollte ein Meerschweinchen dargestellt werden. ...
(Susanne, 12 Jahre)

4. Vergleiche beide Beschreibungen. Was sehen die beiden Verfasser?
5. Begründe darüber hinaus, welche Vorzüge der zweite Text besitzt. Achte auch auf Gesamtaufbau und Wortwahl.
6. Stellt selber Tiere dar, z. B. einen Hund, eine Ente, und beschreibt, was ihr beobachtet.

- Die Vorgangsbeschreibung muss die wichtigen Schritte in der korrekten Reihenfolge wiedergeben. Einmalige Vorgänge können im Präteritum stehen. Wiederholbare Vorgänge und Anleitungen stehen im Präsens.
- Gegenstände lassen sich am besten nach der Wichtigkeit der Einzelteile beschreiben.

Projekt: Texten eines Filmes

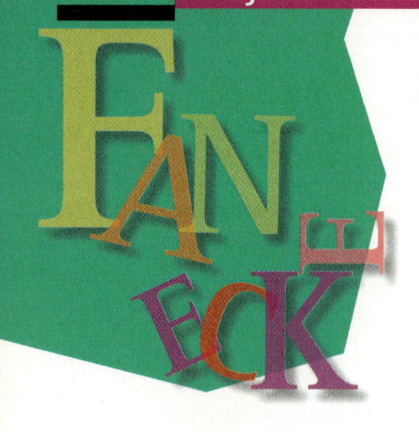

Projekt

Für dieses Projekt *Texten eines Filmes* kann beispielsweise ein Film wie *Die Amsel* (FWU) oder ein ähnlicher über Störche oder eine andere interessante Tierart herangezogen werden.

Diese Filme sind vertont. Ihr könnt sie euch aber auch ohne Ton ansehen und die Texte für eine eigene Vertonung entwerfen. Dabei können ganz unterschiedliche Fassungen herauskommen. Probiert das einmal und vergleicht abschließend eure Lösung mit der Originalvertonung.

Tätigkeiten beschreiben

Die wichtigste Aufgabe der Amseln nach dem Schlüpfen der Jungen ist die Futtersuche. Dabei haben sie viel zu tun, z. B.:
Würmer aus dem Boden ziehen, Raupen sammeln, Schneckenhäuser aufhacken, in der Luft nach Fliegen schnappen, Körner vom Boden aufpicken ...

Bilder verknüpfen

Der Film über die Amsel zeigt wichtige Stationen im Leben der Vögel:
Nestbau, Balz und Paarung, Eiablage, Brüten, Schlüpfen der Jungen, Ernährung, Nestreinigung, Wärme und Schutz für die Jungen, Betreuung der Nestflüchter ...

Dazwischen sind immer wieder Bilder von Bäumen, Büschen und Blumen zu sehen:
Kirschblüte, Frühjahrsblumen, grüne Kirschen, Schwertlilien, leicht rote Kirschen, Rosen, reife Kirschen, Jasminblüte ...

In eurem Text könnt ihr beides verknüpfen, z. B.:
Während der Kirschblüte findet der Nestbau ...

Projekt: Texten eines Filmes

Von der Notiz zum Text

In einer Szene bedroht eine anschleichende Katze die Amseln.
Die Tiere verhalten sich ganz unterschiedlich.
Beim Betrachten des Filmes könntet ihr euch z. B. folgende
Notizen machen:

Katze

*Auf Beutesuche,
schleicht sich an, lautlos,
springt über den Weg,
kauert sich sprungbereit,
lauert,
will einen Schmetterling
haschen,
streckt sich vor,
duckt sich,
setzt zum Sprung an,
wirkt spielerisch und
zugleich gefährlich.*

Amseln

*Das Männchen wird unruhig,
flattert umher,
stößt aufgeregt pfeifende
Warntöne aus.*

*Das Weibchen duckt sich im Nest,
sitzt regungslos mit geöffnetem
Schnabel da,
verhält sich ganz still,
schmiegt sich an die Nestwand;
späht, sichert, streckt den Hals,
wendet den Kopf;
beruhigt sich,
brütet weiter.*

Ein fertiger Sprechkommentar zur Szene: „Katze und Amseln"

Plötzlich fängt das Amselmännchen aufgeregt zu zwitschern und zu trällern an: Das bedeutet Gefahr. Aufmerksam blickt das Weibchen umher. Da sieht es, worüber sich das Männchen so aufregt: eine Katze! Sie streicht in geduckter Haltung wie spielerisch durch das Gestrüpp, um jede Maus oder jeden Vogel, den sie entdecken kann, sofort anzuspringen, denn sie ist auf Beutefang.
Empört schimpft das Amselmännchen auf die Katze ein, beginnt zu pfeifen und zu flöten, während sich das Weibchen ganz still an die Nestwand schmiegt und so unauffällig wie möglich bleibt, denn es geht um ihr Leben und das des Nachwuchses.
Doch zum Glück für die Amseln erregt etwas anderes die Aufmerksamkeit der Katze: Sie stutzt, streckt sich sprungbereit vor und springt dann plötzlich davon, einem neuen Ziel entgegen.

Lesetechniken

Totales Lesen – orientierendes Lesen

Aushang des Biker-Clubs

Liebe Biker-Freunde,

wie wir bei unserer letzten Versammlung beschlossen haben, wollen wir unsere erste Tour in diesem Jahr am Samstag, den 20. April, zur Grundmühle starten.
Der Verpflegungswagen fährt wie immer voraus; bitte überweist den Unkostenbeitrag von EUR 10,– auf das Club-Konto. Startzeit ist 8 Uhr am Clubhaus, gegen 10.30 Uhr müssten wir am Ziel sein.
Dort führen wir zwei Zielwettbewerbe (Bergzeitfahren und down-hill) durch sowie mehrere Geschicklichkeitsprüfungen (nach Altersklassen). Meldet euch bitte bis zum 15.4. bei Manuela an.
Am Nachmittag stellt unser Techniker Thomas die neuesten Entwicklungen auf dem Bike-Sektor vor. Die Rückkehr ist gegen 18 Uhr geplant. Wir hoffen, dass das Wetter mitspielt.
   Manuela K.
   (Geschäftsführerin)

Björns Notizzettel

- erste Tour
- Samstag, 20. April
- Grundmühle
- Unkostenbeitrag EUR 10,–
- Startzeit 8 Uhr, Clubhaus
- Zielwettbewerbe, Geschicklichkeitsprüfungen
- anmelden bis 15.4.
- Rückkehr gegen 18 Uhr

1. Warum macht Björn sich diese Notizen? Auf welche Stellen im Aushang beziehen sie sich? Welche Wortarten verwendet er?
2. Warum kann man Björns Notizen als **Schlüsselwörter** bezeichnen?

Fahrradwandern

Lange Zeit wollte jeder nur mit dem Auto oder Motorrad durch die Landschaft brausen. Seit einigen Jahren haben erst wenige, dann immer mehr das Fahrrad wieder entdeckt. Die Industrie hat diesen Trend schnell aufgegriffen und bietet heute vom stabilen Trecking-
5 Rad bis zur spezialisierten Rennmaschine Lösungen in allen Preisklassen an. Aus der Fortbewegung auf zwei Rädern mit Muskelkraft ist eine Freizeitbeschäftigung oder sogar eine Weltanschauung geworden. In Biker-Clubs haben sich Interessierte zusammengeschlossen und führen gemeinsame Aktivitäten durch. Spezielle
10 Wettbewerbe sind beliebt, aber auch das gemeinsame Radwandern findet immer mehr Anhänger. Die Gemeinden, besonders in den Urlaubsgebieten, haben sich mit gut ausgebauten Radwegen und auch Rad-Hotels darauf eingestellt.

3. Lies den Text laut vor. Versuche, dabei Schlüsselwörter zu betonen.
4. Lies den Text in aller Ruhe. Diskutiert in der Klasse darüber, ob auf diese Weise Schlüsselwörter gefunden wurden.

Zwei Notizzettel

Radtour 14. Mai,
Ziel: Groß-Gemmen,
Radweg bis Haldern,
Abzweig Richtung Bernstadt,
Seewiese nach 5 km.
Unterhaltung: Grillplatz,
Spielwiese, Bademöglichkeit

Radtour, Regen, Landkarte

verfahren, holpriger Waldweg

Übernachtung

5. Sind die beiden Notizzettel verständlich? Schreibe je einen vollständigen Text dazu. Diskutiert eure Ergebnisse.
6. Verfasst selber Notizzettel mit Schlüsselwörtern, tauscht sie aus und versucht, den vollständigen Zusammenhang zu erschließen.

Optische Hilfen beim Lesen nutzen

Viele Vögel sind Kulturfolger

Für die Touristen ist es eine wahre Attraktion.| Auf ein verstecktes Kommando der Futterverkäufer hin erheben sich Tausende von Tauben auf dem Domplatz in Mailand auf einmal in die Luft.| Für kurze Zeit ist der Blick auf den Dom versperrt, man sieht nur noch Vögel.| Haustauben findest du aber nicht nur in Touristenzentren.| Diese Vogelart besiedelt Bahnhöfe, Kirchen, Parks und Plätze in allen größeren Städten Europas.| Weshalb halten sich die Haustauben vorwiegend in der Nähe des Menschen auf?|| Ihre Vorfahren, die Felsentauben, leben noch heute vereinzelt an Felsen und in Höhlen an der Atlantikküste.| Sie ernähren sich von ölhaltigen Samen, fressen aber auch Schnecken und Insekten.| Die Haustaube dagegen bleibt ganzjährig in den Städten.| Hier wird sie von den Menschen gefüttert und es fehlen ihre natürlichen Feinde, die Greifvögel.| Dadurch kann sie sich stark vermehren.| Der Mensch verändert seinen Lebensraum durch seine Kultur.| Vögel wie die Haustaube, die sich an diesen veränderten Lebensraum anschließen, nennt man deshalb Kulturfolger.|| Die Haustauben nisten gern an Gebäuden.| Dabei verschmutzen sie diese mit ihrem Kot.| Darüber hinaus können sie Parasiten und Krankheiten übertragen.| Tauben sind in den Augen vieler Menschen zu einer Plage geworden.| Deshalb werden sie verscheucht und trotz massiver Proteste der Tierschützer sogar gezielt vergiftet.| In letzter Zeit breiten sich neben der Haustaube weitere Taubenarten in Deutschland aus.|| Ein weiterer Kulturfolger ist der Haussperling, der in manchen Gegenden auch Spatz genannt wird. Ursprünglich stammt der Haussperling aus den baumreichen Steppengebieten Vorderasiens.| Heute besiedelt er ganz Europa und viele andere Teile der Erde.| Er hält sich das ganze Jahr über in der Nähe des Menschen auf.| Haussperlinge nisten in Löchern, an Wänden oder in Hohlräumen unter Dachpfannen.| Durch die geschlossene Bauweise der modernen Häuser ging die Anzahl ihrer Nistplätze in den letzten Jahren zurück.| Anfang April legt das Weibchen drei bis sechs Eier.| Nach etwa 14 Tagen Brutzeit schlüpfen die Jungen.| Sie sind Nesthocker und werden von den Elterntieren täglich mehrere Hundert Mal mit Würmern und Insekten gefüttert.| Nach zwei bis drei Wochen verlassen sie das Nest.| Jetzt ernähren sich die jungen Sperlinge vorwiegend von Körnern und Samen, fressen aber auch Speisereste des Menschen.|| Im Sommer bilden die Spatzen große Schwärme.| Bis zu 5000 Tiere finden sich zusammen und fliegen aus der Stadt zu nahe gelegenen Getreidefeldern.| Als Körnerfresser richten sie hier nach Ansicht der Bauern große Schäden an.| Erst im späten Winter lösen sich die Schwärme auf.| Die Spatzen leben wieder paarweise.|

1. Die Striche in diesem Text markieren die Satz-(|) und Abschnittsgrenzen (||). Welche Hilfe bieten sie beim ersten Lesen?

226

Aus einem Biologiebuch

Vögel in ihrem Lebensraum

1 Tauben in der Innenstadt

11 Viele Vögel sind Kulturfolger

Für die Touristen ist es eine wahre Attraktion. Auf ein verstecktes Kommando der Futterverkäufer hin erheben sich Tausende von Tauben auf dem Domplatz in Mailand auf einmal in die Luft. Für kurze Zeit ist der Blick auf den Dom versperrt, man sieht nur noch Vögel. Haustauben findest du aber nicht nur in Touristenzentren. Diese Vogelart besiedelt Bahnhöfe, Kirchen, Parks und Plätze in allen größeren Städten Europas. Weshalb halten sich die Haustauben vorwiegend in der Nähe des Menschen auf?

Ihre Vorfahren, die **Felsentauben,** leben noch heute vereinzelt an Felsen und in Höhlen an der Atlantikküste. Sie ernähren sich von ölhaltigen Samen, fressen aber auch Schnecken und Insekten. Die Haustaube dagegen bleibt ganzjährig in den Städten. Hier wird sie von den Menschen gefüttert und es fehlen ihre natürlichen Feinde, die Greifvögel. Dadurch kann sie sich stark vermehren. Der Mensch verändert seinen Lebensraum durch seine Kultur. Vögel wie die Haustaube, die sich an diesen veränderten Lebensraum anschließen, nennt man deshalb *Kulturfolger.*

Die Haustauben nisten gern an Gebäuden. Dabei verschmutzen sie diese mit ihrem Kot. Darüber hinaus können sie Parasiten und Krankheiten übertragen. Tauben sind in den Augen vieler Menschen zu einer Plage geworden. Deshalb werden sie verscheucht und trotz massiver Proteste der Tierschützer sogar gezielt vergiftet. In letzter Zeit breiten sich neben der Haustaube weitere Taubenarten in Deutschland aus.

Ein weiterer Kulturfolger ist der **Haussperling,** der in manchen Gegenden auch Spatz genannt wird. Ursprünglich stammt der Haussperling aus den baumreichen Steppengebieten Vorderasiens. Heute besiedelt er ganz Europa und viele andere Teile der Erde. Er hält sich das ganze Jahr über in der Nähe des Menschen auf. Haussperlinge nisten in Löchern, an Wänden oder in Hohlräumen unter Dachpfannen. Durch die geschlossene Bauweise der modernen Häuser ging die Anzahl ihrer Nistplätze in den letzten Jahren zurück.
Anfang April legt das Weibchen drei bis sechs Eier. Nach etwa 14 Tagen Brutzeit schlüpfen die Jungen. Sie sind *Nesthocker* und werden von den Elterntieren täglich mehrere Hundert Mal mit Würmern und Insekten gefüttert. Nach zwei bis drei Wochen verlassen sie das Nest. Jetzt ernähren sich die jungen Sperlinge vorwiegend von Körnern und Samen, fressen aber auch Speisereste des Menschen.

Im Sommer bilden die Spatzen große **Schwärme.** Bis zu 5000 Tiere finden sich zusammen und fliegen aus der Stadt zu nahe gelegenen Getreidefeldern. Als **Körnerfresser** richten sie hier nach Ansicht der Bauern große Schäden an. Erst im späten Winter lösen sich die Schwärme auf. Die Spatzen leben wieder paarweise.

> Haustaube und Haussperling bezeichnen wir als Kulturfolger.

1 Stelle mithilfe der Pinnwand Seite 215 eine Liste der Kulturfolger auf, die du in der Umgebung deiner Wohnung beobachten kannst.

---

2. Welche optischen Hilfen kannst du für ein schnelleres und besseres Auffassen derselben Informationen auf dieser Seite nutzen?

3. Beschreibe Unterschiede der Aufmachung (Layout). Wie wirken die beiden Aufmachungen auf dich?

- Verschiedene Lesetechniken lassen sich unterscheiden, z. B. totales (genaues) Lesen und orientierendes Lesen.
- In einem Text lassen sich die Schlüsselwörter herausheben. Durch Betonung beim Lesen kann man sie verdeutlichen.
- Erste Orientierung beim Lesen bietet die Beachtung der Satz- und Abschnittsgrenzen.
- Auch die optischen Hilfen eines gestalteten Layouts erleichtern das orientierende Lesen.

MIT SACHTEXTEN UMGEHEN

Sachtexte systematisch untersuchen

Texte unter einer Fragestellung betrachten

Eine 6. Klasse beschäftigt sich mit dem Thema „Mond" und hat dazu aus Nachschlagewerken und anderen Büchern verschiedene Texte gesammelt.

Text 1

Mond, der unserer Erde am nächsten stehende Himmelskörper, läuft in einer mittleren Entfernung von 384.420 km in 27 Tagen 7 Std. 43 Min. 11,5 Sek.
5 um die Erde, indem er gleichzeitig an der Bewegung der letzteren um die Sonne teilnimmt. Seine wahre Bahn ist daher eine teilweise innerhalb, teilweise außerhalb der Erdbahn liegende
10 Wellenlinie ohne Schlingen. […] Die auffallendste Erscheinung, welche der Mond uns darbietet, sind seine im Lauf eines Monats wechselnden Phasen, welche eine Folge seiner veränderlichen
15 Stellung gegen Erde und Sonne sind.

Text 2

Seit Jahrmilliarden kreist der Mond um die Erde, seit Jahrtausenden haben ihn die Menschen beobachtet, als Gottheit verehrt und davon geträumt, einmal zu
5 dieser Nachbarwelt reisen zu können. Mit seinen regelmäßig wiederkehrenden Lichtgestalten wie Halbmond und Vollmond half er unseren Vorfahren, die ersten brauchbaren Kalender herzustel-
10 len. Wegen seiner Nähe war der Mond der erste Himmelskörper, dessen Entfernung, Ausmaße und Landschaften man erforschen konnte. […] Am 20.7.1969 betrat der erste Mensch den Mond und
15 leitete damit ein neues Zeitalter der Erforschung ein.

Text 3

Auf dem Mond gibt es zwei ganz verschiedene Landschaftstypen, die hellen „Hochländer" und die dunklen „Meere", welche man schon mit bloßem Auge erkennt. Beide sind mit Gesteinen bedeckt, die man am ehesten mit den irdischen Basalten vergleichen kann. Die dunklen Mare-Basalte entsprechen etwa der irdischen Lava, wie sie besonders aus den Tiefseerücken austritt, doch gibt es deutliche Unterschiede in der Zusammensetzung.

1. Formuliere Fragen, auf die die Texte Antwort geben.
2. Ordnet eure Fragen. Welche können auf alle drei Texte bezogen werden?

226

SACHTEXTE SYSTEMATISCH UNTERSUCHEN **109**

Informationen ordnen

Stammbaum-Form

Beim Versuch, die verschiedenen Fragen und Informationen einander zuzuordnen, fielen den Schülerinnen und Schülern verschiedene grafische Möglichkeiten ein. Sabine schlug das folgende Schema vor:

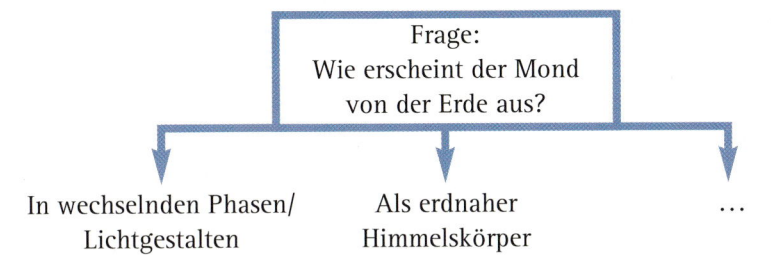

```
            Frage:
       Wie erscheint der Mond
         von der Erde aus?
       ↓           ↓           ↓
In wechselnden Phasen/   Als erdnaher      ...
   Lichtgestalten       Himmelskörper
```

1. Fülle den Stammbaum auf.
   Beantwortet eure Fragen in gleicher Weise.

Begriffs-Pyramide

Marc macht einen anderen Vorschlag. Er will die Form einer Pyramide verwenden. Dabei steht der wichtigste Begriff an der Spitze, die anderen ordnen sich je nach Wichtigkeit darunter.

```
                    Mond:
                 Himmelskörper

    Entfernung zur Erde:         Alter:
       ca. 350000 km          Jahrmilliarden

  Erscheinung      Wirkung des        Bedeutung für
      ...       Mondes auf die Erde    den Menschen
```

2. Kannst du deine Begriffe und Informationen in dieser Form ordnen?
   Sprecht über eure Erfahrungen.

- Welches die wichtigen Informationen eines Textes sind, hängt nicht nur von seinem Inhalt, sondern auch von der Fragestellung ab, unter der man ihn liest.
- Fragestellung und Information müssen passend aufeinander bezogen werden. Dazu kann man verschiedene grafische Verfahren nutzen.

Sachtexte präsentieren

Texte verknappen

Regenwald

Den „Regenwald" stellen wir uns meist als eine „grüne Hölle" vor, dicht mit Schlingpflanzen verwachsen, sodass kaum ein Durchkommen möglich ist; dazu
5 bewohnt von einer Vielzahl geheimnisvoller Vögel und Kletterer in der Höhe, deren Rufe durch das verdeckende Geäst hallen, und gefährlicher und
10 lautlos anschleichender Schlangen und Skorpione am Boden und zwischen den niederen Stämmen und Zweigen. In Wirklichkeit fehlt das Unterholz
15 meist ganz. Unter einem dichten Dach der Bäume herrscht ruhiges Dämmerlicht, von der verwirrenden Tier- und Pflanzenwelt ist wenig zu bemerken. Nur dort, wo Ränder, Lichtungen oder Einschnitte in den Wald sich gegen die Sonne
20 öffnen, bildet sich das Dickicht, das wir erwarten.
Wer jedoch genauer hinsieht, lernt den Regenwald als Lebensgebiet für eine große Anzahl von Pflanzen und Tieren kennen, die nur dort und nur in enger Beziehung aufeinander vorkommen. Sie bilden ein biologisches Gesamtsystem, das die gleichmäßig hohen Temperaturen der Äquatorregion und die große Luftfeuchtigkeit regel-
25 mäßiger Niederschläge zur Voraussetzung hat. Der innere Zusammenhang zwischen Klima, Pflanzen- und Tierwelt lässt erahnen, dass eine Störung an einer Stelle stets das gesamte System gefährdet.   [177 Wörter]

1. Teilt die Klasse in drei Gruppen.
   Die Gruppen erhalten folgende Aufträge:
   – Verkürzt den Text auf die Hälfte seines Umfangs.
   – Verkürzt den Text auf ein Drittel seines Umfangs.
   – Verkürzt den Text auf zwei Sätze.
2. Welche Gruppe hatte die größten Schwierigkeiten?
   Worin bestanden sie? Wie konntet ihr sie lösen?
3. In welchen Situationen benötigst du solche Verknappungen?

SACHTEXTE PRÄSENTIEREN

Einen Stichwortzettel anlegen

Bedeutung und Gefährdung des Regenwalds

Heute weiß man, dass der Regenwald eine große Bedeutung für das Klima der Regenwald-Region und auch der ganzen Erde besitzt. Sehr spät hat man deswegen begonnen, Schutzmaßnahmen zum Erhalt des Regenwaldes zu treffen. Sie liegen oft im Widerstreit mit den Interessen mancher Menschen aus den betroffenen Ländern, die Teile des Regenwaldes abholzen, um Acker- oder Weideland zu gewinnen. Meist ist diese Nutzung aber nur von kurzer Dauer, da die Böden nicht dafür geeignet sind. Sie werden ausgelaugt, vom Regen ausgewaschen und vom Wind abgetragen. So bilden sich erst einzelne kahle Inseln, dann größere Flächen, bis ganze Landstriche zerstört sind. Sie werden durch neue Rodungen ersetzt und dieser Teufelskreis wird immer schneller durchlaufen.

1. Verfasse zu diesem Text einen Stichwortzettel (Schlüsselwörter).
2. Suche in Lexika und anderen Nachschlagewerken weitere Informationen zur Bedeutung und Gefährdung des Regenwaldes.
3. Erarbeitet in Gruppen kleine Dokumentationen zum Thema *Regenwald*. Wendet dabei auch die Hilfen des Abschnittes *Informationen ordnen* (S. 109) an.
Stellt euch die Ergebnisse gegenseitig in einem kleinen Vortrag vor. Benutzt dazu eure Stichwortzettel.

- Ergebnisse aus untersuchten Texten kann man in Form einer Verknappung festhalten.
- Ein anderer Weg ist die Erstellung eines Stichwortzettels. Er kann als Hilfe bei der Wiedergabe eines Textes dienen und muss die wichtigen Schlüsselwörter enthalten.
- Mehrere Stichwortzettel und Kurzfassungen bilden die Grundlage für eine zusammenhängende Darstellung zu einem Thema.

Jugendsachbücher zum Thema „Regenwald" vorstellen

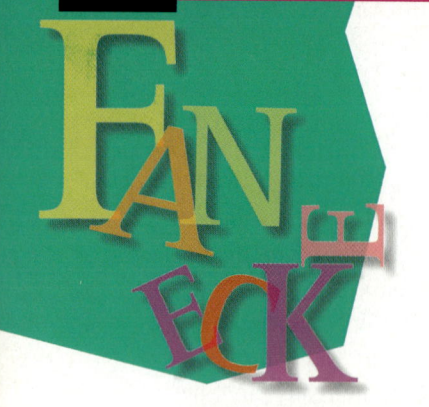

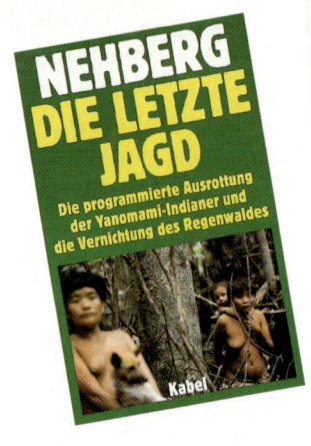

Projekt: Regenwald

Für dieses Projekt könnt ihr euch verschiedene Jugendsachbücher besorgen. Stellt sie euch in knapper und übersichtlicher Form in der Klasse vor. Wendet dabei die Arbeitstechniken und Erkenntnisse dieses Kapitels an.

- Lest verschiedene Abschnitte der Bücher mit unterschiedlichen Lesetechniken und arbeitet mit Markierungen.
- Richtet verschiedene Fragen an das Buch und nennt die Informationen, die Antwort auf eure Fragen geben.
- Verdeutlicht euch wichtige und dafür geeignete Zusammenhänge in grafischer Form.
- Fertigt Kurzfassungen wichtiger Textabschnitte an.
- Informiert euch gegenseitig über wichtige Einzelthemen mithilfe eines Stichwortzettels.
- Schreibt einen Klappentext, eine Inhaltsübersicht oder eine Kritik zu eurem Buch.
- Achtet bei dem, was ihr schreibt oder als Text-/Arbeitsblatt erstellt, auf ein leserfreundliches, abwechslungsreich gestaltetes Layout.

WERKSTATT

Die Rechtschreibung wird schwieriger. So geht es jetzt auch darum, Verben und Adjektive in schwierigen Fällen groß oder klein zu schreiben. Aber keine Angst! In der Rechtschreib-Werkstatt lernst du wieder viele Tipps und Tricks kennen, die dir die richtige Schreibung erleichtern.

Werkstatt

Rechtschreiben

Rechtschreibschwierigkeiten

Was man alles reformieren könnte

Rechtschreibreform der Zukunft?

Im Jahre 1998 wurde die deutsche Rechtschreibung reformiert. In Schulen wird sie seitdem gelehrt und in Behörden muss sie angewandt werden. Einigen gehen die Änderungen zu weit, anderen nicht weit genug. Sie wollen weitere Änderungen und machen folgende Vorschläge:

1. Regeländerung: alles klein schreiben

alle wörter werden klein geschrieben – auch am satzanfang, namen natürlich ebenfalls.

2. regeländerung: v, y und ph fallen weg, statt dessen f, w, ü, j

dadurch werden fiele follständig überholte schreibweisen fermieden. Das alfabet wird kürzer, wörter wie füsikunterricht, segeljacht, wokal und gümnastik versteht man auch so.

3. regeländerung: tz und z werden durch ts ersetst

jetst ist das alfabet noch kürtser und schwätser werden immer noch verpetst.

4. regeländerung: alle langen vokale werden nur noch doppelt geschrieben

dii verschiidenen schreibweisen der wokaale – diis ist schoon lange klaar – kapiirt oonehin soowiisoo keiner. dii rechtschreibung wird uurgemüütlich.

5. reegeländerung: die konsoonantenferdopplung wird gestrichen

soo kan ein schüüler deen unsin deer ferdoplung meiden. Auf eine seite past jetst fiil meer text.

1. Welche Rechtschreibprobleme wollen diese Reformvorschläge lösen? Was meinst du dazu?
2. Erfinde eigene „Verbesserungen" für die nächste Rechtschreibreform.
3. Wann sind Regeln beim Schreiben notwendig, wann belasten sie den Schreiber?
4. Suche dir einen kurzen Text aus und schreibe ihn nach diesen Regeln. – Diskutiert Vor- und Nachteile.

RECHTSCHREIBSCHWIERIGKEITEN

Im Wörterbuch nachschlagen

Auszug aus einem Rechtschreibwörterbuch

Va | ri | a | ti | on *w. 10* Abweichung; Veränderung, Abwandlung;

Geschlecht/Genus, männlich, weiblich, sächlich; Wort wird nach einer bestimmten Art (Nr. 10) dekliniert

Va | ri | e | té *Nv.* Va | ri | e | tee *Hv.* [variete, frz.] schweiz.: Va | ri | é | té [variete] *s. 9* Bühne für artist., tänzer. und musikal. Darbietungen; va | ri | ie | ren 1) *intr. 3* verschieden sein, abweichen; 2) *tr. 3* abwandeln

Silbentrennstriche; Hinweise zur neuen Rechtschreibung (*Hv.* = Hauptvariante, *Nv.* = Nebenvariante)

Va | ri | o | la [va -, lat.] *w.* .*Gen.* – Mz. – lae *[– lae:] oder* – len, Va | ri | o | le *w. 11* eine Infektionskrankheit, Pocken, Blattern

Wort hat zwei Mehrzahlendungen

Bedeutung des Wortes

Va | ri | ty | per [vaeritaipe, engl.] *m. 5* fotomechan. Schreib- und Setzmaschine

Aussprache, Herkunft

Va | sall [va -, kelt. – mlat.] *m. 10* 1) MA: Lehnsmann, Gefolgsmann; 2) allg.: Abhängiger; Va | sal | len | staat *m. 10* von einer Großmacht abhängiger Staat; va | sal | lisch

Wort kommt aus dem Keltischen und Mittellateinischen

Vas | ek | to | mie *auch:* Va | sek | to | mie [vas –, lat. + griech.], Va | so | to | mie *w. 11* operative Entfernung eines Blutgefäßteiles bzw. eines Teils des männl. Samenleiters (zur Sterilisation)

Verschiedene Möglichkeiten der Silbentrennung (nach Herkunftssprache, nach Sprechsilben)

Va | se | line *w. Gen.* – nur Ez. eine Fettsalbe;

Wort kommt nur in der Einzahl vor

Va | ter *m. 6;* Vä | ter | chen *s. 7;* Va | ter | haus *s. 4 nur Ez.;* Va | ter | land *s. 4,* – va | ter | län-disch; Va | ter | lands | lie | be *w. 11 nur Ez.;*

1. Schreibe auf, was du über *Vaterhaus* in diesem Wörterbucheintrag erfahren kannst.

Dehnung

Lang gesprochen – verschieden geschrieben

Rettung aus Seenot *Aus dem Logbuch eines Seenotrettungskreuzers der DGzRS[1]*

18.30 Uhr – Windstärke 9–10 Beaufort[2] – Auf dem Seenotkanal ein Signal der Segelyacht „Jola"! Die Positionsmeldung dieses Kahns *kam* zerstückelt an; wahrscheinlich befindet er sich im „Großen Knechtsand". Wir bereiten uns sehr schnell auf die Ausfahrt vor und nehmen unsere Ausrüstung mit.

18.42 Uhr – Nebel liegt auf dem „Großen Knechtsand", die Suche ist *schwierig*. Wir sichten eine *rote Kugel*; mit höchster *Fahrstufe* steuern wir auf die „Jola" zu.

19.02 Uhr – Die Sichtweite *beträgt* weniger als 50 Meter. Die Besatzung der Yacht winkt mit *Fahnen* und Handfackeln. Unser Echolot[3] meldet, dass das Fahrwasser zu flach wird, der Havarist[4] liegt auf einer Sandbank. Der Kapitän befiehlt das Tochterboot auszusetzen. Eine *Stahl*-Leine wird zur Yacht geschleppt. Das kann *wegen* des hohen Seegangs nur *behutsam* erfolgen. Wir *hören* den Funkspruch unseres Maats auf dem Tochterboot, dass ein Segler unterkühlt sei und in unserem Bordhospital behandelt werden müsse.

19.20 Uhr – Das *Boot* beginnt über den *Bug* zu sinken. Wir müssen die *drohende Gefahr für die Segler* abwehren. Die auf der Yacht Gebliebenen werden in einer *kühnen* Aktion aus Seenot geborgen. Sie erhalten trockene Kleidung und heißen *Tee*. Das Wrack wird mit Hilfe des Dekakoordinators[5] auf der *Seekarte* markiert.

20.40 Uhr – Wir laufen Bremerhaven an. Die Geretteten werden mit einem Krankenwagen ins Hospital eingeliefert. Unser Rettungskreuzer meldet sich wieder einsatzbereit.

[1] *DGzRS:* Deutsche Gesellschaft zur Rettung Schiffbrüchiger; [2] *Beaufort:* Windskala von 1 bis 12 (12 entspricht ungefähr 120 km/Std.); [3] *Echolot:* Gerät, das mit Schall die Wassertiefe misst; [4] *Havarist:* Schiff, das bei einem Schiffsunglück beschädigt wurde; [5] *Dekakoordinator:* ein metergenaues, satellitengestütztes Navigationssystem

1. Lies die kursiv gedruckten Wörter laut vor. Wie werden die Vokale ausgesprochen?
2. Zeichne die Tabelle ab und trage weitere Wörter ein. Füge passende Überschriften in die Tabelle ein. Finde Regeln, wie lang gesprochene Vokale geschrieben werden.
3. Welche wenigen Konsonanten findest du nur hinter dem Dehnungs-h?

?	?	?	?
See	Kahn	schwierig	für
...	...	...	...

196 226

DEHNUNG 117

Vor- und Nachsilben ohne Dehnungs-h

Aus der Geschichte der Schiffskatastrophen und der Seerettung

Im vergangenen Jahrhundert gerieten in der Nordsee viele Schiffe in Seenot. Rettung gab es nur in Ausnahmefällen. Seit Urzeiten herrschte dort das Strandrecht, das einem Piratentum glich. Was am Strand lag, gehörte den Anwohnern. – Hatte ein Schiffbrüchiger die Brandung überwunden, war alle Mühsal umsonst, denn
5 er wurde gewaltsam getötet, weil z. B. Inselbewohner „herrenloses" Strandgut aus dem geborstenen Schiff als ihr Eigentum behalten durften. – Gab es Hilfswillige, dann mangelte es an Ausrüstung und Rettungsplänen. 1854 sank ein Auswandererschiff, 80 Menschen waren unrettbar verloren. – 1861 trafen sich vier bekannte Bürger aus Küstenstädten und wollten handeln!

10 Senator Ingwersen aus Husum: *Meine Herren, wir sind uns einig, eine brauchbare Lösung gegen die Urgewalten der See und gegen ein furchtbares Brauchtum sind Vereine, die alle empfindsamen Rettungswilligen an unseren Küsten ausbilden und unterstützen.*
Kaufmann Hoppstedt aus Hamburg: *Richtig, furchtbares Brauchtum, Herr Senator,*
15 *denn Menschen und Ladungen sind errettbar. Seien wir nicht furchtsam, wenn es um Leben und Eigentum geht.*
Kapitän Brinktörn aus Bremen: *Gut, seien wir nicht furchtsam, dann müssen wir wirksame Rettungsstationen aufbauen, in denen belastbare Männer den Urkräften des Sturmes und der See widerstehen.*
20 Bürgermeister Jeppsen von der Insel Amrum: *Genau, und die Männer dieser Stationen müssen gleichsam zu jeder Uhrzeit einsetzbar sein. Wachsame Helfer werden den Gefahren trotzen, die seit Urzeiten die Seefahrer bedrohen.*

1865 wurde die „Deutsche Gesellschaft zur Rettung Schiffbrüchiger" (DGzRS) gegründet. Seit dieser Zeit hat sie über 60 000 Menschen in Seenot geholfen.

1. Welche lang gesprochenen Wörter werden in dem Gespräch doppelt erwähnt?
   Wie werden die Suffixe (Nachsilben) geschrieben?
2. Suche weitere Wörter. Mit welchen lassen sich Substantive, mit welchen Adjektive bilden?
3. Suche Wörter mit dem Präfix *ur-* heraus.
   Welche Bedeutungen haben sie?
   Mit welchem Wort darfst du die Vorsilbe nicht verwechseln?
4. Gibt es in dem Vorspann zum Gespräch auch lang gesprochene Vor- und Nachsilben?

197 227

Der lange i-Laut

Die Flotte der Deutschen Gesellschaft zur Rettung Schiffbrüchiger

Bis zum ersten Weltkr■g waren die Rettungsmänner zufrieden, wenn sie bei ■rem Kampf mit dem aufgewühlten Meer in ■ren Ruderbooten Rettungsringe und Leinen mitführen konnten. Später wurde mit Motoren exper■ment■rt, die v■le L■ter Benz■n benötigten. Schl■ßlich setzten sich mehr und mehr was-
5 serdichte D■selmotoren durch. Nach dem zweiten w■dersinnigen Weltkr■g, als fr■dliche Zeiten w■derkehrten, besaß die DGzRS nur wen■ge Boote. Als sie den Kreuzer „Theodor Heuss" erh■lten, wurde ■nen ein v■lseitig einsetzbares Rettungsschiff anvertraut. Die Masch■nen der größten Kreuzer l■fern 7200 PS Antr■bskraft; haben
10 ein Hosp■tal und ein Hubschrauberdeck und sind mit Satelliten-Nav■gation ausgerüstet. S■ erz■len 26 Knoten[1]. Fast alle Schiffe führen ein Tochterboot, das im flachen Wasser und auch in Pr■len[2] einsetzbar ist. 19 der 55 Rettungs-
15 kreuzer bed■nt eine fest angestellte Besatzung. Zusätzlich sind v■le ehrenamtliche Helfer jederzeit – ob während ■res D■nstes oder ■rer Freizeit einsatzbereit, sobald das Signal zu
20 einer d■ser schw■rigen Rettungsakt■onen kommt.

[1] *Knoten:* Geschwindigkeitsmessung auf See 1 kn = 1 Seemeile/Stunde (1 Seemeile = 1,852 km)
[2] *Priel:* Wasserrinne im Watt, die sich landeinwärts verästelt

1. Schreibe den Text richtig ab.
2. Wie können lange i-Laute geschrieben werden?
3. Suche ein anderes Wortpaar wie *mehr – Meer*.
   Wie erklärst du dir die unterschiedliche Schreibung?

- Lange Vokale werden mit verschiedenen Dehnungszeichen oder ohne Dehnungszeichen geschrieben.
- Wenn das Dehnungszeichen -h erscheint, steht es nur vor *l – m – n – r*.
- Mit dem Präfix *ur-* lassen sich Substantive bilden, die auf den Anfang verweisen; bei Adjektiven bedeutet es eine Verstärkung oder Hervorhebung.
- Mit den Suffixen *-bar* und *-sam* lassen sich aus anderen Wörtern Adjektive bilden.
  Mit den Suffixen *-sal* und *-tum* werden Substantive gebildet.

SCHÄRFUNG

Schärfung

Wiederholen: Kurz gesprochen – verschieden geschrieben

Stumpft der Mensch beim Gaffen ab?

1. In jeder Zeichnung verstecken sich zwei Wörter mit kurzem Vokal. Schreibe die Wörter richtig auf.
2. Wie wird ein Konsonant nach kurzem Vokal geschrieben? Formuliere eine Regel.

Tippfehler

Daniel hat von seinem Großvater eine uralte Schreibmaschine geschenkt bekommen. Sofort probiert er sie aus und schreibt einige Substantive. Als er die Wörter nochmals liest, muss er feststellen, dass die Schreibmaschine den Buchstaben T nicht tippt:

SCHULE   SCHULER   KANNE   KANE   HAS   HASE   FALE   FALLE

3. Lies diese Wörter laut. Wie werden die Vokale gesprochen?
4. Bei welchen Wörtern fehlt der Buchstabe T? Füge ihn ein. Wie werden dann die Vokale gesprochen?
5. Formuliere eine Regel: Wann wird ein Vokal kurz gesprochen?

Drei gleiche Konsonanten bei Wortverbindungen

Partnersuche

Auspuff sucht Flamme zum Lodern

Stall möchte Laterne kennen lernen zur Erleuchtung

Werkstatt wünscht sich eine Tür zum Ausgehen

Sauerstoff sucht nette Flasche für enges Beisammensein

Pappe freut such auf ein Plakat für einen großen Auftritt

Ballett sucht Truppe für gesellige Abende

Krepp sucht Papier für eine knisternde Beziehung

1. Bringe die jeweiligen Partner zusammen.
   Folgende Möglichkeiten hast du:
   – *Auspuff, aus dem eine Flamme lodert*
   – *Auspuff-Flamme*
   – *Auspuffflamme*
2. Formuliere eine Schreibregel.

Worträtsel

Auspuff – Bestell – Bett – Brenn – Dock – Fabrik – Fahrt – Fall – Farbe – Fett – Fetzen – Flamme – Fluss – Kante – Kamm – Kiste – Kontroll – Kristall – Lack – Lampe – Leitung – Legung – Liste – Lösung – Macher – Meister – Nessel – Null – Pass – Sand – Schiff – Schritt – Schwimm – Still – Stoff – Straße – Tempo – Tipp – Topf – triefend – Truhe – Tuch – Wett

---

3. Setze die Wörter so zusammen, dass drei gleiche Konsonanten aufeinander folgen.
4. Schreibe Sätze auf, in denen die zusammengesetzten Wörter unterschiedlich geschrieben sind. Wende die Regel an, die du in Aufgabe 2 entdeckt hast.

SCHÄRFUNG

ent- oder end-

Hier kommt der Ent!

Der *Ent* ist ein ganz schlimmer Kerl. Man meint, er sei harmlos. Denn allein kann er nicht stehen. Doch schwuppdiwupp heftet er sich an ein anderes Wort und schon hat es eine andere Bedeutung: *Ein Mann will eine Frau mutig zum Traualtar führen und schon entführt er sie entmutigt.* Und da hat der *Ent* auch schon andere Wörter entdeckt, an die er sich heften will:

locken, gehen, Scheidung, Täuschung, Aussicht, halten, gegen, Lüftung, mischen, Schluss, haben, Zündung, Warnung, ziehen, laufen, erben, gelten

1. An welche Wörter kann sich der *Ent* heften? Schreibe sie mit der Vorsilbe heraus. Suche weitere solche Wörter.
2. Welche Bedeutung erhalten jeweils diese Wörter gegenüber den ursprünglichen?

Ordnung muss sein!

Endspurt
Endpunkt
endungslos
Endlauf
Endabrechnung

endgültig
Endsumme
Endergebnis
endlich
Endrunde

Endsilbe
endlos
Endphase
Endspiel
Endstation

3. Welche Wörter sind Substantive? Welche Wörter sind Adjektive? Ordne sie entsprechend.
4. Auf welches Substantiv verweist der Wortstamm *end*? Wie kannst du dir entsprechend ihre Schreibung einprägen?

- Nach kurzem Vokal folgen mehrere Konsonanten (Konsonantenhäufung) oder ein Doppelkonsonant (Ausnahmen sind *ck* und *tz*).
- Stoßen drei gleiche Konsonanten aufeinander, werden alle drei geschrieben.
- Das Präfix *ent-* ist vom Wortstamm *end* zu unterscheiden.

Gleich und ähnlich klingende Laute

f – v – pf – ph

Teekesselchen – Spiel

Mein 🫖 ist ein Wochentag.
Mein 🫖 ist der beste Freund von Robinson Crusoe.

Mein 🫖 kann man rauchen.
Mein 🫖 benutzt der Schiedsrichter.

Mein 🫖 wird beim Straßenbau benutzt.
Mein 🫖 schützt eine Wunde.

Mein 🫖 ist eine kleine Mahlzeit am Abend.
Mein 🫖 ist ein Gottesdienst am Abend.

Mein 🫖 ist ein König im alten Ägypten.
Mein 🫖 ist der Name eines französischen Kartenspiels.

Mein 🫖 ist ein Zusammenschluss von Vereinen.
Mein 🫖 wickelt man um eine Wunde.

Mein 🫖 ist ein Schulfach.
Mein 🫖 ist eine Wissenschaft über die Gesetze der Natur.

Mein 🫖 ist eine exotische Frucht.
Mein 🫖 ist das Gegenteil von mutig.

1. Finde die Lösungswörter des Teekesselspiels und lies sie laut vor. Was fällt dir bei Aussprache und Schreibung auf?
2. Ordne die Wörter aus der folgenden Wörterliste nach ihrer Schreibung mit *f – v – pf – ph*.

■liege, ■erfassung, ■änomen, Schnu■en, ■utter, Kno■, ■ach, ■arisäer, Za■en, ■erlangen, ■ahne, ■erschnitt, Em■ang, ■alten, ■orstellung, ■lanke, ■und, ■ase, ■anne, ■lamme, ■erbrechen, ■licht, ■amilie, ■antasie, ■orsicht, ■leisch, ■erien, ■asan, ■orurteil, ■arrer, ■iloso■ie, ■erd, ■lasche, ■erlieren

3. Mit einigen dieser Wörter kann man übrigens Teekesselchen spielen. Versuche es einmal.

f oder w? – Ein Satzbauwettbewerb

Mit den Wörtern aus den Baukästen sollen innerhalb einer bestimmten Zeit Sätze gebildet werden. Dabei müssen die Wörter immer aus zwei verschiedenen Baukästen gewählt werden und alle Wörter im Satz müssen mit demselben Laut anfangen, entweder mit *f* oder mit *w*. So wäre etwa folgender Satz gültig: *Frauke verkauft fünf Vögel.* Ungültig aber wäre: *Frauke will vier volle Vasen finden.*

Frauke	vier	Vogel	Werner
fünf	Vase	verdutzt	wir
fett	Vulkan	vibrieren	weich
finden	vorsichtig	vage	wollen
Ferkel	vegetarisch	Vater	Wackelpudding
fressen	verkaufen	variieren	waschen
fabelhaft	virtuos	vorfahren	wenig

4. Spielt dieses Spiel. Wer schafft in der kürzesten Zeit die meisten Sätze?
5. Wie wird der Konsonant *v* bei Fremdwörtern ausgesprochen?
6. Wie werden Präfixe geschrieben, die mit *f* ausgesprochen werden?

Immer diese Fremdwörter – Fehler erlaubt!

Da glaubt man nun, die neue Rechtschreibung habe alles einfacher gemacht – und dann so ein schwieriger Text:
Ein *F/PHotograF/PH* rennt ans *TeleF/PHon*. Am anderen Ende der Leitung ist der *F/PHilosoF/PH* und *triumF/PHiert*: Sein zahmer *DelF/PHin* singt die erste *StroF/PHe* eines Liedes und spricht das *AlF/PHabet* ins *MikroF/PHon*; das kluge Haustier hat auch gute *GeograF/PHiekenntnisse* und kann *SaxoF/PHon* spielen.

7. Wie würdest du die Fremdwörter schreiben?
8. Bei welchen Silben ist deiner Meinung nach im Deutschen die Schreibung mit *f* üblich?

- Der f-Laut kann als *f, v* oder *ph* geschrieben werden.
- Wird *v* am Wortanfang als *w* gesprochen, handelt es sich häufig um Fremdwörter.
- In vielen Fremdwörtern schreibt man den f-Laut als *ph*; zum Teil ist aber inzwischen auch die Schreibung mit *f* üblich.
- Bei Wörtern, die mit *pf* geschrieben werden, sollte man das *p* möglichst deutlich aussprechen.

chs – gs – ks – cks – x

Murrjahn – Aus dem Leben eines alten Dachses *Hermann Löns*

Murrjahn, der alte Dachs, liegt bäuchlings vor seinem Bau und genießt das Leben. Im Allgemeinen hat er Ruhe, denn es gibt Baue genug am Berge und der verflixte Fuchs lebt auch lieber für sich allein. Allmählich gewöhnte sich Murrjahn sogar daran, auch tagsüber herumzubummeln, wenn auch unter extremer Vorsicht und höchstens
5 in der Nähe seines Baues. Heute gefällt es ihm ausnehmend über Tage. Die Lachse springen, die Schwirrer trillern extra laut, die Tauben rucksen und überall burren die Maikäfer; alle Augenblicke kann der Dachs hinterrücks einen abmurksen und dabei an Bucheggern denken, die fast ebenso schmecken. So stakst er friedlich umher und stopft in sich hinein, was er links und rechts an Getier antrifft, während er ab und zu
10 seine Haxe kratzt. Ein gesegneter Tag ist heute: Nicht weniger als sechs schlaksige Blindschleichen und fünf verängstigte Eidechsen findet der Dachs auf dem sonnenbeschienenen Pirschsteige – ein wahrer Glücksfall. Und der gefährliche Luchs ist weit und breit nirgends zu sehen.

1. Lies die unterstrichenen Wörter laut vor. Was fällt dir auf?
2. Übertrage folgende Tabelle in dein Heft und schreibe entsprechende Wörter (insgesamt 21) aus dem Text hinein.

chs	cks	gs	ks	x

Ein Rechtschreibmärchen: Grundformen verzweifelt gesucht!

Viele Wörter mit dem ks-Laut waren verzweifelt, weil es keine Regeln für ihre Schreibung gab. Also machten sie sich auf die Suche nach Wörtern, die möglicherweise ihre Schreibung erklären könnten. Und sie fanden folgenden geheimnisvollen Kreis:

längs	rings	Jux		hängen	knicken		halbwegs	Anhängsel
unterwegs	jüngst			Ding	Trick		du lügst	Nixe
zwecks	tricksen			Weg	Zweck		Dingsbums	Hexe
Pfingsten	allerdings			jung	schicken		tagsüber	Glückspilz
Hengst	Axt						blindlings	Knicks
rücklings	knacksen						Schicksal	mittags

3. Welche Wörter mit dem ks-Laut finden eine Erklärung für ihre Schreibweise? Welche nicht? Formuliere Regeln.
4. Kannst du noch die Schreibung anderer Wörter erklären?

–ig und –lich

Schöne Ferien!

Cordula verbringt ihre Ferien mit ihren Eltern auf Korfu. Wie immer schreibt sie ihrer besten Freundin Marina eine Postkarte, aber wie immer schreibt Cordula die Karte am Strand – und so finden sich auf der Karte jede Menge Wasserspritzer. Marina hat ordentlich Mühe zu entziffern, was Cordula geschrieben hat:

Korfu, 16. August
Liebe Marina,
herz●e Grüße von meinen herr●en Sommerferien auf dem sonni●en Korfu. Bin immer ziem● beschäft●t, daher alles in Kurzform:
Wetter: sonn●, sommer●, 40°C, manchmal wind●.
Essen: teils vorzüg●, teils gräss●
Zimmer: bill● (meine Eltern sind eben geiz●), deshalb zug●e, ekl●e Bruchbuden
Leute: freund●, gesprüch●, sehr gesell●
Besonderes: Habe einen witz●en 13-jähr●en Jungen kennen gelernt, heißt Heinr●; ich weiß, ein däm●er Name, wir verstehen uns trotzdem ungewöhn● gut. Na, neugier● …?
Mehr zu Hause.
Bis bald, arbeite fleiß●
deine Cordula

An

Marina Kön●

Pfenn● Str. 24a

D-04277 Leipz●

DEUTSCHLAND

---

1. Hilf Marina, die Karte zu entziffern, und schreibe sie noch einmal ab. Überlege, wann du *-ig* und wann *-lich* schreiben musst.
2. Ein Adjektiv taucht auf der Karte zweimal auf.
   Bilde von den anderen Adjektiven ebenfalls zwei Formen.
   Inwiefern hilft dir dieser Trick bei der Rechtschreibung?
3. Ein Wort mit Wasserfleck passt nicht zu den anderen.
   Findest du es?

- Der ks-Laut kann als *chs – gs – ks – cks – x* geschrieben werden.
- Wörter mit *cks* und *gs* sind oft auf Wörter mit *ck* oder *g* zurückzuführen.
- Bei *-ig* oder *-lich* hilft es oft, das jeweilige Wort zu verlängern.

s-Laute

Wiederholen: Wie man s-Laute unterscheidet

Abc-Spiel

Astrid aß also abends Asseln.
Boris bastelt bisweilen bessere Besen.
Christians Cousine campt chinesisch.
Doris durchsägt draußen diese Dosen.

Elisa entsetzt eiserne Eisesser.
Fabians Flossen fließen fast flussabwärts.
Gisela genoss genussvoll großes Getöse.
Hans hasst haselnussbraune Hosen.

1. Lies die Sätze aus dem Abc-Spiel laut vor. Achte auf die verschiedenen s-Laute. Welche Unterschiede kannst du hören?
2. Wie kann man die unterschiedlichen s-Laute schreiben?
3. Setze das Spiel fort.

Dichten – leicht gemacht

Es waren einmal drei Wei■e,
die wünschten sich sehnlichst eine ■.
Doch wie sollte ihr Ziel nur hei■en?
Es gab so viele – sie konnten sich nicht ■.
5 Sie beobachteten auf den Stra■en
die vielen Leute, die da ■
und sich amüsierten wie die Ha■en,
wenn sie in der Wiese sitzen und ■.
Also haben die drei beschlo■en,
10 dass sie mit ihren ■

losreiten wollten; bepackt mit zwei
Ho■en
und für die Notfälle einige ■.
Sie ritten bis Einbruch der Finsterni■
und hofften auf Unterkunft, ■
15 sie eine Mauer erreichten mit Ri■,
dahinter stand die Schöne ■.
Die gab ihnen einen Ku■.
Da wachten sie auf – was für ein ■!

gewiss, Dosen, Schluss, grasen, Meise, fraßen, Rosen, Sprossen, bis, Stuss, schmeißen, Reise, Rossen, zerreißen, saßen, Miss, rasen

4. Vervollständige das Gedicht mit s-Lauten und Reimwörtern. Versuche eine vernünftige und eine Nonsenslösung zu finden.
5. Übertrage folgende Tabelle ins Heft und fülle sie mit den Beispielwörtern aus dem Gedicht. Was stellst du fest?

s-Laute	s	ss	ß
stimmlos			
stimmhaft			

203   228

Wann man s, ss oder ß schreibt

Achtung Zungenbrecher!

Wer nichts weiß und weiß, dass er nichts weiß, weiß mehr als der, der nichts weiß und nicht weiß, dass er nichts weiß.

Esel essen Nesseln nicht und Nesseln essen Esel nicht.

Genießer genießen genüsslich mit Genuss, Verdrießer niesen verdrießlich ohne Genuss.

Strauße lieben Sträuße. Lieben Sträuße Strauße?

Wir Wiener Waschweiber würden weiße Wäsche waschen, wenn wir wüssten, wo warmes Wasser wäre.

Große Kolosse küssen krosse Klöße zum Gruß.

1. Versuche, die Zungenbrecher so schnell wie möglich zu sprechen. Achte dabei vor allem auf die Aussprache der Vokale vor *ss* und *ß*.
2. Formuliere Regeln, wann *ss* und wann *ß* geschrieben wird.
3. Kennst du auch Zungenbrecher mit s-Lauten? Wenn nicht, dann erfinde doch einfach welche.

Zwei gehören zusammen: dass oder das?

1) Gestern sagte das Mädchen,

2) Da drüben steht das Mädchen,

3) Das ist das Glas,

4) Peinlich war an der Sache mit dem Glas,

5) Ich erinnere mich bei dem Spiel,

6) Ich erinnere mich an ein Spiel,

a) das du fast zerbrochen hättest.

b) dass es uns großen Spaß gemacht hat.

c) das neben meiner Tante wohnte.

d) das uns großen Spaß gemacht hat.

e) dass du es fast zerbrochen hättest.

f) dass es nicht mehr neben meiner Tante wohnt.

4. Schreibe die zusammengehörenden Sätze ins Heft. Ein kleiner Tipp: Überlege vorher, durch welche Wörter du *das* ersetzen kannst.

Rätselhafte Endungen

a) das bekommt man am Ende des
   Schuljahres   Z▪▪▪▪▪s
b) erkennt man etwas, dann hat man sie   E▪▪▪▪▪▪▪▪s
c) man verrät es nicht gerne   G▪▪▪▪▪▪s
d) nach den Ferien erzählt man oft von
   seinem schönsten   E▪▪▪▪▪s
e) wer viel vergisst, hat kein gutes   G▪▪▪▪▪▪▪s
f) ein anderes Wort für Streit   Z▪▪▪▪▪▪s

5. Löse das Rätsel.
6. Was ist an den Endungen der Wörter auffällig?
   Bilde den Plural. Was stellst du fest?
7. Suche weitere Wörter mit solchen Endungen.

Die lieben Nachbarn

Bei unseren Nachbarn spielen sich seltsame Dinge ab: Zum Frühstück essen sie nicht etwa Müsli, sondern eingemachte ⌐Vnun⌐, die sie in einem großen ⌐ɟɐss⌐ in der Küche lagern. Dann gibt der Mann der Frau einen ⌐Knss⌐ und fährt mit dem Bus weg – wohin weiß keiner. Die Frau kümmert sich den ganzen Vormittag nur um einen exotisch
5 aussehenden ⌐Kaktus⌐, den sie mehrmals mit Wasser aus dem ⌐ɟluss⌐ begießt. Abends essen sie jeden Tag ⌐Knɥɯs⌐, als ob es nichts Besseres gäbe, noch dazu weich gekocht und ohne ⌐Biss⌐.
Aber am merkwürdigsten verhalten sich die Nachbarn am Wochenende: Der Mann starrt die ganze Zeit auf einen ⌐Globus⌐ und seine Frau betrachtet Landkarten im ⌐Atlas⌐.
10 Wie gut, dass ich mit meinem ⌐Fernglas⌐ alles genau beobachten kann, was bei denen so vor sich geht ...

8. Welche Wörter verstecken sich hinter der Spiegelschrift?
   Schreibe sie heraus.
9. Wann wird der stimmlose s-Laut nach kurzem Vokal nur
   als *s* geschrieben?

- Der stimmhafte s-Laut wird immer als *s* geschrieben.
- Der stimmlose s-Laut wird nach langem Vokal und nach Diphthong
  als *ß*, nach kurzem Vokal stets als *ss* geschrieben.
- Wenn das gesprochene *das* nicht durch *ein, welches* oder *dieses*
  ersetzt werden kann, schreibt man *dass*.
- In der Endsilbe *-nis* und bei Fremdwörtern steht für den stimmlosen s-Laut nach
  kurzem Vokal nur ein *s*.

Großschreibung

Verben substantivieren

Familienfest

Bei Familienfesten kannst du deine Verwandten besondes gut beobachten.
Auf den folgenden Zetteln findest du Wörter, mit denen du sie beschreiben kannst.
Dabei solltest du aber folgende Regeln beachten:
- Ein Wort von dem grauen Zettel muss bei deiner Beschreibung immer dabei sein.
- Es kann mit einem Wort von dem gelben und dem grünen Zettel verbunden werden,
  z.B.: *Tante Erika kritisiert mein schnelles Essen.*
- Es genügt aber auch ein Wort von dem gelben oder grünen Zettel:
  Schnelles Essen schadet nur. Ohne Essen geh' ich nie ins Bett.

angestrengt, müde, freudig, leise, schwach, schnell, laut, dumm, sanft, überlegt, schön, gesund, gelangweilt, fröhlich, gefährlich, verdrießlich, freundlich, ständig, brav, stark, überzeugt, schnell, nachdenklich, beleidigt, vorlaut, zurückhaltend, neugierig

laufen, springen, fliegen, singen, grüßen, trinken, zuschauen, abräumen, spielen, schwitzen, essen, lachen, keifen, meckern, trainieren, arbeiten, schlafen, reden, loben, beobachten, brüllen, streiten, dösen, kichern, vorbereiten, servieren, erzählen

ohne, zum, mit, vor, ein, durch, das, im, vom, mein, beim, unser, dein, ins, dieses, jenes

1. Bilde Sätze nach diesen Regeln. Wer findet die meisten?
2. Welche Wortarten sind auf den Zetteln enthalten? Was fällt dir bei der Schreibung der Wörter auf dem grauen Zettel auf? Begründe diese Schreibung.

Adjektive substantivieren

Pinnwand

Aktuelles!
Heute Filmnachmittag:
Die Schöne und das Biest

Es gibt nichts Gutes,
außer man tut es!

Der Klügere gibt nach?
Mein Deutschlehrer nie!

Auch dieser oder jene
Dicke hat einmal dünn
angefangen.

Alle wollen nur mein Bestes,
aber meinen Kaugummi kriegen sie nicht.

Zwei Super-Typen suchen:
eine lange Dürre,
eine kleine Blonde.

Tipps für Edelschüler:
Von Klugen lernen, über Dumme nicht
lachen – so sollst du es machen!

Mit Schönem sich den
Nachmittag versüßen.
Hausaufgaben auch
für Lehrer.

Achtung!
Morgen Kuchenverkauf der 6a:
Kuchen – alles vom Feinsten,
Kakao – etwas Warmes braucht
der Mensch.

Nicht alles Gute kommt von oben!
Wer hat die Wasserbomben aus dem 2.
Stock auf unseren Info-Stand geknallt?
Eure Feuchtfröhlichen von der SMV

1. Suche alle Adjektive heraus. Warum werden sie großgeschrieben? Achte auf die Wörter, die davor stehen.
2. Schreibe eine ähnliche Pinnwand.
   Achte darauf, dass jeder Beitrag ein substantiviertes Adjektiv enthält.

Andere Wortarten substantivieren

Eine traumhafte Fahrt ins Nichts

Eigentlich war es ein schöner Tag gewesen. Seine neue Kollegin, für die er sich heftig interessierte, hatte ihm heute das Du angeboten. Nun ging er wie jeden Abend noch ein paar Minuten spazieren. Plötzlich quietschten Bremsen. Ein Wagen hielt neben ihm.
5 „Einsteigen", befahl eine unangenehm krächzende Stimme. Ein lautes Nein war seine Antwort. Doch es half nichts. Ohne Wenn und Aber wurde er in den Wagen gezerrt. Die Autotür krachte. „Jetzt alles einprägen. Das ist das A und O", fieberte es in ihm. Die Polizei würde später nach allen Einzelheiten, dem Wo und Wann fragen.
10 „Das wird eine Fahrt ins Jenseits", hörte er die krächzende Stimme neben sich. Ihm wurde schlecht. Nach langem Hin und Her war es ihm, als würde der Wagen halten. Die Autotür wurde aufgerissen. Benebelt erwartete er den sicheren Tod. Man versetzte ihm einen Stoß, durch den er plötzlich wieder hellwach war und verwundert
15 feststellte, dass …

1. Warum werden die unterstrichenen Wörter und Buchstaben großgeschrieben?
2. Zu welchen Wortarten gehören diese Wörter?
3. Bilde Sätze mit weiteren Substantivierungen dieser Wortarten.

Eigen-, Orts- und Ländernamen

Ein Brief mit Tücken

Hannes, der in Leipzig wohnt, ist ein kleiner Schelm. Er schreibt seinem ehemaligen Klassenkameraden Niklas von einer Schulaufführung und will ihn dabei testen, ob er auch schon alles weiß, was Hannes gerade in der Schule lernt:

Lieber Niklas,
wie geht es dir in deinem <u>Freiburger</u> Vorort? Unser <u>Leipziger</u> Allerlei schmeckt immer noch. Ich muss dir ganz schnell von unserem Theaterstück berichten, das wir eingeübt und aufgeführt haben. Natürlich hat unsere Julia, die immer so *(w/W)ild* ist
5 und die du Julia die *(w/W)ilde* getauft hast, alles bestimmen wollen, sogar wann die *(h/H)eißen* Würstchen in den Pausen gefuttert werden. Aber unser *(s/S)treitbarer* Lukas – seitdem heißt er Lukas der *(s/S)treitbare* – hat sofort protestiert: „Ich will den <u>Schweizer</u> Käse und die <u>Frankfurter</u> oder <u>Wiener</u> Würstchen sofort."
Na, beim Üben waren wir alle ziemlich laut, aber bei unserer Aufführung hättest du
10 unsere *(s/S)tille* Klasse nicht mehr vom *(s/S)tillen* Ozean unterscheiden können, ja sogar Johanna die *(s/S)tille* ist nicht mehr aufgefallen. Die Aufführung fand übrigens in unserer Aula in der <u>Dresdener Straße</u> statt und war ein großer Erfolg.
Hoffentlich gelingt es der *(d/D)eutschen* Bundespost, meinen Brief schnell zu dir zu befördern. Ein <u>deutscher</u> Beamter soll bekanntlich zuverlässig sein.
15 Kommst du wirklich in den Sommerferien zu mir?

        Dein Hannes

PS: Ein paar kleine Tipps für meinen Rechtschreibrätselspaß (schlimmes Wort!): Adjektive schreibt man klein, das soll so sein. Aber die Eigennamen bilden Ausnahmen (soll sich reimen!). Außerdem ist ein <u>Holländer</u> Käse und ein <u>holländischer</u> Käse nur auf den ersten Blick dasselbe. Den Unterschied merkst du, wenn du <u>Holländer</u> Käse oder <u>holländischen</u> Käse isst. Alles klar?

1. Wie werden die kursiv gedruckten Adjektive geschrieben? Begründe bei jedem Wort die Schreibung.
   Erfindet in eurer Klasse solche Namen:
   Jana die Kluge ist so klug...
2. Wann werden die unterstrichenen Orts- und Ländernamen großgeschrieben? Wann klein? Finde weitere Beispiele:
   Ein französischer Mann wohnt in der Pariser Straße...

- Verben, Adjektive und andere Wortarten (Pronomen, Präpositionen, Konjunktionen), die als Substantive gebraucht werden, schreibt man groß.
- Adjektive werden auch in Eigennamen großgeschrieben.
- Orts- und Ländernamen mit -er werden großgeschrieben.

229

Fremdwörter

Wie Fremdwörter geschrieben werden können

Der Trick mit den Kugeln

Otto von Guericke lebte von 1602–1686. Er stammte aus vornehmem Hause, <u>studierte</u> Physik und Mechanik und wurde Bürgermeister von Magdeburg. Von seinen Ideen <u>profitierst</u> du noch, wenn du z. B. Luft an deinem Fahrrad aufpumpen willst. In seiner Freizeit <u>experimentierte</u> er mit dem Luftdruck, um zu <u>demonstrieren</u>, welche Kraft
5 Luft hat. Um dem Kaiser zu <u>imponieren</u>, schloss Guericke 1654 auf dem Reichstag in Regensburg eine Art Wette mit ihm ab. Würde er diese verlieren, würde Magdeburg an den Kurfürsten von Brandenburg fallen. Es stand viel auf dem Spiel, als Otto von Guericke vor dem versammelten Reichstag <u>ausprobierte</u>, was heute noch genauso <u>funktionieren</u> würde. Er ließ eine Metallkugel aus zwei Hälften lose montieren und
10 entzog ihr mittels einer selbst <u>produzierten</u> Pumpe die Luft. Dann wurden zunächst zwei Pferde an jeder Seite aufgestellt, die gleichmäßig an den Kugelhälften ziehen sollten. Die Zuschauer <u>lamentierten</u>. Sie dachten, wenn man die Kraft der Pferde <u>addieren</u> würde, lösten sich die
15 Hälften problemlos. Als Guericke jedoch insgesamt 16 Pferde
20 kommen ließ und die Kugel immer noch ganz war, waren alle <u>schockiert</u>.
25 Was war <u>passiert</u>?

1. Bilde von den unterstrichenen Wörtern den Infinitiv.
   Was haben diese Wörter gemeinsam?
   Kläre jeweils ihre Bedeutung.
2. Diese Wörter kommen aus dem Französischen und heißen dort z. B. *expérimenter* oder *profiter*.
   Vergleiche sie mit der deutschen Schreibung.
   Was stellst du fest?
3. Welches Wort im Text hat die gleiche Endung, ist aber kein Fremdwort? Suche es.

Das Nachspiel

Guerickes Versuch dauerte damals nur wenige Minuten. Solange keine Außenluft in die Kugel strömte, hätte nicht einmal die Kraft einer kleinen Turbine ausgereicht, die Kugelhälften zu trennen. Selbst wenn die Aufgabe der damals verwendeten Pferde ein benzinangetriebenes Fahrzeug übernehmen würde, wäre das Ergebnis das Gleiche. Obwohl Guericke von einigen seiner Zeitgenossen nicht als Wissenschaftler, sondern als Zauberer und Scharlatan angesehen wurde, brachte seine Vorführung eine ganze Lawine wissenschaftlicher Versuche ins Rollen. Heute findet das damals entdeckte Prinzip in vielen Maschinen Anwendung.

4. Bei welchen Wörtern wird das *i* lang gesprochen, obwohl es kein Dehnungszeichen gibt?
5. Kennst du weitere Wörter?
   Schreibe sie auf und präge dir ihre Schreibweise gut ein.

Weitere Forschungen

Da Guericke ein ▬▬▬ auf dem Gebiet der Mechanik war, beschäftigte er sich auch mit anderen Experimenten. So war er einer der ersten, die eine Relation zwischen dem gemessenen Luftdruck und der Wetterlage im umliegenden Territorium herstellte. Um den Luftdruck nachzuweisen und zu messen, erfand Guericke ▬▬▬. Diese bestand aus einzelnen dünnen Rohren, die bei Bedarf zu einer langen Röhre zusammengesetzt werden konnten. Mit einer Flüssigkeit gefüllt, wurde diese dann zu einem Luftdruckmessgerät. Die Höhe der Flüssigkeitssäule war nämlich abhängig vom Luftdruck und erreichte an unterschiedlichen Orten ein unterschiedliches ▬▬▬. In seiner kleinen Bibliothek sammelte Guericke alle Daten. Indem er sie dann mit der jeweiligen Wettersituation verglich, konnte er eine Statistik aufstellen, aus der er relativ sichere Aussagen über das zu erwartende Wetter treffen konnte. Diese geniale Idee war für viele einfach sensationell. Die Funktion des von Guericke entwickelten Apparates übernimmt heute ein ▬▬▬.

Barometer, Spezialist, Niveau, eine ganz interessante Apparatur

6. Setze die Wörter in die Textlücken ein.
   Woran erkennst du, dass es Fremdwörter sind?
   Suche weitere Fremdwörter im Text und schreibe sie heraus.
   Erkläre ihre Bedeutung.

- Verben mit der Endung *-ieren* kommen aus dem Französischen.
- Fremdwörter mit langem *i* haben kein Dehnungszeichen.
- Fremdwörter weichen in der Schreibung von deutschen Wörtern ab.

Zeichensetzung

Das Komma in Satzreihe und Satzgefüge

Wie Michel Lina einen Zahn ziehen will   *Astrid Lindgren*

Michel aus Lönneberga ist bekannt für seine Streiche, aber er ist auch sehr hilfsbereit und er überrascht alle mit außergewöhnlichen Ideen. Als die Magd Lina an Zahnschmerzen leidet, macht Michel einen tollen Vorschlag: Lina kann das Geld für den Zahnarzt sparen, weil er ihr den Zahn ziehen kann. Er will einen Faden um Linas Zahn binden und das andere Ende des Fadens soll am Schweif seines Pferdes befestigt werden. Nachdem das Pferd losgaloppiert ist, soll es in Linas Mund einfach nur „plupp" machen ...

Alles war nach Michels Wünschen vorbereitet. Er brachte sein Pferd Lukas zur Küchentreppe. Die beiden Enden des Fadens saßen fest. Michel stieg zu Pferd. Hinter dem Pferdeschweif plärrte und jammerte die arme Lina. Michel sauste im Galopp los. Das „Plupp"
5 kam nicht. Lina sauste auch im Galopp los. Sie hatte schreckliche Angst vor dem „Plupp". Sie raste in ihrer Todesangst genauso schnell wie Lukas. Michel brüllte sie vom Pferderücken aus an. Es half nichts. Lina rannte. Der Faden hing schlaff herunter. Es kam einfach kein „plupp". Michel war ärgerlich. Er sprengte in voller
10 Fahrt auf den nächsten Zaun zu. Mit einem Sprung setzte Lukas darüber hinweg. Dahinter kam Lina. Sie war vor Angst fast irrsinnig. Mit wildem Blick in den Augen und mit aus dem Mund hängendem Faden hob Lina ab. Sie sprang tatsächlich auch über den Zaun [...]

(Aus: Astrid Lindgren: Michel bringt die Welt in Ordnung)

1. Lies die Einleitung zu der Geschichte genau durch.
   Wie werden die Sätze miteinander verknüpft?
   Wo handelt es sich jeweils um eine Satzreihe oder ein Satzgefüge?
2. Formuliere Regeln, wann ein Komma steht und wann nicht.
3. Schreibe die Geschichte von Michel und Lina ab, indem du immer zwei Sätze miteinander verknüpfst.
   Satzreihe und Satzgefüge sollen sich dabei abwechseln.
   Du könntest so beginnen:

   Als alles nach Michels Wünschen vorbereitet war, brachte er sein Pferd Lukas zur Küchentreppe. Die beiden Enden des Fadens saßen fest...

Das Komma bei Appositionen

Jugendbuchhelden – wer kennt sich aus?

Pippi Langstrumpf lebt in der Villa Kunterbunt.	ein Waisenknabe aus England
Huckleberry Finn erlebt viele Abenteuer am Mississippi.	der tapferen Momo
Die Chefin der Kinderbande hat eine auffallende Haarfarbe.	dem fliegenden Glücksdrachen
Die Schildkröte Kassiopeia hilft ihrer Freundin gegen die grauen Herren.	eine freche Göre aus Schweden
Oliver Twist gerät in die Fänge von Fagin und seiner Diebesbande.	die rote Zora
Timm Thaler verkauft seinen wertvollsten Besitz und wird sehr unglücklich.	der beste Freund von Tom Sawyer
Bastian eilt auf Fuchur nach Phantásia, um die Prinzessin zu retten.	ein Junge mit fröhlichem Lachen

1. Welche Apposition passt zu welchem Jugendbuchhelden?
2. Schreibe die zusammengefügten Sätze ins Heft wie in folgendem Beispiel. Achte dabei auf die Kommasetzung:
   Michel, ein Lausejunge aus Lönneberga, erlebt tolle Streiche.
3. Kennst du weitere Heldinnen und Helden aus Jugendbüchern? Beschreibe sie in gleicher Weise.

230

ZEICHENSETZUNG

Das Semikolon

Rezepte für Kids: Schokowaffeln

Zutaten: 125 g Butter; 1 Päckchen Vanillezucker und 100 g Zucker; 2 Eier; 75 g Mehl, 75 g Stärkemehl, 1 Messerspitze Backpulver; 25 g fein gemahlene Mandeln; 25 g geriebene Schokolade.

Zubereitung: Butter mit Vanillezucker und Zucker sehr schaumig rühren; Eier, Mehl, Stärkemehl und Backpulver dazugeben; Mandeln und Schokolade unterziehen; im vorgeheizten und gefetteten Waffeleisen backen und noch heiß mit Vanilleeis servieren.

1. Wann steht bei Aufzählungen ein Komma, wann ein Strichpunkt (Semikolon)?
2. Schreibe dein Lieblingsrezept in derselben Weise auf.

Ferienerlebnisse: Armer Patrick!

Nach den Ferien haben sich die Schüler der 6b jede Menge zu erzählen:
Stefanie und Judith waren in den Ferien auf einem Ponyhof; Francis hat mit einem Freund eine Radtour unternommen; Marion ist mit ihren Eltern nach Gran Canaria geflogen. Patrick hat die Ferien daheim verbracht.
Michael und Tobias haben den neusten „Disney-Film" im Kino gesehen; Marina war im Zoo; Cordula, Madeleine und Julia sind fast jeden Tag Eis essen gegangen, weil dort so ein hübscher junger Kellner bedient. Patrick hat nichts Besonderes unternommen.
Tom berichtet vom Kauf eines neuen Computerspiels; Doreen schwärmt von der Geburtstagsfete mit ihren Freundinnen; Heiko und Timo haben sich zwei spannende Jugendbücher ausgeliehen. Patrick fand seine Ferien ziemlich langweilig.

3. Vergleiche Patricks Ferienerlebnisse mit denen seiner Klassenkameraden. Was fällt dir auf?
4. Wann werden Sätze durch einen Punkt getrennt, wann können sie durch Semikolon getrennt werden?

- Zwischen Hauptsätzen in Satzreihen steht ein Komma. Vor *und/oder* kann, braucht aber kein Komma zu stehen.
- Nebensatz und Hauptsatz in Satzgefügen werden immer durch Komma getrennt, bei eingeschobenem Nebensatz durch paariges Komma.
- Appositionen werden vom übrigen Teil des Satzes durch Komma abgetrennt.
- Das Semikolon steht zwischen selbständigen Einzelsätzen, die in enger Verbindung zueinander stehen.

Knifflige Fälle für Rechtschreibfans

Seltsame Straßennamen

Straßennamen haben es manchmal in sich. Denn da funktioniert die Rechtschreibung nicht so, wie du es vielleicht gewohnt bist. Wenn jemand Am Alten Markt oder Auf der Grünen Heide wohnt, dann muss man schon genau hinsehen, was hier groß und was klein geschrieben wird. Schaust du genau hin? In welcher Straße wohnst übrigens du? Wie wird die geschrieben?

Fremdwörter-Fi-X-Stern

Mit der Schreibung von Fremdwörtern ist es ja so eine Sache. Man weiß nie, wie sie geschrieben werden. Auch die folgenden Fremdwörter sind scheinbar sehr merkwürdig geschrieben. Aber lass dir nix vormachen – dann findest du die richtige Schreibung heraus und merkst, dass es in diesem Fall doch so etwas wie eine Regel gibt. Welche?

LEIKON	TETILIEN
YLOPHON	EAMEN
MITUR	EPERTE
TET	EPLOSION
PRAIS	LUUS
REFLE	SAOPHON
TAI	FISTERN
FA	EPERIMENT
FLEIBEL	MIEN
ETRA	BOEN
EAKT	BO

X

Seltsame Eigennamen

Nicht nur die Straßennamen haben es in sich. Auch bei den Eigennamen ist manchmal alles ganz anders als sonst.
Wer im Gasthaus zum Roten und Grünen Ochsen sitzt und sein Mittagessen verspeist, wird sich kaum Gedanken machen, wie der Ort geschrieben ist, an dem er sich gerade befindet. Du bist aber gerade nicht am Kauen. Also erkläre uns und dem Gast, was bei der Schreibung des Gasthausnamens auffällig, außergewöhnlich ist. Wie heißt übrigens das Gasthaus in deiner Nähe? Wird das auch so seltsam geschrieben?

Der Spiegel und die Zeit

Es gibt in Deutschland zwei bekannte Wochenzeitungen für Politik und Kultur. Die eine heißt Der Spiegel, die andere Die Zeit. Frag' mal deine Eltern, ob sie auch den Spiegel und die Zeit lesen. Übrigens: Wenn du diese Frage stellst, dann vergiss nicht darüber nachzudenken, wie diese Zeitungsnamen geschrieben werden. Ist dir da etwas aufgefallen?

Goethe und Schiller

Kennst du die grimmschen Märchen aus deinem Lesebuch? Die heißen so, weil sie von den Brüdern Grimm gesammelt wurden. Gefällt dir die Schreibweise der grimmschen Märchen nicht, dann mach einfach die Grimm'schen Märchen daraus. Du kennst sicher die goetheschen Gedichte und die schillerschen Balladen. Weißt du, was du machen musst, damit Goethe und Schiller auch zu ihrem Recht kommen?

M·A·G·A·Z·I·N
Sprache

Der „Lagerraum" Sprache hat noch viel Platz. So kannst du auch jetzt wieder Neues erfahren: z. B. wie wichtig Mimik und Gestik beim darstellenden Spiel sind, welche hilfreiche Rolle das Begründen bei menschlichen Konflikten spielt oder welche englischen Wörter wir heute wie selbstverständlich gebrauchen.

Wortspiele und Gedichte

Mit der Wortgestalt spielen

Abkürzungsfimmel (Aküfi)

BAT MorgN* trifft sich mit H1. Sie SN 1 halbE NT & trinken T.
Es ist 1 B&SbürgR.
Lse spricht 6sisch, Lla ist 4m. 8ung, morgen MaT-Arbeit! Aus7
und 3nreden. Gar nicht B8N. Wir haben 2fl an deinR 1stellung.
FriedR & LisaBt fahrN zur Rholung. ÄrgR ohne ND!

1. Mit wem trifft sich *Beate Morgenstern*?
   Löse ganz schnell auch die anderen Abkürzungen auf.
2. Schreibe „verkürzte" Sätze und lasse die anderen <ratN>.

Buchstabensalat

Die in einem Wort enthaltenen Buchstaben werden so umgestellt, dass sie einen neuen Sinn ergeben, z. B.

Maus – Saum
Lampe –
Nagel –
Basel –
Betrug –
Leib –

Wauderkelsch

Was ist …
ein Schnaprikapitzel …
ein Lalkongebänder …
eine Pflimmerzanze …
eine Lasserwache
ein Buhlstein?

3. Finde die entsprechenden Wörter heraus, die sich durch die Umstellung der Buchstaben ergeben. Das Fachwort dafür heißt **Anagramm**.
4. Spiele auch einmal auf diese Weise mit Wörtern!

Rückwärtsgang

BART & TRAB
SARG & ?;
LAGE & ?;
NEBEL & ?;
LESE NIE FALSCH! & ?

5. Wie lauten die Wörter rückwärts gelesen? Wörter wie diese heißen **Palindrome**.
6. Kennst du noch andere? Schreibe sie auf.

Mit dem Sprachklang spielen

Lautmalerei *Hugo Ball*

tressli bessli nebogen leila
flusch kata
ballubasch
zack hitti zopp

5 zack hitti zopp
hitti betzli betzli
prusch kata
ballubasch
fasch kitti bimm

10 zitti kitillabi billabi billabi
zikko di zakkobam
fisch kitti bisch

bumbalo bumbalo bumbalo bambo
zitti kitillabi
15 zack hitti zopp

treßli beßli nebogen grügrü
blaulala violabimini bisch
biolabimini bimini bimini
fusch kata
20 ballubasch
zick hiti zopp

1. Lies den Text laut vor.
   Wie wirkt er auf dich?
2. Schreibt in Gruppen selber
   Lautgedichte!

Das Fest des Wüstlings (zu flüstern) *Christian Morgenstern*

Was stört so schrill die stille Nacht?
Was sprüht der Lichter Lüsterpracht?
    Das ist das Fest des Wüstlings!

Was huscht und hascht und weint und lacht?
Was cymbelt gell? Was flüstert sacht?
    Das ist das Fest des Wüstlings!

    Die Pracht der Nacht ist jach entfacht!
    Die Tugend stirbt, das Laster lacht!
        Das ist das Fest des Wüstlings!

3. Macht als Flüsterchor das wüste Fest hörbar!

Murmelverse *Peter Härtling*

niemand mag den schmurgelstein
tupfengleich und blink –
reib die nase glatt und rein
an dem schnurreschmirgelstein –
5 auf drei beinen hink.

pfropf den mond ins plunderhorn
glimmerdünn und weiß –
geh dann weiter ungeschorn
durch das krumme wunderhorn –
10 zahl den flunkerpreis.

4. Lies diesen Text als Zauberformel.

Mit Reimen spielen

Zickzack

Er trank zu viel vom Armangnac.
Da zog er an den Anorak,
bestieg ganz wild den neuen Truck
und fuhr vergnüglich im Zickzack:
Jetzt ist der Truck nur noch ein Wrack.

Anorak
Armagnac
Truck
Wrack
Zickzack

1. Wie kannst du mit folgenden Reimen zaubern?
   Reise – Meise – Schneise – Weise – Geleise
2. Kreisspiel: Einer beginnt mit einem Satz, z. B.:
   Ein Sumpfhuhn flattert kopfüber.
   Der Nachbar vollendet den Reim, z. B.:
   Tief in den Sumpf – und lacht darüber.
   Er beginnt dann mit einem weiteren Zweizeiler,
   den der Nächste beendet.

Fünf zu zehn

Spielregel: Man nimmt fünf beliebige Wörter als Grundstock und baut daraus, jeder für sich oder zu zweit, einen Zehnzeiler. Die fünf Wörter sind dabei die Reimwörter. Ein Beispiel: Aus den Reimwörtern *Himmelszelt*, *Strand*, *Eisenbahn*, *Angst* und *Ziel* entstand in einer Klasse folgender Zehnzeiler:

Ich blicke auf zum *Himmelszelt*
und träume von der weiten Welt.

Dort sitzt Luise an dem *Strand*
in einem himmlischen Gewand.

Hin muss ich mit der *Eisenbahn*,
sonst werd' ich bald ein Blödian.

Ich stecke voller Furcht und *Angst*,
ob du auch so um mich bangst.

Egal, ich hab' ein festes *Ziel*.
Luise ist's, die wohnt in Kiel.

3. Schreibt selber solche Zehnzeiler.

Mit Gedichtformen spielen

hünpisch *Ernst Jandl*

per hunp
qellt
wepelt
disst
unp
schnuddert

1. Versuche, das Geheimnis dieser Sprache zu entziffern.
2. Lies die Strophe laut und füge weitere Verse hinzu.

Werbung *Gudrun Pausewang*

Nimm *Persil* beim Naselaufen!
Katzen würden *Pampers* kaufen.
Mein *Pal*? Dein *Pal*? – Na, na, na.
Pal ist für uns alle da! (...)

5 Meister *Proper*, *Gott* sei Dank,
packt dir *Schauma* in den Tank.
Und *Domestos* mit Aroma
Gibt der Zahnarzt seiner Oma.

Koche nur mit *Kukident*!
10 Und wenn's dir im Magen brennt:
Ajax, Esso, Kitekat
Ja, da weiß man, was man hat!

3. Was hat die Schriftstellerin Gudrun Pausewang in diesen **Versen** mit den Werbeslogans gemacht?
4. Schaut euch die **Reime** an. Entdeckt ihr das Schema?
5. Sammelt Werbeslogans und denkt euch weitere passende **Strophen** mit vier Versen aus.

Wünschelrute *Joseph von Eichendorff*

triffst du nur das Zauberwort // und die Welt hebt an zu singen // schläft ein Lied in allen Dingen // die da träumen fort und fort

6. Was ist hier durcheinander geraten? Stelle die Reihenfolge wieder her und schreibe die Zeilen in Strophenform.
7. Schreibe selber Zaubergedichte. Achte dabei auf den Reim.

Mit Reimen und Klängen experimentieren

Löwenzahnwiese *Hans Erich Blaich*

Bevor der Wind es rund verweht

Die goldene Pracht hat ausgeblüht

In silbernen Laternchen glimmt

Die kleinen Sonnen sind verglüht,

und neue, goldne Sonnen sät

Ihr Licht, bevor es Abschied nimmt

1. Stelle die richtige Versfolge wieder her.
2. Vergleicht eure Ergebnisse und begründet eure Wahl. Welchen Sinn erhält das Gedicht durch eure Umstellung?

Schlaflied im Sommer *Karl Krolow*

Nun träumen im Kleefeld die Hasen
und spitzen im Schlaf ▮.
Im Dunkel ▮ der Rasen.
Es spüren mit ▮ Nasen
5 Die Füchse am Gartentor.

Nun ▮ im Walnussbaume
vorm Fenster der nächtliche Wind.
Nun atmen Birne und ▮
und wollen reifen. Im Traume
10 mit Händen greift sie ▮.

Es rufen die Uhren die ▮
durchs schlafende Sommerhaus.
Im ▮ knurren die Hunde.
Mein Kind ▮ die Fäustchen ▮.
15 Ich ▮ die Lampe aus.

3. Mache das Gedicht wieder vollständig, indem du die Lücken auffüllst. Achte dabei nicht nur auf die Reimfolge, sondern auch auf den Klang des Gedichtes.
4. Welche Stimmung wird durch die Klänge ausgedrückt?

Zum szenischen Spiel kommen

Bewegungen – Begegnungen

Aufwärmen

Für die folgenden Übungen und Spiele werden alle Tische und Stühle an die Seite geräumt, sodass im Klassenzimmer eine große freie Fläche entsteht. Bildet alle eine Schlange, indem ihr euch an den Schultern fasst. Der Erste in der Schlange (der „Kopf") versucht das Ende der Schlange zu fassen. Spieldauer: 2 Minuten.

Bewegungen im Raum

Bewegt euch locker im Raum und macht folgende Übungen, die ein Spielleiter vorgibt:
- Seht euch um und entdeckt eure Umgebung. Nehmt so viele Details wahr wie möglich.
- Erprobt verschiedene Formen der Fortbewegung: auf Zehenspitzen, auf den Fersen, Schlurfen, Rennen, Hüpfen, Schleichen, Krabbeln, Rückwärtsgehen, in Zeitlupe.
- Friert in eurer Bewegung auf ein Klatschzeichen des Spielleiters hin ein und verharrt als **Standbild**, bis ein zweites Klatschzeichen ertönt. Geht weiter, bis erneut ein Klatschzeichen ertönt, friert ein, löst das Standbild usw.
- Steuert mit verschiedenen Geschwindigkeiten auf ein Ziel im Raum zu, das nicht vorhanden ist. Sobald ihr das Ziel erreicht habt, stoppt ihr und sucht ein neues Ziel.
- Führt die folgenden Anweisungen aus:
  „Jeweils zwei Spieler berühren sich Rücken an Rücken." – „Je vier Spieler berühren sich an den Ellenbogen" – „Acht Spieler berühren sich an den Haaren."

Begrüßungsrunde

Auf ein Zeichen begrüßt ihr euch alle möglichst schnell gegenseitig mit Handschlag und sagt sehr förmlich „Guten Tag!" Es darf niemand übergangen werden, aber auch keiner zweimal begrüßt werden. Wer gegen diese Bedingung verstößt, bekommt vom Betroffenen einen sanften Klaps auf die rechte Wade. Im zweiten Durchgang begrüßt ihr euch durch seitliches Anstoßen und den Ausruf „Komm mir bloß nicht unter die Augen!" Zum Schluss durch Umarmen mit dem Satz „Schön, dich zu treffen!" Die Begrüßungsrunde endet als Standbild.

232

Sprechübungen – Sprechspiele

laut und leise   *Ernst Jandl*

lauter   lauter   lauter   **lauter**   **lauter**   lauter   lauter   leise   leute

1. Stellt euch im Kreis auf. Beginnt mit einem leisen, aber deutlich artikulierten „lauter", erhöht dann mit jedem „lauter" die Lautstärke. Achtet darauf, dass ihr jedes Wort sehr deutlich ausspricht.
2. Bildet Paare und sprecht die ganze Zeile immer wieder so, als ob ihr euch unterhaltet, und werdet dabei immer leiser, bis die Wörter nur noch geflüstert werden. Die Worte sollen trotzdem noch deutlich verstanden werden.

Zungenbrecher

Neun nichtswürdige niesende niemals nach nassen Nixen nickende nachtblaue Nilpferde nippten näselnd Nackenhaare.

Bernhard bleibt beim Bäumeklettern beachtlich bodenständig, besonders bei brüchigen Baumkronen …

3. Wer kann diese Zungenbrecher ganz schnell lesen? Kennst du weitere?
4. Mache einmal selber Reklame für dich! Verwende dazu Wörter, die mit demselben Anfangsbuchstaben deines Vor- oder Nachnamens beginnen, z. B.: *Anne arbeitet anständig.*

Der Sprachfehler

Zwei Spieler treffen sich und unterhalten sich. Der eine spricht die *L-Sprache*: Er ersetzt jeweils den Buchstaben *R* durch das *L*. Der andere spricht dagegen die *N-Sprache* und ersetzt jeweils das *L* durch das *N*. Ihr könnt euch über das Wetter, einen Film oder auch über die Schule unterhalten. Das Gespräch soll nicht länger als zwei Minuten dauern.

Das Gerücht

Stellt euch in zwei weit auseinander stehende Gruppen auf. Die eine Gruppe einigt sich auf ein Gerücht, das sie anschließend im Flüsterton weitergibt. Es soll aber so geflüstert werden, dass die andere Gruppe alles versteht.

Mit Körper und Sprache improvisieren

Sprechende Hände

- Stellt euch in einem großen Kreis auf. Einer beginnt eine Geste mit den Händen zu machen. Diese wird von den anderen nachgemacht, dann sucht sich der Nächste eine Geste.
- Ein Spielleiter macht mehrere Handbewegungen, wie z. B. Winken, die Hand zur Faust ballen, eine Kralle machen, die die anderen nachmachen.
- Setzt euch zu zweit auf den Boden und entwickelt einen Händetanz zu Musik.
- Erfindet eine Geschichte, die ihr euch gegenseitig nur mit Hilfe der Hände erzählt.

Einsilbig

Zwei Personen unterhalten sich miteinander über ein Thema, sie dürfen dabei aber immer nur eine Silbe, z. B. *Mmh* oder *Aah* benutzen. Den anderen sollte deutlich werden, worüber sie sprechen.

1. Spielt diese Szene vor Zuschauern.
2. Probiert auch einmal diese Variante: Zwei Personen kennen nur zwei Wörter – *Ja* und *Nein*. Einer sagt immer nur *Ja*, der andere *Nein*. Wer trägt den Sieg davon? Wechselt nach einer Minute die Wörter.

Perlemann

A: Perlemann kommt nicht!
B: Perlemann kommt nicht?
A: Ja, er rief gerade an und sagte, er könne nicht.
B: Hat er gesagt, warum er nicht kommt?
A: Nein, er sagte nur, dass er nicht kommen kann.
B: Hast du ihn nicht gefragt, warum?
A: Habe ich nicht dran gedacht.
B: Ach Gott!

3. Spielt diese Szene in verschiedenen Situationen, z. B. *beim Angeln oder vor einem Bankraub.*
4. Wie verändern sich jeweils Gestik, Mimik und Sprechweise? – Versucht einmal, Regieanweisungen einzusetzen, z. B.:
   A: *enttäuscht schauend ...*
5. Improvisiert nach diesem Muster ähnliche Kurzszenen.

Sprichwörter in Szene setzen

Das neue Fahrrad

Jonas: Mensch, hast du ein tolles Fahrrad. Ist das neu?
Markus: Ja. Letzte Woche gekauft. War nicht billig.
Judith: Uiih! Das hat ja 28 Gänge? Und Alufelgen! Wahnsinnig!
Markus: Ihr müsstet erst einmal das Federungssystem sehen! Und die Sicherheitsbremse! Ich kann euch sagen!
Judith: Einfach toll! Hätt' ich auch gern, so ein Fahrrad.
Markus: Das glaub ich dir. *(Leise zu sich:)* Mist, da kommt Lukas!
(Lukas tritt zu den anderen:)
Na, Markus, hat's Spaß gemacht? Hab ich dir zuviel versprochen? Ist doch wirklich toll, oder? So, jetzt brauche ich mein Rad, ich muss zum Training. Also, tschüs!

1. Welches Sprichwort verbirgt sich in dieser Szene?
2. Spielt die Szene. Überlegt euch vorher genau, wie ihr die Personen darstellen wollt. Wie verändern sich z. B. Gestik und Mimik bei Markus, wenn Lukas auftaucht?
3. Entwerft Spielszenen zu anderen Sprichwörtern. Hier zur Anregung eine kleine Auswahl:

   Wenn zwei sich streiten, freut sich der Dritte.
   Kleider machen Leute.
   Was du heute kannst besorgen, das verschiebe nicht auf morgen.
   Wer andern eine Grube gräbt, fällt selbst hinein.

4. Führt eure Spielszenen den anderen vor. Diese sollen das jeweilige Sprichwort erraten.
5. Beginnt und beendet die Szenen immer mit einem Standbild.

ZUM SZENISCHEN SPIEL KOMMEN 149

Dialoge schreiben und spielen

Supermarkt und Deutschstunde

Situation: In der Warteschlange an der Kasse im Supermarkt – Geld vergessen.

Situation: In der Deutschstunde wird ein Schüler ohne Hausaufgaben vom Lehrer ertappt.

1. Gestaltet aus diesen Erzählsituationen kleine Spielszenen. Denkt euch passende Personen aus und schreibt Dialoge.
2. Welche zusätzlichen Hinweise könnten **Regieanweisungen** geben, z. B. zur Kleidung, Gestik, Mimik, Sprechweise …?
3. Verteilt die Rollen, lernt sie auswendig und spielt eure Szenen.

Von der Erzählung zur Dialogfassung

Ihr könnt eine Erzählung zu einem Spieltext umschreiben. Probiert es z. B. einmal mit der Erzählung „Das Kopftuch" von Renate Welsh (S. 71).
Klärt zuvor folgende Fragen:

- In welche Abschnitte lässt sich die Erzählung einteilen, sodass jeder Abschnitt eine spielbare Handlung enthält?
- Wie könnte der Erzählanfang in eine Spielszene umgeformt werden?
- Wie sollen die Bilder, die Eva durch den Kopf schießen, dargestellt werden?
- Welche zusätzlichen Szenen könnten eingefügt werden? Z. B.: Die Heimkehr von Mijases Vater (ein Gespräch zwischen Vater, Mutter und Tochter).
- Welche weiteren Personen sollen vorkommen?

So könnte z. B. eine Szene aussehen:
Ort.: *Klassenzimmer;* **Zeit:** *große Pause. Mijase lehnt an der Wand, die Hände verschränkt; die anderen stehen in Gruppen zusammen.*

Carola: Was bildet die sich eigentlich ein?
Astrid: Die trägt ihre Nase aber ganz schön hoch.
Anna: Eine arrogante eingebildete Zicke ist das.
Eva: Die ist nicht eingebildet – die hat Angst.
Astrid: Du spinnst doch! Woher willst du das denn wissen?
Carola: Du weißt wohl mal wieder alles besser, oder?
(Sie dreht sich schnippisch um und geht.)
Eva (verletzt, laut): Du weißt genau, was ich meine.

4. Schreibt in der Schreibkonferenz solche Dialoge und spielt sie euren Mitschülern oder euren Eltern vor.

Begründungen geben

Warum man begründet

Zwei Gesprächssituationen

Wann hast du sie denn das letzte Mal gefüttert?

1. Führe das Gespräch fort: Was könnte der Sohn antworten? – Beachte: Er sollte so antworten, dass der Vater ein Einsehen hat und dem Sohn noch einmal verzeiht.
2. Anschließend hält der Vater aber dennoch dem Sohn einen Vortrag darüber, warum dieser die Fische unbedingt füttern muss. Welche Gründe führt der Vater dafür an?

Magst du Pferde?

Nein!

3. Führe das Gespräch weiter. Achte darauf, dass die Gesprächsteilnehmerinnen begründen.
4. Erfinde eine weitere Situation, in der du erklärst, warum du etwas nicht magst.

Wie man begründet

```
Test: Bist du ein Computerfreak?
1. Warum hast du dir einen Computer gekauft?
a) Ich brauche keinen Computer.
b) Der Computer war im Sonderangebot.
c) ... weil ich gerne Computerspiele mache,
   wie z.B. Die Siedler.

2. Warum leihst du deinen Computer nicht aus?
a) Meinen Computer kann jeder haben.
b) Ich leihe grundsätzlich überhaupt nichts aus.
c) ... weil ich sonst Viren bekommen könnte,
   z.B. beim Einsatz von Raubkopien.

3. Warum kaufst du dir eine Computerzeitschrift?
a) Ich kaufe mir keine.
b) Ich suche mir eine im Altpapier der Nachbarn.
c) ... weil sie mir wichtige Informationen gibt,
   z.B. über Computerspiele.

4. ...
```

Auflösung: Wenn du hauptsächlich a) und b) angekreuzt hast, bist du alles andere als ein Computerfreak.

1. Welche Antworten sind Begründungen?
   Woran erkennst du sie? Wie sind sie aufgebaut?
2. Schreibe diesen Test weiter.

Ich bin ein Computerfreak – Aufbau einer Begründung

Behauptung	Argument	Beispiel
Ich bin ein Computerfreak	...	...

3. Fülle die Tabelle in deinem Heft weiter auf.
4. Wie sind Begründungen aufgebaut?
   Wozu sind Beispiele wichtig?

Ein Spiel mit weil-Sätzen

Meine Schwester und ich gehen gern ins Kino, weil ▇.
Hans spielt jeden Tag Fußball, weil ▇.
Miriam schaut sich im Fernsehen oft Tierfilme an, weil ▇.
Unsere Klasse hat am liebsten Deutschunterricht, weil ▇.
Wir fahren im Urlaub in die Berge, weil ▇.
Ich singe im Kinderchor, weil ▇.
Schüler mögen lustige Lehrer, weil ▇.
Lehrer mögen disziplinierte Schüler, weil ▇.

5. Füllt so schnell wie möglich die weil-Sätze auf und schreibt sie in euer Heft. Wer als erster fertig ist, hat gewonnen.
6. Das Spiel wird erschwert:
   Notiert so schnell wie möglich ein zweites Argument:
   Ich esse gern Äpfel, weil sie mir schmecken und weil Obst gesund ist.
7. Sprecht über die gefundenen Argumente:
   Welche sind einleuchtend, welche weniger?

Einsame Argumente

▇, weil du gelogen hast.
▇, weil ich keine Lust mehr habe.
▇, weil der Film nicht gut war.
▇, weil unser neuer Trainer tolle Ideen hat.
▇, weil mein Vater immer Recht behalten will.
▇, weil Geschwister auch mal streiten müssen.
▇, weil Verbote wichtig sind.
▇, weil Lehrer auch nur Menschen sind.

8. Suche zu den weil-Sätzen passende Behauptungen.
9. Wähle ein Beispiel aus und schreibe einen kleinen Text dazu, indem du den weil-Satz weiter ausführst (Fortführung der Begründung: zusätzliches Argument, Beispiel).

Bloße Behauptungen

Gespräch 1

Vater: Wie war denn die Mathematikarbeit, die du heute geschrieben hast?
Markus: Unheimlich schwierig.
Vater: Was heißt unheimlich schwierig?
Markus: So schwierige Aufgaben hatten wir noch nie.
Vater: …
Markus: …

Gespräch 2

Mutter: Wie war es bei deiner neuen Lehrerin in der Musikschule?
Miriam: Prima!
Mutter: Was heißt prima?
Miriam: Es war einfach Klasse.
Mutter: …
Miriam: …

10. Wie könnten die Gespräche weitergehen?
11. Beachte dabei, dass Behauptungen begründet werden sollten. Versuche entsprechend, für Markus und Miriam kleine Begründungen zu schreiben, sodass die Eltern zufrieden sind.
12. Diskutiert eure Versuche. Welche überzeugen mehr, welche weniger?

Streit mit Erwachsenen
James Lincoln Collier

Wenn ich als Kind meinen Vater fragte, warum ich gerade sitzen, mein Haar kämmen oder meine Gabel richtig halten müsse, lautete seine Antwort gewöhnlich: „Weil ich es dir sage." Ich fand immer, das reiche als Grund nicht aus. Andererseits fiel mir nie eine passende Erwiderung ein und so endete es unweigerlich damit, dass ich mir missmutig das Haar bürstete oder meine Gabel richtig hielt.

13. Warum reicht nach Meinung des Autors der Grund des Vaters nicht aus?
14. Formuliere eine „Erwiderung".

Wie man überredet und wie man überzeugt

Überredungskünste

Daddy, bitte kauf mir ein Computerspiel. Computerspiele sind die tollsten Spiele, die es gibt. Das musst du doch zugeben. Mutti findet es auch. Die meisten Jungen und Mädchen in meiner Klasse haben dieses Spiel auch schon und schwärmen den ganzen Tag davon. Ich finde, alle Mädchen sollten heute Computerspiele haben.

1. Wie versucht die Tochter, den Vater zum Kauf zu überreden?

Computerspiel-Werbung

500.000

Bereits 500.000 begeisterte Spieler weltweit!

Nach Monaten harter Arbeit sind wir wirklich stolz, allen Siedler-Fans jetzt den – so meinen wir – würdigen Nachfolger der Siedler II zu präsentieren:

DIE SIEDLER III steht jetzt in den Regalen der Spiele-Shops!

Also: Ab sofort viel Spaß beim Siedeln!

2. Wozu will die Werbung überreden?
3. Wie macht sie dies? Achte besonders auf:
   – die Gestaltung
   – den Text (Wortwahl, Sätze).
4. Vergleiche das, was du herausgefunden hast, mit dem, was das Wörterbuch zu *überreden* sagt:

überreden: *jemanden durch Worte zu etwas veranlassen, jemandem so lange zureden, bis er etwas tut*

Spiele-Test: Die Siedler halten mich in ihrem Bann   *Manfred Duy*

Einige neue Tricks haben sie ja drauf, diese Siedler. Angenehmerweise finden sie jetzt selbst ihren Weg und ich erspare mir den mühsamen Straßenbau.
5 Auch der Warentransport fluppt dadurch deutlich besser als beim Vorgänger. Besonders loben möchte ich das runderneuerte Kampfsystem. Endlich kann ich meine Soldaten direkt steuern
10 und so den Ablauf der Gefechte besser beeinflussen. Früher beobachtete man arg hilflos die Kämpfe und fühlte sich irgendwie ausgesperrt. Auch wenn der Stein der Weisen noch immer nicht ge-
15 funden wurde, ist dies ein klarer Fortschritt im Vergleich mit den vorausgegangenen Siedler-Teilen. Glücklicherweise hält sich die Hektik nach wie vor in Grenzen und ich kann mich zunächst
20 gemütlich dem Aufbau widmen. Im weiteren Ablauf wiederholt sich der langwierige Siedlungsaufbau allerdings so häufig, dass ich mir ein paar Variationen gewünscht hätte. Letztlich schmälert dies die Motivation allerdings 25 nur wenig, was für die Qualität des Programms spricht. Das Wirtschaftssystem ist umfangreich wie eh und je, was mich besonders freut. Leider ist ein Warenaustausch nur zwischen den eigenen 30 Siedlungen möglich, ein regelrechter Handel mit anderen Parteien fehlt. Bemerkenswert ist der gelungene Mehrspieler-Modus, bei dem man merkt, wie viel Mühe sich die Entwickler gegeben 35 haben. Die grafische Präsentation ist wiederum Geschmackssache. Mir sind die Knuddler inzwischen deutlich zu drollig – ich bevorzuge da eher einen naturalistischen* Stil wie bei *Age of* 40 *Empires*.

* wirklichkeitsgetreu

5. Wovon will der Testredakteur überzeugen?
6. Wie macht er dies? – Untersuche genau seine Argumentation:
   – Welche Behauptungen stellt er auf?
   – Wie begründet er sie? (Welche Argumente führt er an? Wodurch überzeugen diese?)
7. Vergleiche deine Ergebnisse mit dem, was das Wörterbuch zu *überzeugen* sagt:

> **überzeugen:** *etwas glaubhaft und einleuchtend darstellen, dabei Argumente liefern*

8. Worin siehst du den Unterschied zwischen *überreden* und *überzeugen*?

- In vielen Situationen sind Begründungen wichtig.
- Oft ist entscheidend, wie man begründet.
- Im Gegensatz zum Überreden muss man beim Überzeugen Begründungen geben.

Probleme diskutieren

Wann es Ärger gibt

Schülerantworten

Auf die Frage, wann und wo es in ihrem Leben Ärger gibt, antworteten Schülerinnen und Schüler einer 6. Klasse Folgendes:

- wenn ich mit meiner Schwester darüber streite, wer aufräumen soll
- wenn ich mit einer schlechten Note nach Hause komme
- wenn ich meiner Freundin etwas vertraulich sage und sie es weitererzählt
- wenn ich die Eltern anlüge
- wenn ich keine Hausaufgaben mache
- wenn ich im Verein beim Tischtennis verliere
- wenn ich Musik üben soll und keine Lust habe
- wenn mein Taschengeld nicht reicht
- wenn ich meine Kleider herumliegen lasse
- wenn ich in der Schule nicht aufpasse

1. Kennt ihr auch diese Probleme? Welche habt ihr noch?
2. Wähle dir ein Beispiel aus und überlege, warum das Problem entsteht. Schreibe deine Gedanken auf.
3. Sprecht über das, was ihr notiert habt.

Gesprächsfetzen

- Ich kann dir das Taschengeld nicht erhöhen.
- Ich werde dir nie mehr etwas anvertrauen. Du erzählst ja doch gleich alles weiter.
- Mutter hat gesagt, du sollst beim Aufräumen helfen. Gestern habe ich es allein gemacht.
- In meinem Zimmer kann ich die Musik so laut aufdrehen, wie ich will.
- Was wird bloß deine Musiklehrerin sagen, wenn du nicht geübt hast?
- Man muss auch verlieren können. Beim nächsten Spiel gewinnst du wieder.

4. Ordne die Sprechblasen der obigen Beispielsammlung zu. Wer könnte das sagen?
5. Versuche, mit einer von dir ausgewählten Sprechblase ein Gespräch aufzubauen.
Achte darauf, dass die Gesprächsteilnehmer begründen.

233

Wie man Konflikte lösen kann

„Jetzt bin ich dran!"

Sonja: Hallo Uwe, können Marion und ich Computer spielen? Du darfst in einer Stunde wieder spielen, da muss Marion sowieso nach Hause.
Uwe: Nein, jetzt spiele ich. Immer wenn ich Computer spiele, kommt ihr und wollt spielen. Das ist mein Computer, nicht deiner.
Sonja: Stimmt gar nicht. Papa hat ihn uns beiden gekauft.
Uwe: Egal. Jetzt spiele ich, nachher hab ich keine Zeit mehr.
Sonja: Fragen wir doch Vater.
Uwe: Warum denn? Vater weiß es sowieso nicht mehr.
Sonja: Da tust du ihm Unrecht. Denk' an früher, als Vater schon oft einen Streit geschlichtet hat.
Uwe: Also gut. Einverstanden.

„Warum immer ich?"

Ich: Immer muss ich mit dem Hund spazieren gehen.
Vater: Du wolltest ihn doch haben.
Ich: Ja, aber das war vor vier Jahren und Linda wollte ihn genau so haben. Ich musste jetzt schon das zweite Mal mit ihm weg. Immer ich!
Linda: Mit einem gebrochenen Arm kann man eben nicht mit dem Hund spazieren gehen.
Ich: Ha, ha, du hast ja nur einen Arm gebrochen. Mit dem anderen kannst du ihn ja wohl halten. Und außerdem gehorcht er dir besser als mir.
Linda: Hätte Mama damals nicht die Welpen auf dem Bauernhof gesehen, dann wäre der Hund jetzt nicht da.
Vater: Dann geben wir ihn eben in ein Tierheim.

1. Beschreibe den Ablauf der Streitgespräche?
2. Warum kommt das erste Streitgespräch zu einer Lösung?
3. Führe das zweite Gespräch fort. Achte darauf, dass eine befriedigende Lösung für alle dabei herauskommt.

Wie man Gespräche führt

Prügelei

Timo und Daniel aus der Klasse 6b haben sich nach der Sportstunde im Umkleideraum geprügelt. Sie müssen ihrem Klassenlehrer, Herrn Arndt, darüber berichten.

Herr Arndt: Was war los? Warum habt ihr euch geprügelt?
Timo: Der Daniel foult mich immer beim Fußballspielen.
Daniel: Stimmt gar nicht. Timo ist ...
Timo: *(unterbricht Daniel)* Doch, das stimmt.
Herr Arndt: Timo, lass Daniel erst mal ausreden.
Daniel: Der Timo ist eine Memme. Wenn man nur mal ein bisschen mit Körpereinsatz spielt, meint er sofort, dass man ihn foult. Der stellt sich immer so an. Als wir letztes Jahr unseren Klassenausflug machten ...
Herr Arndt: Daniel, schweif nicht ab!
Timo: *(zeigt Herrn Arndt sein blaurot angelaufenes Schienbein)* Wenn das kein Foul war!
Herr Arndt: Ja, und wie kam es nun zur Prügelei im Umkleideraum?
Daniel: Der Timo kam sofort auf mich zu und hat mich in den Schwitzkasten genommen, dass ich keine Luft mehr kriegte.
Timo: Ist gar nicht wahr! Erst nachdem du so blöd gegrinst hast, als ich dir mein Schienbein gezeigt habe.
Herr Arndt: Und was hast du dann gemacht, Daniel?
Daniel: Ich habe mich zur Seite fallen lassen und ihm dann in den Magen geboxt, damit auch er keine Luft kriegt.
Herr Arndt: Und ihr findet das richtig, was ihr gemacht habt?
Timo: Ich lass mich doch nicht einfach foulen.
Daniel: Wenn einer mich schlägt, schlage ich zurück.
Herr Arndt: Ihr haltet also Gewalt als Mittel der Auseinandersetzung für richtig? Darüber werden wir mit der ganzen Klasse nochmal reden.

1. Wie führt Herr Arndt das Gespräch? Versucht, einige Regeln aufzustellen.
2. Wie denkt ihr über Gewalt als Mittel der Auseinandersetzung? Begründet eure Meinungen.

▶ 233

PROBLEME DISKUTIEREN

Wie man Diskussionen führt

Gewalt als Mittel der Auseinandersetzung?

Herr Arndt nimmt die Prügelei zwischen Timo und Daniel zum Anlass, mit der Klasse 6b über das Thema zu diskutieren.

Herr Arndt: Ihr wisst, dass Timo und Daniel sich geprügelt haben und wie das abgelaufen ist. Ich möchte wissen, wie ihr darüber denkt?

Marion: Wenn man angegriffen wird, muss man sich wehren. Schließlich hat Daniel keine Luft mehr bekommen. Es gibt ja auch Notwehr.

Hans: Genau, ein Polizist, auf den ein Einbrecher schießt, darf zurückschießen.

Herr Arndt: Uwe, wie hättest du dich an Timos Stelle verhalten?

Uwe: …

Herr Arndt: Und wie hättest du dich an Daniels Stelle verhalten?

Uwe: …

Herr Arndt: Wie lässt sich denn Gewalt eurer Meinung nach überhaupt vermeiden? Vielleicht könnt ihr auch Beispiele nennen.

Marlis: …

Jens: …

Herr Arndt: Wir müssen noch genauer darüber sprechen, warum Gewalt ein problematisches Mittel der Auseinandersetzung ist. Sammelt bitte dazu bis zur nächsten Woche aus Zeitungen Beispiele, in denen von Gewalt die Rede ist.

1. Wie führt Herr Arndt die Diskussion? Worauf achtet er?
2. Worauf müssen die Diskussionsteilnehmer achten?
3. Füllt die Leerstellen auf. Welche Argumente könnten Uwe und Marlis sowie Jens jeweils vorbringen?

- Bei Gesprächen und Diskussionen über alltägliche Probleme sind einleuchtende Begründungen von Vorteil. Konflikte werden so leichter gelöst.
- Bei Gesprächen und Diskussionen müssen bestimmte Regeln eingehalten werden. Der Gesprächsleiter hat auf ihre Einhaltung zu achten.

Über Literatur sprechen

Sich mit einem Jugendbuch auseinander setzen

Ben, der Computerfreak   *Andreas Schlüter*

Aufgeregt sprang er aus dem Bett. Heute war der Tag der Tage. Heute bekam er endlich das neue Computerspiel. Frank, sein bester Freund, wollte es mit in die Schule bringen. Ben hatte ihm im Gegenzug die schöne, goldene Halskette ver-
5 sprochen, die er einst von seiner Oma geschenkt bekommen hatte. […]
Während des Unterrichts konnte sich Ben gar nicht mehr konzentrieren. Dabei war Mathematik sogar eines seiner Lieblingsfächer. Aber an diesem Tag war es einfach unmög-
10 lich, aufzupassen.
Immer wieder fühlte Ben in der Jackentasche nach, ob das Steckmodul auch noch richtig verpackt war. Ständig stellte er sich vor, in die vierte Ebene einzudringen und das Spiel an dieser schwierigsten Stelle mit der Rekordpunktzahl zu beenden. Wenn doch bloß die Schule bald zu Ende wäre! Ben war so in
15 Gedanken, dass er nicht bemerkte, wie ihm von der rechten Seite des Klassenzimmers ein kleines Papierknäuel zuflog. Es landete direkt neben seinem Stuhl auf dem Fußboden. Thomas boxte ihm von hinten in den Rücken. „Pst, da liegt ein Zettel für dich", tuschelte er. „Ein Zettel? Woher kommt der?", fragte Ben. Thomas grinste übers ganze Gesicht. „Na, woher schon", antwortete er, „da, wo er immer herkommt."
20 Dabei deutete er mit einem kurzen Kopfnicken in Richtung Jennifer.
Jennifer, die auf der anderen Seite des Klassenraumes an der Fensterseite saß, blickte ungeduldig zu Ben herüber und fragte sich, ob er jemals in diesem Leben den Zettel bemerken würde – oder zumindest rechtzeitig, bevor der Lehrer ihn entdeckte. Ben faltete das Papierknäuel auseinander und las:

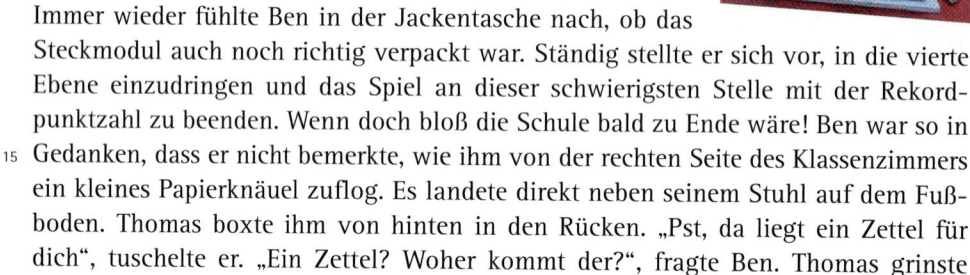

25   „Hallo Ben!
     Hab in Mathe echt noch nichts geblickt.
     Und morgen schreiben wir die Klassenarbeit.
     Kannst du mir helfen beim Lernen?
     Heute Nachmittag. Ist wirklich sehr wichtig.
30   Jennifer."

Das hatte Ben noch gefehlt. Er selbst hatte die Vorbereitung auf die Klassenarbeit schon in seinem Programm gestrichen. Genauer gesagt fieberte Ben dem neuen Computerspiel so sehr entgegen, dass er gar nicht mehr an die Klassenarbeit gedacht hatte. Es war auch egal. Mathe war wirklich kein Problem für ihn. Auch ohne Extra-
35 übungen hatte er in diesem Fach noch nie etwas Schlechteres als eine Zwei minus geschrieben.

Und nun kam Jennifer. Ohne ihre Hilfe wäre seine letzte Englischarbeit mit Sicherheit voll danebengegangen. Es half alles nichts. Gereizt riss Ben eine Seite aus seinem Schulheft und kritzelte darauf:

„Hallo Jennifer!
O.K. Komm heute um vier bei mir vorbei.
Dann lernen wir. Habe aber nicht viel Zeit. Ehrlich.
Ben."

[…]

Ben war mit seinen Gedanken überhaupt nicht bei der Sache. Jennifer hatte schließlich darauf gedrängt, Mathematik zu üben. Und Ben hatte sich dem Schicksal gefügt. Aber er musste ständig an sein Computerprogramm denken.
Warum funktionierte es nicht? Noch nie war während des Spiels der Zauberer verschwunden und damit das Spiel beendet.
Sooft er auch den Computer ausschaltete, um ihn sofort wieder neu zu starten und das Spiel ein weiteres Mal zu laden: Die Fehler im Spiel wurden nur noch größer. Jetzt war nicht nur der Zauberer verschwunden, sondern es fuhren auch keine Autos mehr auf dem Bildschirm. Nur die kleine Figur, die mit dem Joystick zu steuern war, hopste noch durch die Computerwelt. Ansonsten funktionierte nichts mehr. Das Spiel stand still.
„Mensch, Ben. Wie geht denn diese Aufgabe jetzt? Du hörst mir überhaupt nicht zu", klagte Jennifer. „Ich denke, wir lernen zusammen?"
„Ja, du erklärst das gar nicht richtig", fing jetzt auch Miriam an zu mosern. Wenn sie schon keinen Spaß haben sollte, wollte sie wenigstens auch ein bisschen für die bevorstehende Mathematikarbeit mitbekommen. Aber daran war gar nicht zu denken. Ben murmelte nur unverständlich einige Formeln vor sich hin. Dabei schielte er immer wieder mit einem Auge auf seinen Computer. „Ich hole mir meine Kette von Frank wieder", sagte er schließlich. „Das Spiel ist total kaputt".
„Oh, Mann", stöhnten die Mädchen wie aus einem Munde. Jennifer wurde es wirklich zu dumm. „Du und dein bescheuertes Computerspiel!", schimpfte sie. „Dann lassen wir das Lernen eben. Komm, Miriam, wir hauen ab. Mit dem ist heute sowieso nichts anzufangen." Sie zeigte mit einer verächtlichen Kopfbewegung auf Ben. […]

(Aus: Andreas Schlüter: Level 4 – Die Stadt der Kinder)

1. Wie denkst du über das Verhalten Bens?
2. Setze das Gespräch fort:
   Was könnten Jennifer und Miriam Ben noch sagen?
   Bedenke dabei Folgendes:
   – Jennifer und Miriam möchten Ben ins Gewissen reden.
     Vielleicht übt er ja doch noch mit ihnen Mathematik.
   – Wenn sie Erfolg haben wollen, müssen sie treffende
     Argumente vorbringen.
3. Vergleicht eure Entwürfe. Wer hat die besseren Argumente?

Sich mit Fabeln auseinander setzen

Der Löwe und die Maus *Unbekannter Verfasser*

Es geschah, dass der Löwe wegging und nach den Menschen suchte. Da lief ein kleines Mäuslein an seine Tatze, das klein an Gestalt und zierlich an Aussehen war. Es geschah, dass er sie mit Gewalt zerdrücken wollte. Da sagte die Maus zu ihm: „Zerdrücke mich nicht, mein Herr, du Löwe! Wenn du mich auffrisst, so wirst du davon nicht satt. Wenn du mich aber freilässt, so wirst du nach mir keinen Hunger verspüren.
Wenn du mir meinen Atem zum Geschenk machst, so werde ich dir auch deinen Atem zum Geschenk machen. Wenn du mich vor der Vernichtung durch dich rettest, so werde ich dich auch deinem Verderben entgehen lassen." Der Löwe lachte über die kleine Maus und er sagte: „Was willst du eigentlich tun? Gibt es denn jemanden auf der Erde, der es mit mir aufnehmen könnte?" Sie leistete einen Eid und sagte: „Ich werde dich deinem Verderben an deinem Unglückstage entgehen lassen."
Es geschah, dass der Löwe die Worte der Maus für Scherz hielt. Aber er dachte: „Wenn ich sie auffresse, werde ich wirklich nicht satt!" Darum ließ er sie frei.
Es geschah, dass ein Jäger da war und mit einem Netz Fallen stellte und eine Fallgrube vor dem Löwen grub. Der Löwe fiel in die Grube hinein und er geriet in die Hand des Menschen. Man wickelte ihn in das Netz ein, fesselte ihn mit trockenen Riemen und band ihn mit frischen Riemen. Es geschah, dass er betrübt in dem Gebirge lag, und es war die siebente Stunde der Nacht. Da ließ der Schicksalsgott die kleine Maus vor den Löwen treten. Sie sagte zu ihm: „Erkennst du mich nicht wieder? Ich bin die kleine Maus, der du ihren Atem zum Geschenk gemacht hast. Ich bin gekommen, um es dir heute zu vergelten, und ich will dich vor deinem Verderben retten, nachdem du Unglück gehabt hast. Es ist etwas Schönes, demjenigen eine gute Tat zu erweisen, der sie selbst getan hat." Die Maus legte ihr Maul an die Fesseln des Löwen. Sie durchschnitt die trockenen Riemen und durchnagte die frischen Riemen, mit denen er gefesselt war. Da befreite sich der Löwe von seinen Fesseln. Die Maus versteckte sich in seiner Mähne und er trug sie an diesem Tage in das Gebirge.

1. Wie beurteilst du die Rede der Maus (Z. 4–12)?
2. Warum hat die Maus Erfolg? – Untersuche ihre Rede genauer: Wie beginnt sie? Welche Argumente bringt sie vor?
3. Welches Argument wirkt besonders auf den Löwen? Warum?

Der große und der kleine Berg   *Ödön von Horváth*

Als einst der große Berg, der vor lauter Erhabenheit schon schneeweiß geworden war, dem kleinen Berg gebot: „Staune ob meiner Größe!", antwortete jener Felsenzwerg nur dies:„Wieso?"
Da reckte sich der Riese und sein Scheitel berührte die Wolken, als stünde Goliath in
einer niederen Bauernstube – und durch seine grollende Stimme lief das Grollen der Lawinen: „Ich bin der Größere!"
Doch der kleinere Berg ließ sich nicht einschüchtern: „Aber ich bin der Stärkere!"
Wie lachte da der große Berg!
Doch der Kleine wiederholte stolz: „Ich bin der Stärkere, denn ich bin der Schwierigere! Du wirst bei unseren Feinden, den Bergsteigerkreisen, nur als leicht belächelt, ich hingegen werde als sehr schwierig geachtet und gefürchtet. Mich ersteigen jährlich höchstens sieben! Und dich –? Blättere nur mal nach in deinem Gipfelbuch, dort steht der Unterschied unverfälschbar!"
Auf das sichere Auftreten des bisher (über die Achsel) Angesehenen hin wurde der Große doch etwas stutzig und blätterte stirnrunzelnd in seinem Gipfelbuch und – oh, Graus! – : Namen, Namen, Zehntausende! und was für Namen!
Fünfjährige Kinder und achtzigjährige Lehrerinnen!!
Er zitterte.
Da bröckelten Steine aus seiner Krone und wurden als Steinschlag eines Bergsteigers Tod, der, wenn er seinen Namen in ein Gipfelbuch schrieb, immer nur dies dachte:
„Berge! Staunet ob meiner Größe!"
Und als dies der große Berg erfuhr, sagte er nur: „Wehe mir!"

4. Warum sagt der große Berg am Schluss: *Wehe mir!*?
5. Welche Gründe führt der kleine Berg für seine Behauptung an, er sei der Stärkere? Weshalb wird der große Berg dadurch verunsichert?
6. Wie lassen sich beide Fabeln auf das menschliche Leben übertragen? Welche Situationen und Menschen fallen euch dazu ein? Diskutiert darüber.

Sich mit Gedichten auseinander setzen

Zwei Tiergedichte: ganz unterschiedlich!

Die Frösche *Johann Wolfgang von Goethe*

Ein großer Teich war zugefroren;
die Fröschlein in der Tiefe verloren,
durften nicht ferner quaken noch springen,
versprachen sich aber, im halben Traum:
5 Fänden sie nur da oben Raum,
wie Nachtigallen wollten sie singen.
Der Tauwind kam, das Eis zerschmolz,
nun ruderten sie und landeten stolz
und saßen am Ufer weit und breit
10 und quakten wie vor alter Zeit.

Humorlos *Erich Fried*

Die Jungen
werfen
zum Spaß
mit Steinen
nach Fröschen

Die Frösche
sterben
im Ernst

1. Welche Stimmung vermitteln die beiden Gedichte?
2. Betrachte sie genauer.
   Achte beim ersten Gedicht vor allem auf das Bild vom „Unten"
   und „Oben" sowie auf die Beschreibung der Frösche.
   Achte beim zweiten Gedicht vor allem auf die Anordnung der
   Strophen.
3. Welche Einstellung gegenüber Tieren kommt in den Gedichten
   zum Ausdruck? Begründe deine Meinung.

ÜBER LITERATUR SPRECHEN

Tierschutz *Lexikonartikel*

Im Unterschied zu Maßnahmen zur Erhaltung von Tierarten und deren Lebensmöglichkeiten (Naturschutz) ist Tierschutz die Bezeichnung für Bestrebungen zum Schutz des Lebens und zur angemessenen Behandlung von Tieren (insbesondere der Haus- und Laborversuchstiere). Tiervereine (zusammengefasst im Deutschen Tierschutzverband) unterhalten Tierheime (zur Unterbringung herrenloser Tiere) und wirken aufklärend in der Bevölkerung, und zwar sowohl im Hinblick auf die Vermeidung von Tierquälereien als auch im Hinblick auf die nutzbringende Funktion frei lebender Tiere. Der Tierschutz in der Bundesrepublik Deutschland wurde durch das Tierschutzgesetz vom 18.8.1986 und die Verordnung über das Halten von Hunden im Freien vom 6.6.1974 geregelt.

Verboten sind u. a. das Töten ohne einsichtigen Grund, Tierquälerei (unnötiges, rohes Misshandeln von Tieren), das Schlachten und Kastrieren ohne vorhergehende Betäubung, die Verwendung schmerzbereitender Tierfallen, die zwangsweise Fütterung und das Aussetzen von Tieren, um sich ihrer zu entledigen. Genauen Vorschriften unterworfen sind: mit etwaigen Schmerzen und Leiden verbundene wissenschaftliche Versuche mit Wirbeltieren, der gewerbsmäßige Tierhandel (außerhalb der Landwirtschaft) und die Massentierhaltung. – Als Strafen für Zuwiderhandlungen sind Freiheitsentzug bis zu zwei Jahren und Geldbußen bis zu 10 000 DM vorgesehen. Als Ordnungswidrigkeit gelten u. a. die Vernachlässigung bei der Haltung und Pflege, das Abverlangen übermäßiger Arbeitsleistungen sowie Dressur oder Schaustellung, wenn damit erhebliche Schmerzen verbunden sind.

(Aus: Meyers Großes Taschenlexikon)

4. Was hat der Lexikonartikel mit dem zweiten Gedicht zu tun?
5. Ihr habt einen Fall von Tierquälerei beobachtet.
   Entwerft einen Brief an einen Freund/eine Freundin.
   Berichtet darüber und äußert darin eure Bestürzung.
   Diskutiert eure Briefentwürfe.
6. Besprecht das Thema auch im Biologieunterricht.

- Auch im Umgang mit literarischen Texten soll begründet werden:
  - wenn man beispielsweise gefragt wird, warum man für eine Figur in einem Jugendbuch Partei ergreift oder sie ablehnt
  - wenn man die Lehre einer Fabel beurteilt
  - wenn man über den Gehalt eines Gedichtes diskutiert

Erb-, Lehn- und Fremdwörter

Wie Wörter entstehen können

Wörtersuche

1 Dem gesuchten Wort sieht man an, dass es direkt aus dem Englischen in die Manege der Zirkuswelt gestolpert ist. Wer kennt nicht die Person mit der dicken roten Nase, der viel zu langen Jacke, dem dicken Bauch und den viel zu kurzen Hosen? Aber kaum jemand weiß, dass das gesuchte Wort aus dem lateinischen *colonus* abgeleitet ist.
Ein *colonus* ist ein Bauer. Allerdings haben die Römer damit die Bauern auf dem Lande gemeint, die ihnen tölpelhaft und lächerlich erschienen. Und damit haben wir die Verbindung zu dem gesuchten Wort.

2 Aus dem lateinischen *musculus* abgeleitet und wörtlich übersetzt, heißt das gesuchte Wort *Mäuschen*. Was hat aber ein Mäuschen mit unserem gesuchten Wort zu tun?
Schau dir mal deine Arme und Beine an, wenn sich die beweglichen und ständig in ihrer Form verändernden Faserbündel unter der Haut abzeichnen. Denkt man da nicht an ein quirliges, flitzendes Mäuschen?

3 Dieses Wort geht auf den griechischen Ausdruck *scholé* zurück.
Die Griechen verstanden darunter die freie Zeit, den Müßiggang, die Ruhe. Arbeit war damit nicht verbunden, auch wenn man in dieser Zeit Bücher las und Aufsätze schrieb.
Heute denkt bei dem gesuchten Wort keiner mehr an Freizeitgestaltung.

4 Das gesuchte Wort stammt von den Indianern, die dafür *hamaka* sagten. In Spanien heißt das Ding immer noch *hamaca*, im Englischen *hammock* und im Französischen *hamac*. Erst die Holländer sagten *hangmak* und *hangmat* und daraus ist das gesuchte Wort entstanden.

5 Bei diesem Wort erinnert man sich an das lateinische Adjektiv *candidus*, das *weiß* oder *rein* heißt. Was hat das mit einer Person zu tun, die sich um ein Amt bewirbt?
Nun, heute sollte man in solchen Fällen Anzug, Krawatte, Kostüm oder Ähnliches tragen. Bei den Römern trugen diese Personen ein weißes Gewand.

1. Wie heißen die gesuchten Wörter?
2. Schlage in einem Herkunfts-Wörterbuch nach und erzähle die Geschichte folgender Wörter:
   Maulwurf, Friedhof, Rosenmontag.

ERB-, LEHN- UND FREMDWÖRTER

Was Erbwörter sind und woher sie kommen

> Was du geerbt hast von den Vätern,
> erwirb es, um es zu besitzen.
>
> *(Johann Wolfgang von Goethe)*

Die alten Germanen

Heute erbt man von seinen Eltern das Aussehen oder ein Haus, von seiner Oma den Charakter oder den alten Schmuck und vom Urgroßvater die alte Pfeife mit dem Porzellankopf. Das Wertvollste, was wir von unseren Vorfahren geerbt haben, ist die Sprache.

a Das Leben der Germanen war schwer. Jeder Meter *Land* für ein *Feld*, eine *Weide* oder ein *Schwimmbad* wurden der Natur abgetrotzt. Auf den Feldern wuchsen *Gerste*, *Flachs* und *Tomaten*. Den *Flachs* verarbeiteten die Frauen zu *Garn* und *Pullovern*.

b Die Häuser waren einfach. Man benutzte das Holz von *Birken*, *Mammutbäumen* oder *Buchen*. Die Häuser hatten ein *Dach*, *Balken*, einen *Wintergarten* und *Wände*. Zum Bauen verwendete man *Beile*, *Bohrmaschinen* und *Sägen*.

c Die Germanen kannten bereits den *Wagen*. *Motor*, *Rad*, *Achse* und *Deichsel* gibt es auch heute noch. *Wasser* wurde auch schon als Transportweg erkannt und so konnten unsere Vorfahren mit *Kahn* und *Ruder* umgehen.

d Vieh war eine wichtige Nahrungsgrundlage. Neben *Schafen*, *Ziegen*, *Schweinen* und *Zierfischen* kannten die Germanen auch *Kühe*, *Gänse* und den *Hund*.

e In Stammesverbänden lebten viele Familien zusammen. Man unterschied zwischen *Schwester* und *Bruder*, *Tochter* und *Sohn*, *Mutter* und *Cousine*.

f Dass das Leben nicht immer friedlich war, beweisen nicht nur Geschichtsquellen, sondern auch die Wörter *Kampf*, *Heer*, *Speer* und *Pistole*.

1. Welche kursiv gedruckten Wörter sind Erbwörter, welche nicht? Achte auf die Zeit, in der sie entstanden sein könnten.
2. Jeder Text beschreibt etwas aus dem Leben der Germanen. Wie sind die Texte angeordnet? Gib jedem Text eine Überschrift.
3. Die Wörter *Brot*, *Schinken*, *Speck* und *Fisch* sowie die Wörter *König*, *Adel*, *dienen*, *Volk*, *Amt* und *Eid* sind ebenfalls Erbwörter. Schreibe zu diesen beiden Gruppen einen kurzen Text mit passender Überschrift.

Was Lehnwörter sind und woher sie kommen

Vaters große Leidenschaft

Ich bin Frieder, Schüler der 6b, und habe Latein. Wenn ich an die große Leidenschaft meines Vaters denke, fällt mir etwas auf: Ich kenne keinen anderen Vater, der so an seinem Haus hängt wie meiner. Schon bei dem Rohbau hatte er immer genau aufgepasst, dass auch alles nach seinen Wünschen läuft.

5 Die Mauern konnten gar nicht dick genug sein; auch ein Turm musste eingebaut werden, mit altertümlich verzierten Fenstern. Beim Decken des Daches achtete er auf jeden Ziegel. Und die Schindeln, mit denen die Außenwände verziert wurden, hatte er mit großer Sorgfalt ausgewählt. Die große Leidenschaft meines Vaters erinnert mich an Wörter aus dem Lateinischen: *turris, murus, pater, tegula, scindula,*
10 *fenestra.*

1. Wo findest du im Text diese lateinischen Wörter?
2. Warum fallen dir diese Wörter in einem Text nicht auf?

Ein lateinischer Brief

Frieder findet auf dem Dachboden seines Großvaters, eines ehemaligen Lateinlehrers, einen lateinischen Brief mit Übersetzung. Nur hat Großvater sich den Spaß gemacht, die Sätze durcheinander zu wirbeln:

De villa mea epistulam scribo. Cella iam parata est. Omnibus mortarium inducitur. Praeterea calce et pypsoque utuntur. Villa in strata celebri est et circiter mille passuum a foro distat. Carro meo celeriter in eum pervenire possum. In horto servi mei pira et prunaque, cerasa et persicaque conserant et magnis cordibus demetant. Vino largiter me invito.

Mit meinem *Karren* kann ich ihn schnell erreichen. Ich lasse mir den *Wein* schmecken. Der *Keller* ist schon fertig. Ich *schreibe* einen Brief über
5 meine neue *Villa*. Und alles wird mit *Mörtel* bestrichen. Im Garten sollen meine Sklaven *Birnen* und Pflaumen, Kirschen und *Pfirsiche* anbauen und in großen Körben ernten.
10 Das Haus steht an einer belebten *Straße* und ist ungefähr eine Meile vom Markt entfernt. Außerdem werden *Kalk* und Gips verwendet.

3. Bringe die Übersetzung in die richtige Reihenfolge. Orientiere dich an den kursiv gedruckten Wörtern; sie sind im lateinischen Text versteckt.
4. Wie haben sich auch hier die deutschen Wörter verändert?

234

ERB-, LEHN- UND FREMDWÖRTER

Wörter aus aller Welt

a Man sagt, wir hätten die vornehmen Sitten erfunden und eure Verben auf *–ieren* beeinflusst. Die Ausdrücke müssen allesamt gefallen haben: z.B. *galant, Gamasche, produzieren.*

b Wir galten lange Zeit als rückständig. Unser Leben war schwer, denn das Klima in unserem Land ist rauh und kalt. Entsprechend ist unser Wortschatz: *Nerz, Wodka.*

c Wir sind eure geistigen Vorfahren. Mit dem Eindringen des Christentums in euer Land haben wir euch viele Ausdrücke ausgeliehen: *Kirche, Engel.*

d Als die Ritter aus Europa zur Zeit der Kreuzzüge in unser Gebiet vorgedrungen waren, nahmen sie neben Beutegegenständen auch Wörter für Kleiderstoffe und Kolonialwaren mit: *Kaffee, Kaftan.*

e Mein Land nennt man die Heimat der Musik und des Bankenwesens. Dafür haben wir unzählige Wörter erfunden, die es bei euch gibt: *Arie, Diskont.*

f Wir sind eure Nachbarn im Nordwesten und haben sehr viel Wasser. Das merkt man an unserer Sprache, die ihr auch mögt: *Jacht, Kajüte.*

5. Aus welchen Ländern stammen die Personen, die das gesagt haben?

6. Kannst du die folgenden Wörter den Personen zuordnen?

Manieren, Düne, Quark, Netto, Teufel, Turban, Bankrott, Sirup, Zar, Krone, Kavalier, Matrose, profitieren

7. Schlage zur Sicherheit in einem Herkunfts-Wörterbuch nach. Was erfährst du über diese Wörter?

Was Fremdwörter sind und woher sie kommen

Diskussion oder Disput?

Mann: Liebling, ich mache gerade ein Kreuzworträtsel. Und hier steht „Emporkömmling mit acht Buchstaben". Pavian hat aber nur sechs Buchstaben.
Frau: Ein Pavian ist doch auch was ganz anderes. Das ist ein Tier im Zoo.
5 *Mann:* Ach so. Ich dachte immer, das ist ein Pavillon.
Frau: Nein. Ein Pavillon ist ein bestimmtes Gebäude.
Mann: Etwa eine Restauration? Wo man gut essen kann?
Frau: Nein. Das ist ein Restaurant. Heute reagierst du aber völlig falsch.
Mann: Du meinst, ich habe eine schlechte Redaktion.
10 *Frau:* Nein, höchstens Reaktion. Das andere ist doch das, wo die Zeitungen gemacht werden.
Mann: Aha! Das ist die sogenannte Bulettepresse!
Frau: Auch das nicht! Eine Bulette ist etwas zum Essen. Du meinst Boulevard.
Mann: Du weißt immer, was ich meine! Wenn das so weiter geht,
15 bekomme ich noch einen Affekt.
Frau: Du meinst einen Infarkt.
Mann: Siehst du. Dann müsste ich ins Krankenhaus. Dann müsste ich schon ein Magnet sein, um das alles bezahlen zu können.
Frau: Nein! Einer, der viel Geld hat, ist ein Magnat.
20 *Mann:* Stimmt nicht! Das ist ein Parvenue!
Frau: Nein! Ein Parvenue ist ein Emporkömmling!
Mann: Falsch! Das ist ein Pavian … Liebling!! Wo gehst du hin? Ich dachte, du willst mir beim Kreuzworträtsel helfen.

1. Schreibe alle Fremdwörter heraus. Bei welchen findest du die Erklärung im Text? Mache sie genauer.
2. Welche Fremdwörter sind nicht erklärt? Erkläre auch sie. Schlage in einem Fremdwörterlexikon nach. Aus welchen Sprachen stammen sie?
3. Woran kannst du viele Fremdwörter erkennen? Achte auf die Schreibweise und die Aussprache!

- Erbwörter sind die ältesten Wörter unserer Sprache und stammen aus dem Germanischen.
- Lehnwörter stammen aus fremden Sprachen, haben sich aber an die deutsche Sprache angepasst.
- Fremdwörter stammen ebenfalls aus fremden Sprachen, haben aber ihre fremde Gestalt beibehalten und unterscheiden sich in Schreibung und Aussprache von anderen Wörtern.

Wörter aus verschiedenen Epochen

Der Einfluss der französischen Sprache

Ein Turnier im Jahre 1197

Vom 11. Jahrhundert an bildet sich in Deutschland eine neue soziale Schicht, der Stand der Ritter. Vorbild für die deutschen Ritter war das Rittertum in Frankreich. Der deutsche Ritter Gottfried von Hohenstein erhält um das Jahre 1200 Besuch von seinem Vetter Chréstien de Arles aus Frankreich:

Chréstien: Guten Tag, Ritter Gottfried, wie geht es Euch?
Gottfried: Gut, chevalier Chréstien. Und wie ist Euer Befinden?
Chréstien: Bon! Ich habe gehört, die Ritter in Deutschland machen uns französischen Rittern einiges nach. Im Jahre 1197 war ein turnei in Nürnberg?
Gottfried: Richtig. Ein Turnier wie in Frankreich!
Chréstien: Die Ritter suchten aventure auf dem plain? Mit pancier, visière und lance?
Gottfried: Genau! Jeder Ritter in Deutschland sucht jetzt Abenteuer auf dem Kampfplatz. Und sie sind gut ausgerüstet: Sie tragen Panzer, Visier und eine Lanze.
Chréstien: Und wer hat in Nürnberg den pris bekommen?
Gottfried: Hartmann von Fitzenstein. Dabei sah es anfangs gar nicht so aus. Hartmann war so ungestüm, dass ihn das Turniergericht in die Schranken weisen musste. Dann stürzte er und sein Knappe musste ihm unter die Arme greifen. Er hat aber auch einen gestürzten Ritter beschützt, indem er seine Stange über ihn hielt. Deswegen hat er den Preis verdient.
Chréstien: Und nach dem turnei? Gab es einen danse mit viel manière?
Gottfried: Sicher! Auch deutsche Ritter haben jetzt Manieren. Und der Tanz ging bis in die frühen Morgenstunden. Du siehst, wir haben von den französischen Rittern gelernt.

1. Schreibe die Wörter heraus, die aus dem Französischen stammen. Welche Wörter entsprechen ihnen im Deutschen?
2. Welche Redewendungen gebraucht Gottfried von Hohenstein? Was bedeuten sie im 12. Jahrhundert? Welche Bedeutung haben sie heute?
   Jemandem die Stange halten – jemandem ...

▶ 235

Neue Entwicklungen fordern neue Wörter

Aus dem Schiffstagebuch des Don Alfonso Gimez

1. Tag. 14. April 1532
Haben vor acht Stunden unseren *Hafen* Valencia verlassen. Segeln an der spanischen Küste entlang. Kontinent seit etwa drei Stunden nicht mehr in Sicht. Um uns nur das Wasser des Mediterraneo[1]. Meine *Karavelle* hat zur Sicherheit 16 Kanonen an Bord. Segeln unter spanischer *Flagge*.

2. Tag
Die *Fracht* aus den *Kontoren* liegt gut vertäut unter Deck. Als Geschenk Ihrer Majestät des spanischen Königs an die portugiesische Krone habe ich Tabak geladen, der aus Amerika kommt. Musste mein *Kapital* mit Hilfe der *Bank* vergrößern, um die Transportkosten zu decken. Das *Risiko* eines Schiffsuntergangs ist jedoch gering. Der Wind aus Ostnordost ist günstig. Ich, *Kapitän* des Schiffes Santa Lucia, hoffe in fünf Tagen die Meerenge von Gibraltar erreicht zu haben.

4. Tag
Die neue Karte ist gut. Mit dem *Zirkel* und dem *Kompass* kann ich unsere genaue Lage bestimmen. Lese im Buch Vasco da Gamas über dessen Weltumsegelung.

10. Tag
Segeln auf Cadiz zu. Von dort aus begann Columbus seine Reisen. Hoffen auf Passatwind, der uns durch den Golf von Cadiz bringen soll.

13. Tag
Eine Ladung frisches Obst ist verdorben. Musste Mahlzeiten stark verkleinern. Mannschaft ist unzufrieden. Hoffentlich gibt es keine Meuterei. Viel schlimmer ist aber, dass der Wind nachlässt.
Zweite Eintragung: Blicke aus der *Kajüte*. Es ist absolut windstill, ein Zeichen für einen kommenden Sturm. Gebe Gott, dass wir überleben werden.

14. Tag
Der Sturm ist schlimm. Haben Groß- und *Focksegel* eingeholt, dabei vier Mann verloren. Können nur noch beten.

[1] *Mediterraneo:* Mittelmeer

1. Aus welchen beiden Bereichen stammen die kursiv gedruckten Wörter? Schreibe sie heraus.
2. Welche neuen Entwicklungen werden durch diese Wörter beschrieben?
3. Ordne den beiden Bereichen die folgenden Wörter zu:
   Galeone, Traverse, Konto, bankrott, Zins, Seemeile, Tau, Flotte.

Gegenwartssprache

Welchen Einfluss das Englische hat

Ladennamen ganz modern!

Drei Ladenbesitzer aus Modernhausen wollen so sein, wie ihr Städtchen heißt: modern. Vielleicht hat sie eine Annonce des Reisebüros im Gemeindeblatt beeindruckt: Last-Minute-Flug nach New York, ein echtes Highlight, nur EUR 200.–. Sie treffen sich im Goldenen Ochsen, um darüber zu entscheiden, ob sie ihren alten Ladennamen gegen einen modernen austauschen.

Blumenhändler: Wir müssen up to date sein. Alle reden heute vom Shopping und vom Shop. Und was machen wir? Wir sprechen immer noch von unserem Laden. Das muss aufhören. In Zukunft soll mein Geschäft „Flower-Shop" heißen. Und es soll ganz groß auf einem Schild über der Schaufensterscheibe stehen. Was haltet ihr davon? 5

Friseur: (begeistert) Das finde ich großartig. Es wird den Umsatz gewaltig steigern. Ich habe nämlich Kundschaft, vor allem unter den Damen der High Society unseres Städtchens, die immer von ihrem Outfit sprechen. Sie werden sich sicher freuen, wenn ich sie demnächst in meinem „Hair-Shop" bediene. 10

Bäcker: (zustimmend) Ganz in meinem Sinne. Bei der letzten Gemeinderatssitzung hat der Bürgermeister gesagt, dass Herr Bäckermeister Altmann der Ortskernsanierung zugestimmt hat. Ich kann das nicht mehr hören. In Zukunft will ich „Back-Master" genannt werden. Ich habe im Wörterbuch nachgeschaut: „master" heißt „Meister". 15 Und mein Laden heißt ab morgen „Back-Shop".
(Die beiden anderen müssen ein wenig schmunzeln; aber sie sagen nichts, denn sie sind feine Herren.)

1. Warum müssen die beiden schmunzeln?
2. Welches Problem unserer Gegenwartssprache wird hier angesprochen? Diskutiert darüber.

English everywhere

Opa findet zwei beschriebene Zettel seines Enkels und ist entsetzt. Er versteht nicht, warum man heute nur noch Englisch schreibt und spricht, und macht sich sogleich an die Übersetzung des ersten Zettels. Er will seinem Enkel zeigen, dass es auch anders geht:

> Gestern war ich in der Disco.
> Es war cool mit viel Power.
> Die Kids und Teenies hatten auch ohne Alkohol viel Fun. Als Drinks gab es nur Coke. Ich glaube, ich werde noch zum richtigen Disco-Freak.
> Ein Fan bin ich schon.

> Gestern war ich im Tanzlokal.
> Es war …

> Endlich habe ich meinen neuen Computer mit neuester Hard- und Software. Wichtig ist vor allem, dass ich jetzt online gehen kann, also einen Zugang zum Internet habe und nicht nur offline auf meine Disketten und CD-Roms angewiesen bin. Meine ersten Surfversuche haben großen Spaß gemacht. Ich habe auch entdeckt, dass das Internet neben Informationen E-Mail und Chat anbietet.

3. Wie unterscheiden sich die beiden Zettel? Welche Themen werden angesprochen?
4. Setze die Übersetzung des Großvaters fort. Übersetze auch den zweiten Zettel. Was stellst du fest?
5. Fülle die folgende Tabelle mit Fachausdrücken auf und schreibe jeweils einen Text dazu. Inwieweit brauchst du englische Wörter?

Wirtschaft	Bekleidung	…
Management	Trenchcoat	…
…	…	

- Die Gegenwartssprache enthält viele englische Wörter. Als Fachausdrücke können sie nicht übersetzt werden.

EXTRA: ÜBEN

In den verschiedenen Werkstätten hast du viele neue Themen für dich entdecken können. Aber du weißt ja, dass damit noch nicht alles getan ist.
Denke immer daran: Übung macht den Meister!
Hier hast du nun wieder die Gelegenheit dazu, auch bei den neuen Themen zu üben und dir das eine oder andere noch besser einzuprägen.

Wie Adverbiale sich einteilen lassen

Redensarten-Memory

Benjamin geht nach langer Zeit ein Licht auf. **Subjekt**	Benjamin geht nach langer Zeit ein Licht auf. **Prädikat**	Benjamin geht nach langer Zeit ein Licht auf. **Dativobjekt**	Benjamin geht nach langer Zeit ein Licht auf. **Temporaladverbial**
Wegen der Unruhe verliert der Lehrer den Faden. **Subjekt**	Wegen der Unruhe verliert der Lehrer den Faden. **Prädikat**	Wegen der Unruhe verliert der Lehrer den Faden. **Akkusativobjekt**	Wegen der Unruhe verliert der Lehrer den Faden. **Kausaladverbial**
Wir schreiben uns die Regeln hinter die Ohren. **Subjekt**	Wir schreiben uns die Regeln hinter die Ohren. **Prädikat**	Wir schreiben uns die Regeln hinter die Ohren. **Akkusativobjekt**	Wir schreiben uns die Regeln hinter die Ohren. **Lokaladverbial**
Evelin lernt Vokabeln wie ein geölter Blitz. **Subjekt**	Evelin lernt Vokabeln wie ein geölter Blitz. **Prädikat**	Evelin lernt Vokabeln wie ein geölter Blitz. **Akkusativobjekt**	Evelin lernt Vokabeln wie ein geölter Blitz. **Modaladverbial**

1. Kopiert diese Seite und schneidet dann die einzelnen Memory-Kärtchen aus.
2. Spielt dieses Spiel.

GRAMMATIK

Bei diesem Redensarten-Memory muss man sich möglichst gut daran erinnern, welche vier Karten zusammengehören.

Spielregeln:
- Alle Karten werden verdeckt auf den Tisch gelegt.
- Der erste Spieler dreht eine Karte um, sodass alle sie sehen können. Danach wird die Karte wieder verdeckt.
- Nun darf jeder reihum eine Karte umdrehen und wieder verdecken.
- Man muss sich dabei möglichst genau merken, welche Karte wo liegt.
- Wenn einer der Mitspieler glaubt, dass er alle vier zusammengehörenden Karten erkannt hat, darf er alle vier umdrehen.
- Dann muss er die Karten in der richtigen Reihenfolge der Satzglieder legen. Hat er Recht, gehört das Quartett ihm. Wenn nicht, muss er die Karten alle wieder verdecken und der nächste Spieler ist an der Reihe.
- Gewonnen hat, wer am Ende die meisten Quartette besitzt.

3. Könnt ihr das Memory durch weitere Redensarten mit Adverbialen ergänzen?

Scherzfragen

Wie sahen die Haare der alten Römer aus?

Wann hat der klügste Mensch der Welt gelebt?

Warum ist der Hals des Schwans so lang?

Wo gibt es Meere ohne Wasser?

Wie spricht man in Italien über die Deutschen?

Wohin wurde der erste Nagel geschlagen?

Wann kann ein dicker Mann unverletzt aus einem Zug springen?

Warum wollen Fische keine Haare haben?

- wegen der Gefahr des Ertrinkens
- grau
- beim Halten des Zuges
- wegen der Schuppen
- auf den Kopf
- italienisch
- von seiner Geburt bis zu seinem Tod
- im Atlas

4. Finde die richtigen Antworten auf die Scherzfragen. Aus welchen Adverbialen bestehen sie?
5. Kennst du auch solche Scherzfragen?

Wie man Adverbialsätze einteilen kann

Robbi, Tobbi und das Fliewatüüt *Boy Lornsen*

Tante Paulas Hausflur war lang, stockfinster und mit einem roten Kokosläufer ausgelegt. Er war lang, weil das ganze Haus lang war. Und der Flur war stockfinster, weil sie kein Licht anzumachen wagten.
Der kleine Roboter marschierte voran. Seine Schritte wurden von dem roten Läufer
5 so gedämpft, dass nur noch ein leises Tappen zu vernehmen war. Tobbi folgte ihm dicht. „Hoffentlich wacht Tante Paula nicht auf!", dachte er. Davon bekam er ziemlich starkes Herzklopfen. Er holte dreimal tief Luft und dann noch dreimal, damit sich sein Herz wenigstens einigermaßen beruhigte. Schließlich war es ja keine Kleinigkeit, bei Nacht und Nebel auf eine Reise zu gehen, von der er noch nicht einmal
10 genau wusste, wo sie hinführen und wann sie zu Ende sein würde. […]
Der Mond wiegte sich besorgt hin und her, als er die beiden sah. Er kratzte sich an seinem Kinn, – genau dort, wo ein Mondkrater war, der „Kopernikus" oder so ähnlich hieß. Und er nahm sich vor, die beiden Reisenden nicht aus den Augen zu lassen. Diese Sache war nicht alltäglich; und nicht alltägliche Dinge interessierten den
15 Mond besonders.
„Na – was sagst du nun? Habe ich dir zuviel vesprochen?" Der kleine Roboter stellte sich neben das Fliewatüüt und zitterte nicht ohne Stolz mit der Antenne. Dem Tobbi verschlug's zunächst die Sprache. Das kann passieren, wenn ein Erfinder plötzlich seiner fix und fertigen Erfindung gegenübersteht. Als er sich von der ersten Überra-
20 schung erholt hatte, schrie er. „Mein Fliewatüüt! Hurra! Mein Fliewatüüt!" […] Tobbi wanderte nun zweimal andächtig um das mattrot schimmernde Riesenei herum. Jede Einzelheit prüfte er mit den Augen des Erfinders. Aber einen Fehler entdeckte er nicht. Robbi hatte sich genau an die Konstruktionszeichnung gehalten: Der Rumpf war eiförmig und lief hinten schön spitz zu; die Luftschraube vierflügelig; zwei sta-
25 bile Räder vorn und ein kleines Spornrad hinten, die kleine Dampfschraube für den Wasserantrieb war aus Messing und glänzte goldgelb.

1. Suche im Text die Adverbialsätze, die mit den Einleitungswörtern *weil* und *wo* beginnen. Wie lassen sich diese Sätze einteilen?
2. Versuche, die Adverbialsätze in Adverbiale umzuwandeln.
3. Wie gefällt dir der Text besser?
4. Wo könnte die Reise im Fliewatüüt hingehen? Erfinde eine Fortsetzung mit möglichst vielen Adverbialsätzen.

Eine Reise durch Raum und Zeit

*Katja erzählt von ihrem schönsten Traum,
in dem sie mit ihren Freunden zum Mars geflogen ist:*

___ jeder von uns eine kleine Rakete umgeschnallt hatte, ging die Reise los. ___ wir die Raketen zündeten, wurden wir mit großer Wucht ins All geschleudert. ___ wir so die Milchstraße entlang flogen, dachte ich: „Hoffentlich reicht der Raketentreibstoff, ___ wir irgendwo landen werden." Wir hatten Glück, der Treibstoff reichte, ___ wir noch in der Luft waren. Dann schwebten wir sanft auf die Marsoberfläche hinunter. ___ wir gelandet waren, bemerkten wir kleine grüne Männchen mit wackeligen Fühlern auf dem Kopf. ___ wir uns noch über ihr Aussehen wunderten, kamen sie bereits auf uns zu und begrüßten uns auf marsianisch. Wir freundeten uns schnell mit ihnen an, ___ sich die ersten Verständigungsprobleme gelöst hatten, denn wir konnten natürlich nicht sofort marsianisch sprechen. ___ wir uns aber eine Weile mit den kleinen Männchen unterhielten, lernten wir schnell ihre Sprache. Wir blieben bei ihnen, ___ es dunkel wurde. ___ wir die Rückreise antreten konnten, bin ich leider aufgewacht. Diesen Traum vergesse ich sicher nicht, ___ ich leben werde.

5. Fülle die Lücken des Textes mit passenden temporalen Konjunktionen.

6. Lege in deinem Heft eine Tabelle an und ordne die einzelnen Adverbialsätze nach: *Vorzeitigkeit, Gleichzeitigkeit* und *Nachzeitigkeit*.

Ein Zaubertrick – doch wie funktioniert er?

Bei einer Zaubererfortbildung hat sich Heiko in Stichwörtern einen witzigen Trick notiert. Zu Hause will er mithilfe des folgenden Stichwortzettels aufschreiben, wie der Trick funktioniert.

> eine längere Schnur, Schnur auf den Tisch legen
> 1. Jemand aus Publikum soll Knoten in die Schnur binden
> Achtung: mit beiden Händen je ein Ende der Schnur fassen und nicht loslassen
> Knoten gelingt nicht!!!
> 2. Dann Zaubermeister: zuerst Arme verschränken, dann Enden fassen, beschwörende Worte, Arme auseinander ziehen
> Knoten gelingt!!!

7. Schreibe den Trick auf und benutze dazu möglichst viele Modalsätze. Du kannst z. B. so beginnen: *Der Zaubermeister macht auf den Trick neugierig, indem er jemanden aus dem Publikum auffordert...*

Attribute und Attributsätze unterscheiden

Geheimagent der Texas-Ranger   *Jo Pestum*

Paul fährt mit dem Zug zu seinen Verwandten aufs Land, wo er die Pfingstferien verbringen soll. Auf der Zugfahrt vertreibt er sich die Zeit mit Lesen.

Wahrscheinlich lag es an der Landschaft, dass ich aufhörte zu lesen und neugierig aus dem Fenster schaute. Doch das starke Gefühl, das sich plötzlich einstellte, das kam eindeutig von dem Buch. Ich dachte: Das ist jetzt überhaupt kein Schienenbus, sondern eine uralte Eisenbahn der Union Pacific, die von einer höllischen schnau-
5 benden Dampflok mit langem Schornstein gezogen wird. Und die Gegend da draußen, das ist wildes Indianerland. Selbstverständlich sind die Viecher auf den Wiesen keine Kühe, sondern Bisons, und der Name für solche grenzenlosen Ebenen ist Prärie. Ich habe die Hand am Colt, weil in den Wäldern die Eisenbahnräuber lauern, doch die Banditen lassen sich nicht blicken, weil es sich vermutlich herumgespro-
10 chen hat, dass sich Old Paul mit der schnellsten Hand im Osten des Pecos diesmal im Zug befindet. Das weiß auch der alte Lokführer, Casey Jones, der die Dampfpfeife lustig jaulen lässt.
Warum ich mich auf dieser Fahrt befinde? Also, offiziell, um ein paar wilde Wildpferde auf der einsamen Ranch der Thalers einzureiten. Solche Broncos können nur
15 von Cowboys mit eisernem Willen an den Sattel gewöhnt werden. Ich bin so ein Cowboy. Es gibt aber noch einen Geheimgrund für meine Reise, den außer dem Gouverneur nur der District-Marshal kennt. John Wesley Hardin, der Killer, ist nämlich gesehen worden. Er klaut mit den Outlaws[1] seiner gefährlichen Gang nicht nur die Longhorns von den Weiden der Thalers, sondern schafft auch nach und nach die
20 Goldreserven der Armee über die mexikanische Grenze. Also, ich kann es ruhig sagen: Ich bin ein Geheimagent der Texas-Ranger.

[1] *Outlaws:* Gesetzlose, Verbrecher

1. Suche die im Text vorhandenen Attribute heraus.
   Es sind insgesamt: 13 Adjektivattribute,
   ein Adverbattribut, sieben Genitivattribute,
   vier Präpositionalattribute, zwei Appositionen
   und vier Relativsätze.
   Ein kleiner Tipp:
   Manchmal verstecken sich mehrere Attribute
   in einem: *Ein Cowboy mit eisernem Willen* enthält
   ein Präpositionalattribut und ein Adjektivattribut.
2. Schreibe die Geschichte weiter.
   Verwende dabei alle Attribute.

211 ff.

Vorstadtkrokodile *Max von der Grün*

„Du traust dich ja doch nicht! Du Angsthase!", rief Olaf, ihr Anführer. Und die Krokodiler riefen im Chor. „Traust dich nicht! Traust dich nicht!"
Nur Maria, Olafs Schwester, dreizehn Jahre und damit ein Jahr jünger als ihr Bruder, hatte nicht mitgeschrien, sie hatte so viel Angst um Hannes, dass sie wegsah. Die
5 neun Krokodiler standen in einem Halbkreis am Ende der Leiter, die senkrecht zehn Meter hoch zum Dach führte, und sahen gespannt zu, wie Hannes, den sie Milchstraße nannten, weil er so viel Sommersprossen im Gesicht hatte, langsam die Sprossen hochkletterte, um seine Mutprobe abzulegen. Die war Bedingung für die Aufnahme in die Krokodilbande.
10 Hannes hatte Angst, das konnte man ihm ansehen, er war zudem nicht schwindelfrei, aber er wollte den anderen Jungen beweisen, dass er als Zehnjähriger so viel Mut besaß wie sie, die alle schon diese Mutprobe abgelegt hatten.
Hannes hing ängstlich an der verrosteten Feuerleiter und wagte nicht, nach unten zu sehen.
15 „Komm runter, du schaffst es ja doch nicht, du Schlappschwanz!", rief Olaf wieder und die anderen Jungen lachten.
Hannes tastete sich langsam und vorsichtig die wackelige Feuerleiter zum Dach hoch. Je höher er kletterte, desto mehr schwankte die Leiter, deren Verankerung an mehreren Stellen aus der Wand gerissen war. […]

3. Welche Appositionen und Attributsätze findest du im Text?
4. Forme die Attributsätze zu Attributen um.

Filmplakate

toll
gigantisch
Grauen erregend
spannend
dramatisch
abenteuerlich
fetzig

der Kokosnuss
mit ihren fliegenden Kisten
von Schreckenstein
des Todes
mit den grünen Diamanten
des Grauens

Indiana Jones –
Winnetou –
Prinzessin Katja –
Fünf Freunde

der Tempel
das Gespensterschloss
tollkühne Männer
das Halsband
die Ritter
das Tal

5. Entwirf aus den Worthaufen Filmplakate mit möglichst vielen Attributen wie in diesem Beispiel:
Der *lustigste* Film des Jahres:
Käpt'n Blaubär und Hein Blöd – Spaß *ohne Ende*

Wie das Passiv gebraucht wird

Bildbeschreibungen

Das Bild ist gemalt. – Das Bild wird von Jenny gemalt. – Jenny malt das Bild. – Das Bild wird gemalt.

1. Ordne die Sätze aus dem Kasten den einzelnen Bildern zu.
2. Wie unterscheiden sich diese Sätze?
3. Beschreibe Situationen, in denen du jeweils diese Sätze verwenden könntest: Wann gebrauchst du Aktiv? Wann Passiv?

Kräftig pusten!

Der Atem hat mehr Kraft, als gedacht wird/als man denkt. Daraus lässt sich ein schönes Spiel machen/Daraus kann ein schönes Spiel gemacht werden: Eine feste, etwas längliche Papiertüte wird auf einen Tisch gelegt/Man legt eine feste, etwas längliche Papiertüte auf den Tisch. Dann werden einige schwere Bücher darauf gelegt/Dann legt man einige schwere Bücher darauf. Die Spieler blasen nacheinander die Tüte auf/Die Tüte wird nacheinander von den Spielern aufgeblasen. Sieger ist, wer auf diese Weise das meiste Gewicht heben kann.

4. Schreibe diese Spielanweisung ab. Für welche Formulierung entscheidest du dich jeweils? Begründe deine Entscheidung.
5. Beschreibe dein Lieblingsspiel. Probiere auch dabei verschiedene Formulierungen aus.

Die Erfindung des Rades

Das Rad gehört zu den größten Erfindungen der Menschheit. Wann, wo und wie es erfunden wurde, ist nicht bekannt. Man weiß nur, dass es als Fortbewegungs- und Transportmittel schon vor etwa 20000 Jahren von den Bewohnern der Pfahlbauten im deutschen und schweizerischen Alpengebiet verwendet wurde.

Merkwürdigerweise blieb das Rad in Ägypten lange unbekannt. Später wurde es dort aber erheblich verbessert. Anfangs wurde das Rad nämlich ziemlich unbeholfen hergestellt. In die Mitte einer dicken Holzscheibe wurde ein Loch gebohrt, das für die Achse gedacht war. Um 1800 v. Chr. wurde von den Ägyptern das Speichenrad erfunden, das viel leichter und widerstandsfähiger als das Scheibenrad ist. Später wurde es von den Römern weiterentwickelt. Dabei wurde das Pferd als Zug- und Reittier eingesetzt. So konnten die Gefährte mit Rädern auch als Streitwagen und Sportfahrzeuge eingesetzt werden.

Daneben wurde das Rad von den Römern auch als Kraftmaschine eingesetzt. Dabei wurde vor allem die Erfindung des Zahnradgetriebes genutzt. Durch zwei ineinandergreifende Zahnräder, das eine größer und das andere kleiner, wurde es möglich, Kraftanstrengungen zu verringern. Denn das kleine Rad musste sich schneller drehen als das große, damit eine bestimmte Leistung erzielt werden konnte.

Etwa 100 v. Chr. wurde irgendwo im Römischen Reich das Wasserrad erfunden. Die Energie eines dahinströmenden Flusses – und später die des Wasserfalls – wurde in praktisch verwertbare Kraft umgesetzt, etwa für eine Wassermühle. Ein großes hölzernes Rad wurde vom Fluss gedreht. Von zwei im rechten Winkel zueinander arbeitenden Zahnrädern wurde die Wasserkraft auf Mühlsteine übertragen, von denen schließlich das Mehl gemahlen wurde.

6. Forme die Passivsätze in Aktivsätze um.
Wie gefällt der Text dir besser?

Eine segensreiche Erfindung

Die Windmühle ist eine segensreiche Erfindung für Tiere und Menschen. Wer sie wann, wie und wo erfunden hat, weiß niemand. Wahrscheinlich haben sie die Araber um 1200 n. Chr. nach Europa gebracht. Bei den ersten Windmühlen fing ein Segel ähnlich wie bei der Schifffahrt den Wind ein. Die Kraft, die beim Drehen des Windrades entsteht, trieb eine Tretmühle an, mit welcher der Müller Getreide mahlte. Ohne das Windrad müssten Tiere oder Menschen die Tretmühle antreiben.

7. Welche Sätze klingen im Passiv besser?
Forme sie entsprechend um.

Wie Konjunktionen unterschieden werden

In der Schule

Anja fehlt in der Schule, …	und	… die Kreide fliegt hinterher.
Sei fleißig …	aber	… der Lehrer sich wundert.
Der Schwamm fliegt durch das Klassenzimmer …	weil	… er hält sein Wort nicht.
Die Klasse 6a ist heute so ruhig, …	als	… rennen aller Schüler auf den Schulhof.
Sven will in Zukunft fleißig sein, …	denn	… sie will Ärztin werden.
… es zur Pause klingelt, …	dass	… du schreibst eine schlechte Note.
Anke will ein gutes Abitur machen, …	oder	… sie krank ist.

1. Welche Sätze werden mit welchen Konjunktionen verbunden?
2. Unterscheide bei jeder Verbindung: Handelt es sich um eine Satzreihe oder ein Satzgefüge?
   Wie heißen die entsprechenden Konjunktionen?

Buchstabenkette

niellaeiwaddnurovebslaredodnerhäwliewnned
sllafrebalamuztimadmedninrednosssadnnew

3. Lies die Buchstabenkette von hinten. Welche Konjunktionen findest du?
4. Trage diese Konjunktionen in eine Tabelle ein und bilde Sätze mit ihnen:

beiordnende Konjunktionen	unterordnende Konjunktionen
…	…

Wie Adverbien gebraucht werden

Wo ist die Pointe?

Gute Witze haben eine Pointe. Oft hängt die Pointe von einem einzigen Wort ab wie in den folgenden Witzen. Hier ist es jeweils ein Adverb oder ein adverbial gebrauchtes Adjektiv:

1 Der kleine Tobias wird im Fußballstadion von einem Mann angesprochen: „Bist du ▨ hier?" Da antwortet Tobias: „Ja, mein Vater ist zu Hause und sucht die Eintrittskarte."

2 Ein aufdringlicher Bettler klingelt bei Frau Schröder: „Könnte ich ein Süppchen haben?" – „Wir haben aber nur eine Suppe von gestern." „Gut", sagt der Bettler, „die nehme ich auch." – „Dann kommen sie ▨ wieder."

3 Ein Mann kommt zum Arzt: „Herr Doktor, ich bin von der Leiter gefallen." „Hoch?" fragt der Arzt. „Nein, ▨ natürlich", antwortet der Mann.

4 Der fremde Fahrgast fragt seinen Nachbarn: „An welcher Haltestelle muss ich aussteigen, wenn ich zur Bahn will?" – „Kein Problem, achten sie auf mich. Ich steige eine Haltestelle ▨ aus."

5 Ein Richter sagt zum Angeklagten: „Sie sind also nicht der Einbrecher? Haben Sie ein Alibi für diesen Abend?" – „Natürlich: ich habe ▨ eingebrochen."

6 Thomas macht seine Hausaufgaben und fragt seinen Vater: „Papa, wiegt eine Tonne Kohle ▨?" Der Vater lächelt: „Das hängt davon ab mein Sohn, ob man sie verheizt oder ob man sie schaufeln muss."

7 Eine Jugendzeitschrift veranstaltet ein Preisausschreiben zu dem Thema *Wie kann ich Seife sparen?* Die meisten Antworten lauteten: „Ich spare Seife, indem ich mich ▨ wasche."

8 Der Rennstallbesitzer beschimpft den Jockey, der als letzter ins Ziel kommt: „Sie hätten doch ▨ sein können!" „Natürlich", antwortet der Jockey, „aber ich musste doch bei dem Pferd bleiben."

9 Der kleine Sebastian erzählt von seinem ersten Schultag: „Alles Schwindel. An der Tür steht 1. Klasse und überall waren Holzbänke. Ich bin ▨ nach Hause gegangen."

---

selten, viel, hinunter, schneller, morgen, allein, woanders, deshalb, später

---

1. Füge die richtigen Adverbien in die Witze ein. Erläutere, warum die Pointe von den Adverbien abhängig ist.
2. Bestimme die Adverbien. Was zeigen sie an?
3. Kennst du auch solche Witze, deren Pointe von einem Adverb abhängig ist?

Die Perspektive gestalten

Dann zeig uns das mal! *Herbert Günther*

„Kannst du Sackhüpfen?", fragte Heiko und kam näher.
Robert nickte.
Blitzschnell zog Heiko ihm den Sack über den Kopf, und bevor Robert irgendetwas verstand, wurde es finster vor seinen Augen. Er
⁵ hörte ein heiseres Lachen und eine überschnappende Stimme, die schrie: „Dann zeig uns das mal!"
Er wurde hart an den Schultern gepackt. Erst jetzt begriff Robert, dass alles ernst war. Er stolperte über seine Füße, das Lachen wurde zu einem wilden Brüllen, und dann kam der Stoß.
¹⁰ Er fiel und fiel. Der Aufschlag kam, als er es schon nicht mehr erwartet hatte. Er rollte, kugelte, stürzte und verlor jedes Gefühl für unten und oben. Irgendwann blieb er liegen. Es war dunkel und er hörte nichts. […]

1. Aus welcher Perspektive wird das Geschehen hier erzählt?
2. Lass Robert selber zu Wort kommen.
   Forme den Textausschnitt in die Ich-Form um.
3. Erzähle dann das Geschehen noch einmal aus Heikos Blickwinkel.
4. Vergleiche beide Fassungen mit dem Original.
   Was stellst du fest?

Eine   *Irmela Brender*

Eine drehte sich nach ihm um, als alle anderen die Köpfe schon wieder über die Bücher beugten. Er nahm das den anderen nicht übel, er wusste, ein Neuer in der Klasse ist nicht so interessant, dass man ihn die ganze Stunde hindurch anstarren könnte, schließlich ging der Unterricht weiter. Und er musste eben da sitzen und sich eingewöhnen. Aber die eine im blauen Kleid sah immer wieder zu ihm, nicht neugierig, noch nicht einmal lächelnd. Das Profil, das sie ihm zeigte, manchmal auch noch ein bisschen Wangenfläche dazu, war ernst und aufmerksam, als habe sie über ihn nachzudenken. Das halbe Klassenzimmer lag zwischen ihnen, er konnte ihre Augenfarbe nicht erkennen. Braun, schätzte er, und ein paar Sommersprossen auf der Miene, und das ganze Gesicht ein bisschen zu mager. Die gehört nicht zu den Niedlichen, dachte er, die sich um einen Neuen kümmern, weil das so gut passt zu ihrer Niedlichkeit und weil sie dann noch einen haben, der sie nett findet. Die gehört vielleicht noch nicht mal zu den Netten. […] Als sie sich wieder umsah, lächelte er. Da stand sie auf und brachte ihm ihr Buch. Fast unfreundlich legte sie es vor ihn auf den Tisch; er sah dabei, dass sie magere Finger hatte und mit ganz kurzen Nägeln, das passte auch. „Danke, ich geb's dir nachher wieder", sagte er schnell, bevor sie etwas sagen konnte. […]

5. Wie nimmt der Er-Erzähler den Ort und die Personen wahr?
6. Schreibe dieselbe Szene aus dem Blickwinkel des Mädchens. Worauf musst du dabei achten?

Eine abenteuerliche Lesenacht

Silke, Hanna, Martin und Ralf sollen einen Aufsatz über die Lesenacht schreiben, die so schön anfing und so traurig aufhörte. Jeder erinnert sich an Einzelheiten:

Martin: Wisst ihr noch, wie plötzlich die Fensterscheiben klirrten?

Hanna: Ich habe gesehen, wie jemand das Fenster von außen aufgestoßen hat.

Silke: Und dabei hat Frau Wolters den Jonas gestern noch gewarnt.

Silke: Auf einmal ging Jonas raus, ohne ein Wort zu sagen.

Silke: Und auf einmal stand der Hausmeister in der Tür.

Ralf: Hast du den fremden Jungen auf dem Gang gesehen?

Martin: Das war doch nach der Schlägerei auf dem Schulhof.

Hanna: Ich glaube, der kam aus dem zweiten Stock.

Martin: Wie denn? Es war ja stockfinster im Gang.

7. Welche Schlüsselwörter geben Hinweise darauf, was in der Lesenacht passiert sein könnte? Tauscht euch aus.
8. Schreibe eine Geschichte von den nächtlichen Ereignissen aus der Perspektive eines Außenstehenden in der Er-Form.

Äußere und innere Handlung gestalten

Kunststück!

Sempé:
Das Geheimnis des
Fahrradhändlers

1. Erzähle die Geschichte vom Kunststück,
   das hier im Bild dargestellt wird. Bereite dich so vor:
   – Entwirf ein Erzählgerüst der äußeren Handlung.
   – Wähle eine Erzählperspektive.
   Achte beim Erzählen auf die innere Handlung.

Nachts sind alle Katzen grau

Hier sind Ausschnitte aus Katharinas Erlebniserzählung:

Dann schaltete ich das Radio an, machte das Fenster auf, weil es so warm war, und ging ins Bett. Wie still es hier bei Oma auf dem Land war! Ganz anders als bei uns in der Stadt. Ich kuschelte mich in die Bettdecke. Dabei gingen mir folgende Gedanken durch den Kopf: ▓▓▓▓▓▓▓▓▓▓▓▓▓▓▓▓▓▓▓▓.
Der Mond schickte einen kleinen Lichtschein in die Zimmerecke, wo Minka, Omas Katze, ihr Plätzchen hatte. Sie wollte unbedingt noch einmal raus und sprang auf das Fensterbrett. Ich hatte dabei ganz seltsame Empfindungen: ▓▓▓▓▓▓▓▓▓▓▓▓▓▓▓▓▓▓▓▓▓▓▓▓▓. Doch schon verschwand sie lautlos in der Nacht. Nach einiger Zeit schaltete ich das Radio aus, weil ich müde war. Was ich da im Radio über Tierfänger gehört hatte, ging mir aber noch einige Zeit nach.
Vor lauter Angst und Sorge konnte ich lange nicht einschlafen: ▓▓▓▓▓▓▓▓▓▓▓▓▓▓▓▓▓▓▓▓▓▓▓▓▓.
Schließlich muss ich aber doch eingeschlafen sein. Mitten in der Nacht wachte ich auf, weil ich mit dem Arm an etwas angestoßen war. Beim Aufsetzen spürte ich, wie sich neben mir etwas bewegte. Ich strengte meine Augen an, konnte aber nicht erkennen, was es war. Wenn ich doch nur etwas sehen könnte!
Es war aber stockdunkel, selbst der Mondschein war verschwunden. Schon wieder berührte ich so etwas Komisches. Allmählich wurde ich immer ängstlicher: ▓▓▓▓▓▓▓▓▓▓▓▓▓▓▓▓▓▓▓▓▓▓▓▓▓.
Dann tastete ich langsam mit der Hand über die Bettdecke. Mein Herz schlug schneller. Ich meinte fast, es würde zerspringen. In dieser Sekunde gingen mir tausend Gedanken durch den Kopf: ▓▓▓▓▓▓▓▓▓▓▓▓▓▓▓▓▓▓▓▓.
Mir war auf einmal, als ob ich genau neben meinen Füßen einen Laut hörte. Meine Hand glitt vorsichtig weiter, als …

2. Fülle die Leerstellen mit innerer Handlung auf.
3. Schreibe die Geschichte zu Ende.
   Bedenke dabei, dass du innere und äußere Handlung verknüpfen musst.

Ein Ereignis dehnen und raffen

Bildergeschichte

1. Beschreibe mit wenigen Sätzen, was du auf den Bildern siehst. Was zeigen die Bilder nicht?
2. Stell dir vor, du drehst einen Film von diesen Ereignissen. Welche Szenen würdest du in Zeitlupe drehen? Welche in geraffter Reihenfolge?
3. Erzähle die Geschichte und achte dabei besonders auf die Möglichkeiten der Dehnung und Raffung.

Fabeln schreiben

Der Löwe, der Eber und die Geier *Rudolf Hagelstange*

An einem der heißesten Sommertage, da die Flüsse eingetrocknet, die Bäche versickert, die Quellen versiegt waren und alle Tiere Durst hatten, entdeckte ein Löwe, der auf der Suche nach Wasser war, in einem schattigen Gehölz eine kleine Wasserlache. Zugleich mit ihm nahm sie auch ein Eber wahr, den gleichfalls der Durst plagte. Beide Tiere liefen auf die Lache zu. „Untersteh dich zu trinken!", fauchte der Löwe den Eber an. „Ich bin dein König, und du hast zu warten, bis ich getrunken habe."

„Du kannst dich meinetwegen ruhig König nennen", entgegnete der Eber, „aber du kannst mich nicht täuschen. Wenn ich dich zuerst trinken lasse, wirst du diese kleine Pfütze bis zum letzten Tropfen austrinken." – „Keine Widerrede!", brüllte der Löwe. „Tu, was ich sage! Fort mit dir!" – „Ich bleibe, wo ich bin", fletschte der Eber. „Das ist ebenso gut meine Pfütze wie deine. Wenn du willst, werden wir um sie kämpfen."

So kämpften sie denn. Der Löwe griff an und spreizte seine mächtigen Klauen wie zwanzig Dolche, aber der Eber sprang zur Seite und wich den Prankenhieben des Gegners aus. Dann griff er selbst an und zerriss mit seinen zwei scharfen Hauern des Löwen Fell. Der Kampf wurde immer erbitterter, sodass beide Tiere bald aus vielen Wunden bluteten.

Während einer Atempause sah der Löwe in die Höhe und entdeckte eine Schar kreisender Geier, jener Todesvögel, die sich von Aas nähren. „Schau!", rief der Löwe, „Geier! Sie warten darauf, dass einer von uns oder wir beide getötet werden. Lass uns diesen törichten Streit abbrechen! Es ist besser, gut Freund zu sein, als zum Fraße zu werden für andere. Komm, trinken wir beide!"

1. Welche Lehre steckt in dieser Fabel?
2. Welche Eigenschaften haben Löwe und Eber? Welche die Geier?
3. Übertrage die Situation der Tiere auf eine entsprechende menschliche Situation und schreibe ein Fabel, z. B.: *Der Mannschaftskapitän, der Torwart und die gegnerische Mannschaft.*
4. Illustriert eure Geschichten und hängt sie im Klassenzimmer auf.

Münchhausengeschichten nacherzählen und neu erfinden

Wie Münchhausen lügt

Ich möchte Sie, liebe Gäste und Zuhörer, bitten, mit mir am Kaminfeuer Platz zu nehmen. Und während Sie sich an dem Punsch erwärmen, will ich Ihnen eines von meinen Seeabenteuern erzählen.
Ich war gerade unterwegs nach Indien, als bei ruhiger See ein ungeheurer Wal auf das Schiff zuschwamm. Für ein Ausweichmanöver war es zu spät und so befanden wir uns kurz darauf mitsamt dem Schiff im Bauch des Ungeheuers. [...]

*Als wir laut um Hilfe schrien, stand plötzlich am Hauptmast ein wild aussehender Wassermann.
Nachdem ich meine Fassung wiedererlangt hatte, stellte ich mich höflich vor. Der Wassermann versprach Rettung ...*

Nachdem wir einige Zeit hilflos im Rachen gelegen hatten, kam plötzlich durch den Schlund des Wals eine riesige Flutwelle, die unser Schiff hob und mit Abfließen des Wassers wieder senkte. Ich beobachtete diese Bewegung ...

1. Welche der beiden Lügen passt zu Münchhausen? Begründe.
2. Erzähle dieses Abenteuer weiter. Verwende die passende Lüge und entwickle daraus die Rettung.

Eine Münchhausengeschichte

3. Erzähle zu dem Bild die passende Münchhausengeschichte. Achte auf die besondere Erzählweise Münchhausens.

SCHREIBEN **193**

Genau beobachten und auswerten

Ein Zusammenstoß

1. Was ist auf der Skizze zu sehen? Wie kann die Situation entstanden sein?
2. Schreibe jeweils einen Bericht für verschiedene Adressaten:
   – Für die Eltern des Beteiligten
   – Für die Polizei.
3. Sprecht über eure Berichte: Wie verändern sie sich angesichts der unterschiedlichen Adressaten?

Vorgänge und Gegenstände beschreiben

Verschiedene Arten des Jonglierens

Vielen Kindern ist das Jonglieren als Zirkusattraktion bekannt. Weniger bekannt ist ihnen allerdings oft, wie schwierig das Training auch schon am Anfang ist. Jonglieren stellt eine hohe Anforderung an die Konzentrationsfähigkeit und Ausdauer der Kinder. Will man dem Wunsch nach klassischer Jonglage mit drei Gegenständen nachkommen, so ist das meist eine Überforderung, wenn man nur eine begrenzte Zeit zur Verfügung hat. Im klassischen Zirkus ist die Präsentation von Höchstleistungen vorrangig und gerade im Jonglieren stark darauf reduziert: Tempojonglage, Numbers-Juggling (sehr schnell und mit so vielen Gegenständen wie möglich) etc. oder gar die Kombination verschiedener Künste werden vorgetragen. Realistisch ist dies für Kinder nur mit kontinuierlicher Arbeit über einen längeren Zeitraum, z.B. in einer festen Zirkusgruppe im Jugendheim o.ä. zu erreichen.

Für Kurzprojekte bieten sich je nach Alter folgende Aufgaben an:
a) Das klassische Jonglieren mit Bällen, Ringen, Keulen und Tüchern
b) Das Diabolo
c) Das Tellerdrehen.

1. Was wird hier beschrieben?
2. Wie unterscheidet sich diese Art der Beschreibung von einer richtigen Vorgangsbeschreibung?
3. Versuche, eine solche Vorgangsbeschreibung zum Tellerdrehen zu verfassen.

Der große Meister Rastelli

Enrico Rastelli, 1896 in Samara an der Wolga geboren und im Alter von nur 35 Jahren in Bergamo gestorben. Er schien mit seinen Kunststücken die Naturgesetze außer Kraft zu setzen. Er verfügte beim Umgang mit Stäben, Platten, Gummibällen über ein traumhaft sicheres Gefühl. Weltbekannt wurde jene Darbietung, bei der er auf einem Medizinball balancierte und mit sechs Fußbällen zugleich jonglierte: zwei auf den Zeigefingern, einen im Nacken und drei auf den Füßen.

4. Versuche einmal, aus den wenigen Bemerkungen zu diesem Kunststück eine ausführliche Beschreibung zu entwerfen.

Teekessel

Mein „Teekessel" ist von dunkelblauer Farbe und liegt mit seinen ca. 150 Gramm gut in der Hand. Auf der leichten Innenwölbung sind 10 kleine runde Zahlentasten und 9 Funktionstasten angebracht. Darüber befindet sich ein kleiner fensterartiger Ausschnitt, in dem verschiedene Zahlen und Buchstaben angezeigt werden. Nochmals darüber bildet sich eine kleine, mehrfach durchlöcherte Mulde, gerade groß genug, um den mittleren Teil eines Ohres zu bedecken. Auf der gegenüberliegenden Seite nach unten erkennt man eine leichte Erhebung mit drei kleinen Durchlässen. Die Außenseite des „Teekessels" ist ebenfalls etwas gewölbt. Auf sie ist ein Klemmbügel aufgesteckt, mit dem man sich den „Teekessel" am Gürtel oder einer Jackentasche befestigen kann. Der ganze „Teekessel" ist nicht größer als 15 x 5 cm.

5. Hast du den „Teekessel" erkannt? Woran?
Nenne die wichtigsten Merkmale des Gegenstands.
6. Verfasse ähnliche Beschreibungen eines „Teekessels".

Gefahren auf dem Schulweg

7. Welche gefährliche Situation ist auf dem Bild zu erkennen?
Wie lässt sie sich vermeiden?
8. Entwirf für jüngere Schüler eine Beschreibung deines Schulweges, sodass er sich möglichst gefahrlos zurücklegen lässt.
Du kannst dabei wählen, ob du ihn zu Fuß, mit dem Fahrrad oder mit öffentlichen Verkehrsmitteln zurücklegst.

Lang gesprochen – verschieden geschrieben

Wortpaare

1) Wer keine Bilder m__len kann, sollte wenigstens Getreide m__len können.
2) Im M__r wirst du üblicherweise keinen M__r finden.
3) Wenn ich meine L__der singe, dann schließe bitte nicht die L__der.
4) Immer wenn du zur W__l gehst, fängst du keinen W__l.
5) Was für den Besen der St__l ist, das ist für den Aufsatz der St__l.
6) Meine M__ne kannst du mit einer M__ne auf einem Blatt beschreiben.
7) Ich leiste keinen W__derstand, wenn du w__derkommst.

1. Schreibe die Sätze ab und fülle die Lücken auf.
2. Warum werden die Wörter unterschiedlich geschrieben? Kannst du ähnliche Sätze bilden?

Übungsdiktat für lange Vokale:

Dankbarkeit   *Johann Peter Hebel*

In der S__schlacht von Trafalgar[1], w__rend die Kugeln sausten und d__ Mastbäume krachten, fand ein Matr__se noch Zeit sich z__ kratzen, w__ es __n biss, n__mlich auf dem Kopf. Auf einm__l streifte er mit zusammengel__gtem Daumen und Zeige-
5 finger bedächtig an einem H__r herab und l__ß ein armes T__r-lein, das er zum Gefangenen gemacht hatte, auf den B__den fallen. __ber ind__m er sich niederbückte, um __m den Garaus z__ machen, fl__g eine feindliche Kan__nenk__gel __m über den Rücken weg, paff, in das benachb__rte Schiff. D__ ergriff
10 d__n Matr__sen ein dankb__res Gef__l, und __berzeugt, dass er von d__ser Kugel w__re zerschmettert worden, wenn er sich nicht n__ch dem T__rlein gebückt hätte, h__b er es sch__nend von d__m B__den auf und setzte es w__der auf d__n Kopf. „Weil d__ m__r das L__ben gerettet hast", s__gte er, „__ber
15 lass die nicht zum zweiten M__l erwischen, denn ich kenne dich nimmer."   [147 Wörter]

[1] *Schlacht von Trafalgar:* Eine englische Flotte besiegte im Jahre 1805 am Trafalgar-Kap an der spanischen Atlantikküste die Spanier und Franzosen.

3. Diktiere den Text deinem Nachbarn. Dann wird gemeinsam korrigiert.

RECHTSCHREIBEN

Vor- und Nachsilben ohne Dehnungs-h

Forschungen zum Schülerverhalten

Ein Forscher hat vor einiger Zeit eine ▢kunde dafür erhalten, dass er die genaue ▢zeit herausgefunden hat, ab wann bei Schülerinnen und Schülern die Lust zur Ablenkung oder zur Schulflucht ▢gewaltig ansteigt. Wenn die erste Schulstunde etwa gegen acht ▢morgens beginnt, beobachtete er mit einer Stopp▢, wie bereits
5 nach zwanzig Minuten ▢plötzlich die Blicke der Kinder aus den Schulfenstern stark anstiegen. Für den Wissenschaftler war dies eine ▢komische Situation, denn die Schülerinnen und Schüler hatten gerade eine außerordentlich spannende Aufgabe zu lösen: Sie mussten herausfinden, welche Wortarten in einigen Sätzen steckten. Diese ▢alte Schulaufgabe hat seit ▢zeiten den Schülern viel Spaß bereitet; das ließ sich
10 an ihren ▢lauten erkennen, die die Lehrer immer wieder hören konnten: „Ach du liebe Zeit", „meine Güte", „auch das noch" und „nicht schon wieder" gehörten seit ▢zeiten zu den ▢gemütlichen Kommentaren in den Klassenzimmern. – Näherte sich schließlich der ▢zeiger auf den Armband▢en der Zwölf, dann wurden die Blicke zur Tür des Klassenraumes ebenfalls häufiger. Als er viele Kinder nach der
15 ▢sache befragte, erhielt er die Antwort: „Schule ist am schönsten, wenn sie ausfällt!"

     1. Schreibe den Text richtig ab.
     2. Welche Bedeutung hat das Präfix *ur-*?

Ein wundersamer Sessel

Dieser Sessel lässt sich <u>drehen</u>. Er ist außerdem so konstruiert, dass er sich leicht <u>tragen</u> lässt. Es <u>macht</u> keine <u>Mühe</u> mehr, wenn Sie ihn <u>transportieren</u> möchten. Der hervorragende
5 Lederbezug des Sitzes <u>wirkt</u> beim Arbeiten entspannend. Lehne, Sitz und Fußrollen kann man <u>zerlegen</u>. Wir <u>raten</u> Ihnen, den Sessel zu <u>bestellen</u>. Sie können die Zeit <u>absehen</u>, ab wann Sie ihn besitzen, denn
10 wir sind in der Lage, dieses Produkt jederzeit zu <u>liefern</u>.

     3. Bilde aus den unterstrichenen Wörtern Adjektive
         mit den Suffixen *-bar* und *-sam*.
     4. Einige Sätze des Textes lassen sich durch die neuen Adjektive
         verkürzen. Welche?

Der lange i-Laut

Zwei Landratten wollen Soldaten werden

Xaver und Wolfgang möchten Soldaten bei der Mar▢ne werden. Zuerst werden sie mit einem L▢neal gemessen. Ein Arzt fragt s▢, ob s▢ regelmäßig Mediz▢n einnehmen. Dann müssen beide v▢rzehn Kn▢beugen machen. Jetzt folgen s▢ben L▢gestütze. Xaver ächzt: „Wolfgang hilf m▢r; ich bin doch keine Masch▢-
5 ne!" – Jeder von ▢nen muss auf d▢ Waage. Xaver gesteht: „Ich w▢ge so v▢l, weil ich eine z▢mliche Menge B▢r getrunken habe." Der Mediz▢ner l▢▢m ein Buch über d▢ Z▢le der Seefahrt und die soldatische Disz▢pl▢n. Er bat ▢n es ▢m w▢derzugeben. Wolfgang flüsterte Xaver zu: „Bei aller L▢be zur Mar▢ne, ich werde heute Nacht w▢ ein D▢b fl▢hen." Ein Offiz▢r in elegan-
10 ten St▢feln fragt ▢n: „Können S▢ schwimmen?" Er antwortet ▢m, dass er wirklich geglaubt habe, die Mar▢ne hätte Schiffe.

1. Schreibe den Text ab. Fülle dabei die Lücken auf.
   Wie kann der lange i-Laut geschrieben werden?
2. Welche wenigen Wörter werden mit *-ih-* geschrieben?

Silbenrätsel

---

ap – bel – bi – bi – bie – bie – fel – fo – frie – ger – gie – gie – ki – ko – le – lie – lo – mo – ne – ne – ne – neu – nie – no – pro – ren – ren – ren – ren – rig – schlie – si – ßen – ßen – te – ti – ti – tur – ve – ver

---

1) Saal, in dem Filme angesehen werden
2) etwas versuchen, etwas kosten
3) gefährliche große Wildkatze
4) die Kälte spüren
5) Strömungsmaschine, durch die Dampf oder Wasser geleitet wird
6) etwas unbedingt wissen wollen
7) fleißiges Insekt
8) den Blumen Wasser geben
9) etwas irgendwo liegen lassen
10) Maschine, die einen Zug zieht
11) heiliges Buch der Christen
12) ein Ferngespräch führen
13) Obst mit orangenfarbiger Schale
14) etwas versperren

3. Löse das Silbenrätsel. Achte auf Groß- und Kleinschreibung.

RECHTSCHREIBEN

Kurz gesprochen – verschieden geschrieben

Der Elefant und die Blinden   *Hans Georg Lenzen*

Eine japanische Fabel erzählt von einer <u>Gruppe</u> von blinden Männern, die zum ersten Mal in ihrem Leben einem Elefanten gegenüberstehen.
5 Durch Tasten versucht jeder der Blinden, von seinem Standort aus festzustellen, was er da vor sich hat:
„Es ist ein Ding wie ein Baumstamm", sagt der, der den <u>Rüssel</u> zwischen
10 den Händen hat.
„Nein, es ist eher wie ein Seil – oder wie eine Schlange!", ruft der Blinde am <u>Schwanz</u>ende.
„Eine Wand ist es, eine Wand, die atmet",
15 sagt der <u>Blinde</u>, der seine Hände gegen die Flanken des Elefanten <u>stemmt</u>.
Man sagt, jeder Japaner kenne die Fabel aus seinem Lesebuch und die <u>Kinder</u> <u>könnten</u> daraus lernen, dass man mit seinem Urteil zurückhaltend sein soll,
20 solange man von dem, was man beurteilt, noch nicht genügend weiß.

1. Warum wird der Vokal bei den unterstrichenen Wörtern kurz gesprochen? Suche weitere Wörter.
2. Wie werden die Konsonanten nach kurzem Vokal geschrieben?

Was Jenny mag

Jenny ist ein seltsames Mädchen. Sie mag Butter, aber keine Margarine. Sie mag Wasser, aber nicht das Meer. Sie mag die Sonne, aber keine Hitze. Sie will schwimmen, aber nicht tauchen. Sie will rennen, aber nicht laufen. Sie mag es, wenn man nett, aber nicht wenn man freundlich ist. Sie mag …

3. Was mag Jenny? Nenne weitere Beispiele.
   Ein Tipp: Achte auf die Schreibung der Dinge, die sie mag.

ent- oder end-

Wortverbindungen

zücken – rennen – mutig – fern – Runde – tanzen – lachen – Straßenbahn – setzen – Lauf – kommen – Stuhl – falten – zwei – Essen – Punkt – schädigen – sitzen – setzen – sorgen – Summe – gleiten – schwimmen – tauchen – Führung – Nummer – nummerieren – Los – lassen – gelten – spannend – Fuß – wenden – Fassung – Auto – Zeit – leeren – Licht – Spiel – lüften – Silbe – täuschen – Ergebnis – Bahnhof – Knoten – erben – Eignung – grüßen – blättern

1. Welche Wörter lassen sich mit *ent-* oder *end-* verbinden? Schreibe sie heraus.
2. Bilde mit fünf dieser Wörter Sätze.

Das ent-oder-end-Spiel

Dieses Spiel kann man am besten zu zweit spielen. Man braucht dazu einen Würfel mit den Zahlen eins bis sechs und ein Blatt Papier. Dann müssen je drei Wörter, die die Vorsilben *ent-* oder *end-* haben können, auf dem Blatt nummeriert werden:

(1) -lich (2) -gegen (3) -kampf (4) -zwei (5) -los (6) -schluss

Der erste Spieler würfelt eine Zahl. Vor dem Wurf muss er sich für *ent-* oder *end-* entscheiden. Mit dieser gewählten Vorsilbe muss das gewürfelte Wort eine richtige Schreibung ergeben. Beispielsweise hat der Spieler sich für *ent-* entschieden und eine Sechs gewürfelt. Beides zusammen, also *ent-* + *-schluss*, ergibt das Wort *Entschluss*. Der Spieler muss das Wort in richtiger Groß- oder Kleinschreibung auf das Blatt schreiben und erhält dann einen Punkt. Hätte er sich für *ent-* entschieden und eine Fünf gewürfelt, würde er keinen Punkt erhalten. Denn *ent-* + *-los* ergibt keine richtige Schreibung.
Dann würfelt der andere Spieler. Wer nach fünf Runden die meisten Punkte hat, ist Sieger.
Für eine weitere Spielrunde können auch sechs andere Wörter aus folgender Liste gewählt werden:

-spurt, -gültig, -summe, -ergebnis, -zeitlich, -ziel, -reim, -resultat, -zweck, -wurf, -lang, -spannung, -zündung, -scheidung, -täuschung, -decken, -nehmen, -führen

3. Spiel dieses Spiel mit deinem Nachbarn. Ihr könnt euch auch sechs eigene Wörter ausdenken.

f – v – pf – ph

Silbenrätsel

arfe – arve – ase – aser – eilchen – eile – erse – erse – F – F – F – F – f – H – L – olkreich – olgsam – Ph – Ph – raß – rase – V – V – v

1) Wie heißt der Teil des Fußes, der den Zehen gegenüberliegt?
2) Wie heißen die Zeilen in einem Gedicht?
3) schlechtes Essen ist ein …
4) Wenn man etwas oft wiederholt, dann wird es zur …
5) eine lila Blume, die duftet
6) Werkzeug, mit dem etwas geglättet wird
7) wenn du besonders artig bist
8) Viele Menschen leben in einem Land, es ist deshalb …
9) Der Wettkampf nähert sich der heißen …
10) Der Stoff wird hergestellt aus einer künstlichen …
11) Die Melodie wird gespielt auf einer …
12) Der Schmetterling war vorher eine …

1. Löse das Rätsel und schreibe die gesuchten Wörter in dein Heft.

fiel oder viel

In unserer Schule bleibt leider sehr ▒ liegen. Gestern ▒ ich beinahe über Turnschuhe, die ein ▒ beschäftigter Schüler vergessen hatte. Mir ▒ dabei
5 ein, dass auch ich wegen der ▒ Hefte, die ich unter dem Arm trug, meinen Autoschlüssel im Lehrerzimmer gelassen hatte. Also stieg ich die ▒ Treppen wieder hinauf. Oben angekommen, ▒ mir ein, dass der
10 Schlüssel doch in meiner Schultasche lag. Erschöpft ▒ ich erst einmal auf einen Stuhl, auch wenn mir ▒ Zeit verloren gegangen war.

2. Schreibe den Text richtig ab.

chs – cks – gs – ks – x / -ig oder -lich

Immer der gleiche Laut

eine Achse – anfangs – augenblicks – sein Boxer –
die Büchse – der Drechsler – die Echse – das Examen –
ein Express – feixen – fix – flugs – der Fuchs –
geradewegs – das Häcksel – herumdrucksen –
eine Hexe – der Jux – mein Keks – der Klecks –
ein Knacks – knicksen – kraxeln – dein Lachs –
lax – links – ein Luchs – der Luxus – mixen –
seine Nixe – paradox – piksen – ihre Praxis –
ringsum – sonntags – meine Textilien – tricksen –
unterwegs – wachsen – die Weichsel – sein Wuchs

1. Ordne die Wörter in eine Tabelle ein.

chs	cks	gs	ks	x
...	...	...	...	...

2. Welche Wörter lassen sich von anderen Wörtern herleiten?

Zwei unterschiedliche Endsilben

Ärger – Angst – bekommen – Buckel – Dorf – sich entsetzen –
Erde – Farbe – Freude – Freund – Friede – Fussel – Gefahr –
Genuss – Geschäft (zwei Möglichkeiten!) – Glaube – gewöhnen –
gruseln – Haufen – Herr – Herz – hoffen – Jahr – Kind – Kraft –
Langeweile – Lust – Mensch – Monat – Nachteil – Natur –
Nebel – Öl – Ostern – Pracht – Rest – ruhen – Schatten –
Schmerz – schmieren – Schreck – Schwindel – Sport – Stunde –
Trauer – Trübsinn – Verantwortung – Vorsicht – wackeln –
Wasser – Witz – Würde – Zeit

3. Bilde aus diesen Wörtern Adjektive. Die Substantive musst du zum Teil verändern, z. B. *Musik* wird zu *musikalisch*.

4. Wenn du unsicher bist, überlege, welche Tricks du anwenden kannst.

228

RECHTSCHREIBEN

s-Laute wiederholen

Wörterliste mit s-Lauten

Bremse – Hals – Riese – Gase – fließen – Wasser – Glas – sausen – lassen – Gras – Gemüse – weiß – wissen – Kürbisse – außen – speisen – Ruß – Diesel – Spaß – fassen – brausen – süß – Wiese – blass – Grüße – Ameise – Gasse – Russland – niesen – hässlich – Hase – genießen – sie lasen – Strauß – hassen – stoßen – preisen – Genosse – Kreis – Reise – Misserfolg – Düse – Nuss – Fliesen – zerreißen – losen – Schüssel – Risse – Hindernisse – Fleiß – Meise

Wörter mit stimmhaftem s-Laut	Wörter mit stimmlosem s-Laut
Nase	reißen
...	...

1. Zeichne eine Tabelle und trage die Wörter in der richtigen Spalte ein.
2. Wann werden Wörter mit ß geschrieben? Formuliere die Regel.

Wortpaare – ähnlich und doch ganz anders

Wie wird aus einem weißen Mann ein weiser Mann? Ganz einfach, er kauft sich ein schlaues Buch. Wie kann ein reißender Fluss ein reisender Fluss sein? Er besorgt sich am Bahnhof eine Fahrkarte. Und was wird aus diesen Wortpaaren?

Ha■en	a■en
hau■en	au■en
Ma■ern	in Ma■en
Ro■e	Ro■e
Getö■e	Grö■e
nie■en	genie■en
flie■en	flie■en
na■	Anana■
A■	Aa■
Zirku■	Ku■
er i■t	er i■t

3. Welche s-Laute gehören jeweils in die Lücken?
4. Bilde mit den Wortpaaren lustige Fragen und erfinde Antworten.

Verben substantivieren

Zitate

Es gibt Zeichen für ein AUFWACHEN. Die Menschen nehmen wieder stärker Anteil. *Richard von Weizsäcker*

Durch LACHEN verbessere ich die Sitten. *Horaz*

Ein Tag ohne LACHEN ist ein verlorener Tag. *Chamfort*

In seinem LACHEN liegt der Schlüssel, mit dem wir den ganzen Menschen entziffern. *Thomas Carlyle*

Lachen und LÄCHELN sind Tor und Pforte, durch die viel Gutes in den Menschen hineinhuschen kann. *Christian Morgenstern*

Eine strenge und unumstößliche Regel, was man LESEN sollte und was nicht, ist albern. Man sollte alles LESEN. Mehr als die Hälfte unserer heutigen Bildung verdanken wir dem, was wir nicht LESEN sollten. *Oscar Wilde*

Nicht viel LESEN, sondern gut Ding viel und oft LESEN macht fromm und klug dazu. *Martin Luther*

Statt heißem WÜNSCHEN, wildem WOLLEN, statt läst'gem FORDERN, strengem SOLLEN sich AUFZUGEBEN ist Genuss. *Johann Wolfgang von Goethe*

Auch das DENKEN schadet bisweilen der Gesundheit. *Aristoteles*

Autoren, die auf der Schreibmaschine nur mit zwei Fingern TIPPEN, sind im Vorteil, weil sie dabei in aller Ruhe DENKEN können. *Fernando Arrabal*

Bei allzu langem NACHDENKEN kommt man nicht auf den richtigen Gedanken. *Aus Japan*

Lernen, ohne zu DENKEN, ist eitel, DENKEN, ohne zu LERNEN, gefährlich. *Konfuzius*

Er hat nur zwei Hände, eine zum NEHMEN, eine zum BEHALTEN; die zum GEBEN fehlt ihm. *Altes Sprichwort*

Vieles LESEN macht stolz und pedantisch; viel SEHEN macht weise, vernünftig und nützlich. *Georg Christoph Lichtenberg*

Große Dinge sprechen sich am besten durch SCHWEIGEN aus. *Aus Polen*

Sprich nur dann, wenn du etwas Wertvolleres zu SAGEN hast als dein SCHWEIGEN. *Dionysius*

1. Schreibe die Zitate in richtiger Groß- und Kleinschreibung ab.
2. Formuliere Regeln, wann Verben großgeschrieben werden.

RECHTSCHREIBEN

Adjektive substantivieren

Ein Gespräch über das Schöne

Im alten Griechenland gab es viele Philosophen. Akrates und Soteles sind erfunden. Es könnte sie aber gegeben haben, ebenso ihr folgendes Gespräch eines Abends in Athen:

Akrates: Ich grüße dich Soteles. Es ist ＿＿, dich nach so langer Zeit wieder zu sehen.
Soteles: Auch ich freue mich dich zu sehen, lieber Akrates. Hattest du einen ＿＿ Tag?
Akrates: Ja, den hatte ich. Ich habe den ganzen Tag an einem schattigen Ort unfern der Mauern Athens zugebracht und mir Gedanken über das ＿＿ gemacht.
5 Soteles: Du weißt nun, wann wir etwas als ＿＿ bezeichnen?
Akrates: Ich denke ja. Höre zu: Es gibt vielerlei ＿＿. Worin aber finden wir Gemeinsames? Ich denke darin, dass alles ＿＿ von den Menschen gemocht wird. Denn sie umgeben sich mit ＿＿ und erfreuen sich daran.
Soteles: Es sind also die Menschen, die ＿＿ zum ＿＿ machen? Aber dann kann es nicht das ＿＿ schlechthin geben. Denn jeder Mensch hat sein eigenes
10 ＿＿. Du verstehst mich? Dieses Bild ist vielleicht dein ＿＿, es muss aber nicht mein ＿＿ sein.
Akrates: Du meinst also, dass jeder Mensch etwas anderes als ＿＿ ansieht?
Soteles: Ja, das denke ich.
15 Akrates: Aber ich sehe doch, dass jeder Mensch ＿＿ braucht. Stelle dir vor, es gebe nichts ＿＿ auf dieser Welt. Wie traurig wären dann die Menschen.
Soteles: Das mag alles sein. Du hast aber nicht bewiesen, dass alle Menschen die gleichen Dinge als ＿＿ ansehen.
Akrates: Ja, gibt es denn kein ＿＿ für alle Menschen?
20 Soteles: Vielleicht, vielleicht auch nicht. Ich habe nur Fragen, keine Antworten: Gäbe es auch ＿＿, wenn kein Mensch es sehen würde? Oder: Ist das ＿＿ in den Menschen oder in den Dingen, die ＿＿ sind?
Akrates: Ich verstehe dich. Ich habe nicht genügend nachgedacht. Vielleicht finde ich wieder einen ＿＿ Tag. Es wäre ＿＿, dich dann wieder zu treffen und
25 mit dir zu reden.
Soteles: Auch ich fühle so. Es ist jederzeit etwas ＿＿, Gedanken mit dir auszutauschen.

1. Setze das Adjektiv *schön* in der jeweils passenden Form in die Leerstellen ein.
   Achte dabei auf die Groß- und Kleinschreibung.
2. Bilde Sätze mit dem Adjektiv *hässlich*.
   Dabei sollten alle Möglichkeiten vorkommen, wann das Wort großgeschrieben wird.

Übungsdiktate: Substantivierung von Verben und Adjektiven

Sägen bringt Regen

Alles Gute kommt angeblich von oben. Vor allem nach langer Trockenheit wird das Nass vom Himmel als Segen begrüßt. Allerdings hilft dabei nur warten. Denn manches Bemühen kann Schlimmes nach sich ziehen, wenn ein Sprichwort falsch verstanden wird. Ein Bauer wollte sich ins Bein sägen, denn er meinte, dass sich sägen Regen bringt. Glücklicherweise wurde er beim Lesen der Morgenzeitung daran erinnert, wie das Sprichwort wirklich heißt. Denn dort war zu lesen: „Sich regen bringt Segen – Das Aufwärmen in der Politik ist vorbei." [86 Wörter]

Das Fahrrad und der Ratschlag

Wer Gutes billig kaufen will, darf nicht einfältig sein und sich von Sprichwörtern leiten lassen. Sonst kann man Unangenehmes erfahren wie jener Mann, der meinte, dass man Billiges am Ende teurer bezahlt. Als er sich ein neues Fahrrad kaufte, zahlte er ohne Murren den überhöhten Preis. Denn er dachte an das Sprichwort „Gutes Rad ist teuer". Selbst als ihm eines Tages das Fahrrad gestohlen wurde, bewahrte er ein überlegenes Lächeln. Auf das Drängen der Freunde, endlich zur Polizei zu gehen, reagierte er ganz gelassen und verwies sie auf ein weiteres Sprichwort: „Kommt Zeit, kommt Rad." [100 Wörter]

Was für ein Sägen!

In einem kleinen Dorf in den Bergen gehen die Uhren etwas anders. Der Pfarrer gehört hier immer noch zu den wichtigsten Personen. Er hat zwar nicht mehr allein das Sagen, aber nach wie vor viel zu sagen.
Diese alte Sitte kannte der jetzige Pfarrer des Dorfes natürlich auch. Und so nutzte er beim sonntäglichen Predigen jede Gelegenheit, seinen Schäflein Heilbringendes zu verkünden. Vor allem für die Faulen hatte er nichts übrig und sagte so auch nie Gutes über sie.
Einmal kam der Pfarrer abends beim Spazierengehen an der Werkstatt des Schreiners vorbei. Er hörte ein Hämmern, Klopfen und Sägen. Voller Freude betrat er die Werkstatt und wollte dem Schreiner Ermutigendes sagen: „Arbeit zu später Stunde, das ist ein Segen." Vielleicht war es in der Werkstatt zu laut, denn der Schreiner antwortete: „Ja, Herr Pfarrer, so spät ist das Sägen wirklich anstrengend." [145 Wörter]

1. Diktiere ein Diktat deinem Nachbarn.
   Korrigiere es anschließend. Bei den nächsten
   Diktaten könnt ihr Rollen und Partner wechseln.

NACHSCHLAGEN

Wer etwas entdeckt hat in den Werkstätten und im Magazin und nun genau wissen will, nach welchen Regeln das funktioniert, der muss nachschlagen. Und so findest du auch hier wieder die genaue Erläuterung der Regeln: z. B. wie man vom Adverbial zum Adverbialsatz kommt, was eine Argumentation ist oder wie man in Erzählungen innere und äußere Handlung unterscheiden kann.

Satzreihe und Satzgefüge

Wie man Sätze verknüpfen kann

◄ 8 f.

Wenn man mehrere Hauptsätze miteinander verbindet, entsteht eine **Satzreihe**. Die Hauptsätze in Satzreihen können durch **nebenordnende Konjunktionen** *(und, oder, aber, doch etc.)* verknüpft werden.

Du trennst die Hauptsätze jeweils durch ein Komma voneinander. Nur bei den Konjunktionen *und* und *oder* brauchst du kein Komma zu schreiben. Du kannst es aber setzen, um die Gliederung in der Satzreihe deutlich zu machen. *Der Fluss ist tief, deshalb braucht der Mann ein Boot (,) und das bereitet ihm große Mühe.*

Verknüpft man Hauptsatz und Nebensatz, so spricht man von einem **Satzgefüge**. Die Nebensätze sind vom Hauptsatz grammatisch abhängig und werden daher durch **unterordnende Konjunktionen** eingeleitet *(dass, weil, als, wenn, indem etc.)*.
Der Nebensatz wird vom Hauptsatz immer durch Komma abgetrennt.
Ist der Nebensatz eingeschoben, steht paariges Komma.
Die Söhne reiten, obwohl sie die Anweisungen gehört haben, wie der Blitz davon.

Satzglieder wiederholen

Subjekt – Prädikat – Objekt

◄ 10

Sätze setzen sich aus **Satzgliedern** zusammen.
Was alles zu einem Satzglied gehört, findest du heraus mit der **Umstellprobe**, der **Ersatzprobe** oder durch **Erfragen**.

- Beispielsatz: *Der Vater / gibt / dem Sohn / eine Tafel Schokolade.*
- Umstellprobe: *Eine Tafel Schokolade / gibt / der Vater / dem Sohn.*
- Ersatzprobe: *Er / gibt / sie / ihm.*
- Erfragen: *Wer oder was? / tut / wem? / wen oder was?*

Man kann verschiedene Satzglieder unterscheiden:
- **Das Subjekt:** Es gibt Auskunft darüber, wer oder was in einem Satz etwas tut. Es steht im Nominativ.
- **Das Prädikat:** Es sagt, was in einem Satz geschieht. Du kannst es mit *was tut?* erfragen. Es besteht aus der Wortart „Verb".
- **Die Objekte:** Objekte ergänzen die Satzaussage. Sie werden unterteilt in:
  - Dativobjekt (Fragewort *wem?*)
  - Akkusativobjekt (Fragewörter *wen oder was?*)
  - Genitivobjekt (Fragewort *wessen?*)

Prädikatsnomen

Nicht jedes Satzglied im Nominativ ist ein Subjekt, nicht alle Satzglieder im Akkusativ sind Akkusativobjekte.
Prädikatsnomen sind **Ergänzungen** zum Subjekt oder Akkusativobjekt. Sie stehen nur nach einigen wenigen Verben:
- **Prädikatsnominativ** nach *sein, werden, bleiben, heißen, sich erweisen als, gelten als.*
  Sebastian ist ein Held und er ist fröhlich. Kathrin gilt als Spaßvogel.
- **Prädikatsakkusativ** nach *nennen, schimpfen, halten für.*
  Man nennt Sebastian einen Helden.
  Die Mitschüler halten Kathrin für einen Spaßvogel.

Prädikatsnomen können aus Adjektiven oder aus Substantiven bestehen.

Das Adverbial

Was Adverbiale leisten

Wenn du über die Umstände eines Geschehens näher informieren willst, musst du sagen *wo, wann, wie* oder *warum* etwas passiert ist. Die Satzglieder, die darüber Auskunft geben, nennt man **Adverbiale** (Singular: das Adverbial). Man spricht auch von **Umstandsbestimmungen**.
Mit der Umstellprobe findest du heraus, dass Adverbiale eigenständige Satzglieder sind. Adverbiale können in beliebiger Zahl in den Satz eingebaut werden.

Wie Adverbiale sich einteilen lassen

Man unterteilt die Adverbiale nach ihrer Bedeutung und nach den Fragen zu den näheren Umständen, auf die sie Antwort geben:
- **Adverbial der Zeit** (temporales Adverbial):
  Es beantwortet die Frage *wann? / seit wann? / bis wann?*
  Nach einigen Minuten erreicht man das Haus.
- **Adverbial des Ortes** (lokales Adverbial): Du erfragst es mit *wo? / wohin? / woher?*
  Der Schlüssel liegt unter dem Blumentopf.
- **Adverbial des Grundes** (kausales Adverbial): Du fragst *warum? / weshalb?*
  Man sollte wegen der Dunkelheit das Haus vorsichtig betreten.
- **Adverbial der Art und Weise** (modales Adverbial): Es antwortet auf die Frage *wie?*
  Der Detektiv läuft schnell zum Haus.
  Unter die Modaladverbiale können auch Angaben zum Mittel (instrumentales Adverbial) gerechnet werden. Sie werden erfragt mit *womit? / wodurch?*
  Die Kiste lässt sich durch kräftiges Drücken öffnen.

NACHSCHLAGEN: SÄTZE UND SATZGLIEDER

14 Wie Adverbiale gebaut sein können

Adverbiale bestehen meistens aus folgenden Wortarten oder Wortgruppen:

Adverbial gebrauchtes Adjektiv	Der Meisterdetektiv eilt rasch zum Tatort.
Adverb	Er beginnt sofort mit seinen Ermittlungen.
Präposition mit Substantiv	Die Lady war im Theater gewesen.
Substantivgruppe im Akkusativ	Der Butler war den ganzen Abend unauffindbar.
Substantivgruppe im Genitiv	Eines Abends wird der Schmuck gestohlen.

Der Adverbialsatz

15 Vom Adverbial zum Adverbialsatz

Wenn man ein Satzglied in einen Nebensatz umwandelt, spricht man von einem **Gliedsatz**. Gliedsätze werden meist durch eine Konjunktion eingeleitet.
Gliedsätze, die wie Adverbiale gebraucht werden und die Umstände eines Geschehens näher bestimmen, nennt man **Adverbialsätze**.
Ebenso wie die Adverbiale lassen sich die Adverbialsätze nach ihrem Inhalt in Adverbialsätze des **Ortes** (lokal), der **Art und Weise** (modal), des **Grundes** (kausal) und der **Zeit** (temporal), einteilen. Sie werden in der Regel durch unterordnende Konjunktionen eingeleitet.
Adverbialsätze werden vom Hauptsatz immer durch ein Komma abgetrennt.
Man kann Adverbialsätze auch in Adverbiale zurückverwandeln.

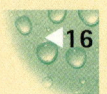

16 Wie Lokalsätze gebraucht werden

Ein **lokaler Adverbialsatz** dient zur Angabe eines Ortes oder einer Richtung.
Er antwortet auf die Fragen *wo?, wohin?, woher?*.
Der Lokalsatz wird nicht durch eine Konjunktion, sondern durch die Relativpronomen *wo, wohin, woher* eingeleitet. *Der Feuerwehrmann geht dorthin, wo das Feuer ist.*

17 Wie Kausal- und Modalsätze gebraucht werden

Ein **Kausalsatz** gibt für die Aussage im Hauptsatz einen Grund oder eine Begründung an.
Er antwortet auf die Fragen *warum?, weshalb?*.
Kausalsätze werden mit den unterordnenden Konjunktionen *weil* oder *da* eingeleitet.
Weil es heute sehr kalt ist, ziehe ich Handschuhe an.

Modalsätze machen nähere Angaben über die Art und Weise eines Geschehens oder über das Mittel, das zu einer Handlung verwendet wird (Instrumentalsatz).
Sie lassen sich erfragen durch *wie?, womit?, wodurch?*.
Modalsätze können durch die unterordnenden Konjunktionen *indem, (dadurch) dass* eingeleitet werden.
Sie fangen Mäuse, indem sie sie scharf anschauen und miauen.

Wie Temporalsätze gebraucht werden

Temporalsätze sind Gliedsätze, die über die Zeit und Dauer eines Geschehens Auskunft geben. Man erfragt sie mit *wann?, wie lange?, seit wann?*.
Temporalsätze werden durch unterordnende Konjunktionen *(als, solange, während, bis, seit, bevor, nachdem)* eingeleitet. Diese sagen nicht nur etwas über Zeitpunkt und Dauer eines Geschehens aus, sondern informieren auch über den zeitlichen Zusammenhang zwischen der Aussage des Hauptsatzes und der Aussage des Nebensatzes:

Gleichzeitigkeit zum Hauptsatz	*Als Bello ins Zimmer kam, zebrach die Vase.*
Vorzeitigkeit zum Hauptsatz	*Die Vase zerbrach, nachdem Bello ins Zimmer gerannt war.*
Nachzeitigkeit zum Hauptsatz	*Die Vase ist zerbrochen, bevor Bello ins Zimmer rannte.*

Wie man Adverbiale und Adverbialsätze gebraucht

Adverbiale und Adverbialsätze beschreiben die Umstände eines Geschehens näher. Sie können beide Angaben zu Ort, Zeitpunkt, Gründen oder der Art und Weise einer Handlung machen. Dennoch unterscheiden sie sich in ihrem Gebrauch.

- Will man kurz über ein Ereignis informieren, eignen sich Adverbiale am besten:
  Wir treffen uns heimlich abends an der großen Eiche.
  Hier wirken Adverbialsätze oft umständlich und verwirrend:
  Wenn es Abend wird, sehen wir uns, indem wir uns heimlich treffen, dort, wo die große Eiche steht
- Je vielfältiger die Umstände sind, die zu einem Geschehen dazu gehören, desto schwieriger wird es, dies nur mit Adverbialen auszudrücken.
  Der Zaubermeister zaubert den Gegenstand beim Sprechen von Beschwörungsformeln durch Knacken der Nuss und vorsichtiges Auslösen des Kerns wegen des Erstaunens der Zuschauer hervor.
  Um komplizierte Zusammenhänge zu verdeutlichen, verwendet man häufiger Adverbialsätze:
  Während er Beschwörungsformeln spricht, zaubert der Zaubermeister den Gegenstand dadurch hervor, dass er die Nuss knackt und den Kern vorsichtig herauslöst, weil er die Zuschauer erstaunen will.

Das Attribut

Was Attribute leisten

Willst du eine eine Person oder eine Sache genauer beschreiben, so benutzt du **Attribute**.
Sie bestimmen ein Bezugswort (z. B. ein Substantiv) näher.
Man spricht deshalb auch von **Beifügungen** oder **Ausschmückungen**.
Mit Attributen kann man Bewertungen ausdrücken.

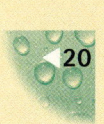

NACHSCHLAGEN: SÄTZE UND SATZGLIEDER

21 ff.

Wie man Attribute erkennt und unterscheidet

Mit der Umstellprobe findest du heraus, dass Attribute keine eigenständigen Satzglieder sind, sondern **Teile von Satzgliedern**. Sie können nicht für sich allein im Satz umgestellt werden.

Attribute stehen immer in der Nähe ihres **Bezugswortes** (vorgestellt oder nachgestellt):

Das ist mein	reicher	Patenonkel	aus Amerika.
	Attribut	Bezugswort	Attribut

Wo in einem Satz Attribute sind, kannst du mit Hilfe der **Weglassprobe** und der **Erweiterungsprobe** erkennen.

Beispielsatz: Der alte Mann überquert mit dem Hund seines Nachbarn zittrig die Straße.
Umstellen: Zittrig / überquert / der alte Mann / mit dem Hund seines Nachbarn / die Straße.
Weglassen: Zittrig überquert der Mann mit dem Hund die Straße.
Erweitern: Überaus zittrig überquert der gebrechliche alte Mann mit dem Hund seines kranken Nachbarn die stark befahrene Straße.

Attribute werden nach ihrer grammatischen Form unterteilt in:

- **Präpositionalattribute:** Das sind Attribute, die durch eine Präposition an das Bezugswort angehängt sind.
  Die Fremden aus Übersee betätigen Apparate mit vielen Knöpfen.
- **Adjektivattribute:** Das sind Adjektive, die einem Substantiv vorangestellt sind und dieses näher bestimmen.
  Meine beste Freundin hat ein tolles neues Spiel bekommen.
- **Adverbattribute:** Mit Adverbattributen kann man auf etwas besonders hinweisen oder zurückverweisen. Adverbien sind im Unterschied zu Adjektiven unveränderlich.
  Das Bild dort ist sehr interessant.
- **Genitivattribute:** Einem Substantiv wird ein weiteres Substantiv im Genitiv angefügt. Genitivattribute kann man mit *wessen?* erfragen.
  Die Katze der Nachbarn jagt im Garten meiner Eltern Mäuse.
- **Apposition:** Das ist eine nachgestellte Beifügung. Sie ist vom Bezugswort durch Kommas abgetrennt, steht aber im gleichen Kasus.
  Hannes, der Klassenbeste, hilft Jan, dem Schlechtesten, beim Test.

Vom Attribut zum Attributsatz

Attribute können auch durch einen **Attributsatz** ausgedrückt werden:

Der Mann _mit der Zeitung_ steht links.	Der Mann, _der die Zeitung liest_, steht links.
Die _fleißige_ Kathrin schreibt eine gute Note.	Kathrin, _die fleißig lernt_, schreibt eine gute Note.
Das Bild _dort_ gefällt mir gut.	Das Bild, _das dort hängt_, gefällt mir gut.
Die Oma _meiner Freundin_ backt herrliche Kuchen.	Die Oma, _deren Enkelin meine Freundin ist_, backt herrliche Kuchen.
Peter, _der beste Fußballer der Klasse_, versäumt kein Spiel.	Peter, _der der beste Fußballer der Klasse ist_, versäumt kein Spiel.

Attributsätze werden durch ein Relativpronomen (z. B. _der, die, das – welcher, welche, welches_) eingeleitet, das auf das vorausgehende Bezugswort verweist.
Sie haben im Unterschied zur Apposition ein Prädikat.
Attributsätze werden vom Hauptsatz immer durch Kommas abgetrennt.

Das Verb: Aktiv und Passiv

Wie Aktiv und Passiv sich unterscheiden

Mit dem Passiv kannst du eine bestimmte Blickrichtung auf einen Sachverhalt ausdrücken. Beim Aktivsatz _(der Mann steckt den Stecker in die Steckdose)_ richtet sich das Interesse auf den Mann, der mit dem Stecker etwas tut.
Beim Passivsatz _(der Stecker wird von dem Mann in die Steckdose gesteckt)_ richtet sich der Blick auf den Stecker, mit dem etwas geschieht. Dabei muss der Mann nicht einmal erwähnt werden _(der Stecker wird in die Steckdose gesteckt)_.

Das **(Vorgangs-) Passiv** wird gebildet mit der Personalform des Hilfsverbs _werden_ und dem Partizip II (Partizip Perfekt) eines Vollverbs _(wird gesteckt)_.

Wann das Passiv gebraucht wird

Das Passiv wird gebraucht, wenn der Urheber des Vorgangs nicht angegeben oder in den Hintergrund gestellt wird. Dies kann aus mehreren Gründen geschehen:
- Der Urheber ist eine beliebige Person wie etwa in einer Gebrauchsanweisung:
  In der Mitte einer Spielkarte wird ein Längsschnitt gemacht.
- Der Urheber wird nicht genannt, weil er unbekannt ist:
  Beim Sportfest des Goethe-Gymnasiums wurde aus der Umkleidekabine eine Geldbörse gestohlen.

- Der Urheber wird absichtlich verschwiegen, weil damit ein Interesse verfolgt wird:
  Wegen eines Täuschungsversuchs wurde die Klassenarbeit eines Sechstklässlers mit der Note „ungenügend" bewertet.
  Bei einer solchen Ausdrucksweise soll beispielsweise nicht der Eindruck entstehen, dass die Note willkürlich von einem Fachlehrer festgelegt wurde.
- Es ist allgemein bekannt, wer der Urheber ist:
  Im Leibniz-Gymnasium wurde der SMV eine Anerkennungsurkunde überreicht.
  In der Regel macht dies die Schulleitung.
- Aus dem Textzusammenhang wird klar, wer der Urheber ist:
  So werden viele Veranstaltungen mitorganisiert.
  Hier kann nur die SMV gemeint sein.

30 Welche Zeitstufen das Passiv ausdrücken kann

Das Passiv kann wie das Aktiv alle Zeitstufen in allen Tempora bilden:

	Aktiv	Passiv
Präsens	*Ich empfehle ein Hörgerät.*	*Ein Hörgerät wird empfohlen.*
Präteritum	*Die Römer tranken Wein.*	*Wein wurde getrunken.*
Perfekt	*Du hast es zweimal abgeschrieben.*	*Es ist zweimal abgeschrieben worden.*
Plusquamperfekt	*Ich hatte Zahlen gewählt.*	*Zahlen waren gewählt worden.*
Futur	*Er wird einen Artikel schreiben.*	*Ein Artikel wird geschrieben werden.*

31 Wie das Passiv unterschieden werden kann

Das Passiv kann unterschieden werden in **Vorgangs-** und **Zustandspassiv**:
Das Geländer wird gestrichen. – Das Geländer ist gestrichen.
Das *werden*-Passiv drückt einen Vorgang aus,
das *sein*-Passiv das Ergebnis des Vorgangs.

32 Wie das Passiv gebildet werden kann

Verben, die ein Akkusativobjekt haben können, werden als **transitive Verben** bezeichnet. Sie bilden ein Passiv, bei dem das Akkusativobjekt zum Subjekt wird.
Das Subjekt des Aktivsatzes kann fehlen oder wird zum Präpositionalobjekt:

Ich	*schreibe*	*einen Brief.*
Subjekt		Akkusativobjekt

Ein Brief	*wird*	*(von mir)*	*geschrieben.*
Subjekt		Präpositionalobjekt	

Verben, die kein Akkusativobjekt haben können, heißen **intransitive Verben**.
Sie können nur ein unpersönliches Passiv mit *es* als Subjekt bilden *(es wird geschlafen)*.
Verben wie *blühen, regnen, wachsen, schneien etc.* können auch kein unpersönliches
Passiv bilden, weil der Vorgang nicht auf einer persönlichen Tätigkeit oder
Entscheidung beruht.

Wie das Passiv umschrieben werden kann
Neben dem *werden*- und *sein*-Passiv gibt es noch andere passivartige Formen.
Sie werden gebraucht, um einen Text abwechslungsreicher zu gestalten:
- Umschreibung mit „man": *Man braucht sie für die Planung der Freizeit.*
- „Sein" + Infinitiv mit „zu":
  Auch bei einer Wanderung ist gutes Wetter vorauszusetzen.
- „Sich lassen" + Infinitiv:
  Der Besuch einer Freiluftveranstaltung lässt sich besser planen.
- Verbgefüge: *Beachtung finden, zur Anwendung kommen, Zuneigung erfahren, zur Entscheidung gelangen etc.*

Das Demonstrativpronomen

Was Demonstrativpronomen leisten
In Texten hat das Demonstrativpronomen (hinweisendes Fürwort) die Aufgabe, auf vorher
Genanntes zu verweisen. Ansonsten weisen wir damit auf eine bestimmte Person oder
Sache hin und unterstützen diesen Hinweis oft durch eine hinzeigende Geste.

Welche Demonstrativpronomen es gibt
Demonstrativpronomen sind *der/die/das, dieser/diese/dieses, jener/jene/jenes,
derjenige/diejenige/dasjenige, derselbe/dieselbe/dasselbe.*
Demonstrativpronomen werden dekliniert. Sie werden als Begleiter (<u>dieses</u> *Buch gefällt mir*) oder als Stellvertreter (<u>das</u> *gefällt mir*) eines Substantivs gebraucht.

Das Reflexivpronomen

Was Reflexivpronomen ausdrücken
Das Reflexivpronomen (rückbezügliches Fürwort) bezieht sich in der Regel auf das Subjekt
des Satzes zurück. In dem Satz *ich sehe mich* sind Subjekt und Objekt dieselbe Person.
In dem Satz *ich sehe euch* sind sie verschiedene Personen, weil *euch* Personalpronomen ist.
Das Reflexivpronomen entspricht in der 1. und 2. Person dem Personalpronomen.
Nur im Dativ und Akkusativ der 3. Person hat es mit *sich* eine eigene Form.

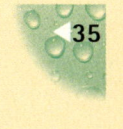

37 **Wo Reflexivpronomen immer stehen müssen**
Bei bestimmten Verben wie *sich ereignen, sich entschließen etc.* muss immer ein Reflexivpronomen stehen. Diese Verben heißen auch **reflexive Verben.**

Wenn das Subjekt aus mehreren Personen besteht, kann das Reflexivpronomen eine wechselseitige Beziehung ausdrücken, ohne dass dies deutlich wird *(wir kämmen uns die Haare* → *einer kämmt die Haare des anderen).*
Um Missverständnisse zu vermeiden, kann man bei einer Wechselseitigkeit das Reflexivpronomen durch *gegenseitig* ergänzen *(wir kämmen uns gegenseitig die Haare)* oder durch *einander* ersetzen *(wir helfen einander).*

Das Relativpronomen

38 **Was Relativpronomen herstellen**
Das Relativpronomen (bezügliches Fürwort) bezieht sich auf ein **Substantiv** *(einen Streich, der manchem die Arbeit erschwert, …)*, ein **Pronomen** *(alles, was Kindern im Gedächtnis bleibt, …)* oder eine **Wortgruppe** *(dort am Imbiss, wo es allen Schülern gefällt, …).*
In Genus und Numerus stimmt das Relativpronomen *der/die/das* mit dem Bezugswort überein *(ein Arzt, der … / Ärzte, die …).*

39 **Wie Relativpronomen sich verändern**
Das Relativpronomen leitet einen Nebensatz (Relativsatz) ein. Sein Kasus richtet sich nicht nach dem Bezugswort, sondern ist abhängig von der Funktion im Nebensatz *(… eine gefährliche Krankheit [= Nominativ], deren [= Genitiv] Verlauf von Fieber begleitet ist).*
Oft wird das Relativpronomen zusammen mit einer Präposition verwendet *(… eine Krankheit, bei der die Zähne faulen).*

Das Relativpronomen *welcher/welche/welches* wird kaum gebraucht. Meist wird es als Ersatz von *der/die/das* verwendet, um eine Wiederholung zu vermeiden *(seine Mutter, die [welche] die Schwester dieser Tante ist, …).*

Die Konjunktion

40 **Was Konjunktionen leisten**
Konjunktionen verbinden und heißen dementsprechend **Bindewörter.**
Sie verbinden **Wortteile** *(an- und abstellen),* **Wörter** *(zittert und bebt),* **Wortgruppen**

(beim Losreiten muss man „Gott sei Dank" und beim Halten „Amen" sagen) und **Sätze** (in seiner Verzweiflung betet er und am Ende des Gebets sagt er schließlich „Amen").

Wie sich Konjunktionen unterscheiden lassen
Konjunktionen, die Hauptsätze, Nebensätze, Wortgruppen, Wörter und Worteile verbinden, heißen **beiordnende** (auch: nebenordnende) **Konjunktionen**.
Beiordnende Konjunktionen sind beispielsweise *aber, denn, oder, und, entweder ... oder*.
Konjunktionen, die Haupt- und Nebensätze verbinden, bezeichnet man als **unterordnende Konjunktionen**. Unterordnende Konjunktionen sind z. B.: *weil, wie, dass, wenn, damit, als, sobald, nachdem*.

Das Adverb

Was Adverbien anzeigen
Adverbien *(rechts, links, hier, dort, oft, immer, manchmal etc.)* zeigen in einem Satz an, unter welchen **Umständen** etwas geschieht, beispielsweise zu welcher Zeit oder an welchem Ort: *Herr Müller fuhr gestern langsam.*

Adjektive und Adverbien vergleichen
Adverbien sind unveränderlich. Nur wenige können gesteigert werden *(oft, öfter, am öftesten)*.
Fast alle Adjektive können auch als Adverbien gebraucht werden *(ein schönes Lied →*
er singt schön).
Adverbial gebrauchte Adjektive sind ebenso unveränderlich, können aber analog zum attributiven Gebrauch in der Mehrzahl gesteigert werden *(er singt schön/schöner/ am schönsten)*.
Partizip I (Partizip Präsens) und **Partizip II** (Partizip Perfekt) werden häufig als Adjektive und damit auch als Adverbien gebraucht.
Das Partizip I wird aus dem Verbstamm und der Endung *-end* gebildet
(les-end, fahr-end, schlag-end).

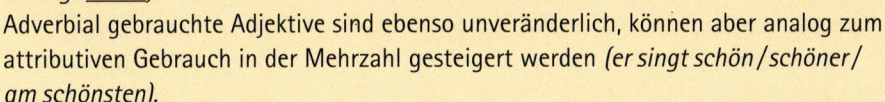

Worauf Adverbien sich beziehen
Adverbien und adverbial gebrauchte Adjektive haben im Satz unterschiedliche Aufgaben:
- Sie können sich auf ein Verb beziehen *(ein Greenhorn pumpt schnell seine Luftmatratze auf)*. Von dieser Funktion ist der Name der Wortart abgeleitet *(ad-verb = zum Verb gehörig)*.
- Sie können aber auch ein Adjektiv *(ich trinke ganz heiße Milch)* sowie ein anderes Adverb oder ein adverbial gebrauchtes Adjektiv *(die haben sich sehr schön geschminkt)* näher bestimmen.
In dieser Funktion werden Adjektive und andere Adverbien **graduiert**, d. h. sie werden in ihrer Bedeutung abgeschwächt oder verstärkt.

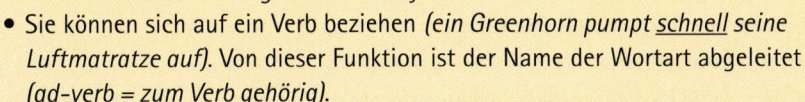

- Sie können auf ein Substantiv folgen und es näher bestimmen *(die Salbe dort)*.
- Sie können sich auf einen ganzen Satz beziehen *(hoffentlich ist in meiner Pistole Wasser)*.

◀ 45 Adverbien lassen sich einteilen
Adverbien werden unterschieden in:
- **Adverbien des Ortes** (Lokaladverbien): *abseits, dort, oben, abwärts, nirgendwo*
- **Adverbien der Zeit** (Temporaladverbien): *nachts, immer, bisher, heute, plötzlich*
- **Adverbien der Art und Weise** (Modaladverbien): *blindlings, flugs, kopfüber, kurzerhand*
- **Adverbien des Grundes** (Kausaladverbien): *deshalb, daher, nämlich, folglich, deswegen*
  Adverbial gebrauchte Adjektive werden fast ausschließlich modal gebraucht.

◀ 46 Wie Adverbien gebraucht werden
Beim Gebrauch von Adverbien oder adverbial gebrauchten Adjektiven musst du darauf achten, dass sie nicht übertrieben wirken *(ich habe mir intensivst Gedanken gemacht)*, nicht die Verbbedeutung und Satzaussage wiederholen *(er muss notwendigerweise die Interessen der Klasse vertreten)* oder gar im Widerspruch dazu stehen *(vielleicht solltet ihr die Gelegenheit unbedingt wahrnehmen)*. Bei der Graduierung sind ebenfalls Übertreibungen zu vermeiden *(er muss höchst beherzt die Interessen der Klasse vertreten)*.

Wortbildung

◀ 48 Wie Wörter gebildet werden
Jeder Sprecher des Deutschen kann neue Wörter bilden. Auch viele existierende und übliche Wörter sind durch Wortbildung entstanden. Drei Arten der Wortbildung sind zu unterscheiden:
- **Wortartwechsel** *(spielen → das Spiel)*
- **Zusammensetzung:** Zwei Wörter werden zu einem neuen Wort zusammengefügt *(Spiel + bereit = spielbereit)*.
- **Ableitung:** Mit Hilfe von kurzen Zeichen (Präfix / Suffix / Flexionsendung / Umlaut) wird ein neues Wort abgeleitet *(ver + spielen = verspielt)*.

◀ 49 Wie Substantive gebildet werden
Substantive können wie folgt gebildet werden:

Substantiv + Substantiv *(Jacke + Wolle = Wolljacke)*,
Substantiv + Adjektiv *(Luft + heiß = Heißluft)*,
Substantiv + Verb *(Maschine + spülen = Spülmaschine)*,
Substantiv + Präposition *(Mittag + vor = Vormittag)*,
Substantiv + Präfix/Suffix *(Sitte + un- = Unsitte / Kind + -heit = Kindheit)*,
Adjektiv + Suffix *(frech + -heit = Frechheit)*,
Verb + Präfix/Suffix *(hopsen + ge- = Gehopse / erlauben + -nis = Erlaubnis)*.

Aus zwei Substantiven zusammengesetzte Substantive (Komposita) bestehen aus einem **Grundwort** und einem **Bestimmungswort**. Das Grundwort steht an zweiter Stelle. Nach ihm richtet sich der Artikel: <u>die</u> Wolljacke. Durch das Bestimmungswort wird das Grundwort näher bezeichnet: die <u>Wolljacke</u>.

Wie Adjektive gebildet werden
Adjektive können wie folgt gebildet werden:
Adjektiv + Adjektiv *(alt + modisch = altmodisch)*,
Adjektiv + Verb *(frisch + rösten = röstfrisch)*,
Adjektiv + Substantiv *(schnell + Blitz = blitzschnell)*,
Adjektiv + Präfix/Suffix *(frei + un- = unfrei/blau + -lich = bläulich)*,
Substantiv + Suffix *(Fehler + -haft = fehlerhaft)*,
Verb + Suffix *(sparen + -sam = sparsam)*,
Adverb + Suffix *(heute + -ig = heutig)*.

Wie Verben gebildet werden
Verben werden wie folgt gebildet:
Verb + Substantiv *(geben + Preis = preisgeben)*,
Verb + Adjektiv *(halten + still = stillhalten)*,
Verb + Adverb *(gehen + hinein = hineingehen)*,
Verb + Präposition *(setzen + über = übersetzen)*,
Verb + Präfix *(sprechen + ent- = entsprechen)*,
Substantiv + Flexionsendung *(Hammer + -n = hämmern)*,
Adjektiv + Flexionsendung *(reif + -en = reifen)*.

Bedeutungslehre

Welche Bedeutungen Wörter haben können
Wörter, die gleich lauten, aber eine unterschiedliche Bedeutung haben, nennt man **Homonyme** *(Hahn, Schloss)*. Bedeuten verschiedene Wörter dasselbe, dann nennt man sie **Synonyme** *(Orange/Apfelsine)*.
Wörter mit gegensätzlicher Bedeutung heißen **Antonyme** *(hell/dunkel)*.

Wie Begriffe geordnet werden können
Ein Wort mit allgemeiner Bedeutung, dem man mehrere Wörter zuordnen kann, wird als **Oberbegriff** *(z. B. Beerenobst)* bezeichnet. Die zugeordneten Wörter nennt man **Unterbegriffe** *(z. B. Erdbeere, Stachelbeere, Johannisbeere)*.

Sprachliche Bilder

54 f. **Was Metaphern sind und welche Funktion sie haben**
Metaphern sind bildhafte Ausdrücke, die im übertragenen Sinn gebraucht werden. So bezeichnet z. B. das Wort *Kapitän* zunächst eine bestimmte Tätigkeit auf einem Schiff. Der Ausdruck wird dann auf andere Lebensbereiche übertragen, in denen jemand eine leitende Tätigkeit übernimmt (z. B. Schulsprecher).
Metaphern dienen z. B. Schriftstellern und Rednern dazu, das Geschriebene oder Gesagte zu veranschaulichen. Indem so ihre Absichten deutlicher und verständlicher werden, können sie bei ihrem Publikum mehr Wirkung erzielen. So will beispielsweise der Schulsprecher Jens durch die metaphorische Verwendung der Seefahrt-Sprache sein Amt als Schlichter den Zuhörern verdeutlichen (S. 55).

Bausteine des Erzählens

58 **Was zum Erzählen gehört**
Dass es beim Erzählen auf den Aufbau und die richtige Reihenfolge ankommt, weißt du schon. Zum Erzählen gehört aber noch mehr: So musst du dir Gedanken machen über **Ort, Zeit, Personen** und **Handlung**. Diese vier Bausteine bilden das Erzählgerüst. Jedem dieser Bausteine solltest du beim Gestalten deiner Erzählung besondere Aufmerksamkeit schenken, denn der Leser wird sich an ihnen orientieren.

59 **Einen Ort entdecken**
Der **Ort** des Geschehens ist für die Geschichte, die du erzählen möchtest, von großer Bedeutung. Auf einem Bahnhof kann man etwas anderes erleben als in der Schule, auf einer Insel etwas anderes als auf einem Bauernhof. Als Erzähler solltest du den Ort, den du für deine Geschichte ausgewählt hast, sehr gut kennen.

60 **Personen entdecken**
Personen, die in einer Geschichte vorkommen, nennt man Figuren. Die wichtigste ist die Hauptfigur. Je genauer du die Figuren einführst und darstellst, desto deutlicher ist das Bild, das sich der Leser von ihnen macht. Manche Figuren werden erst richtig lebendig, wenn du sie auch sprechen (flüstern, schreien, schimpfen) lässt.
Einen besonderen Reiz kann eine Geschichte bekommen, wenn du zu einer Figur oder einer ganzen Gruppe eine Gegenfigur oder Gegengruppe wählst. Die Handlung lebt dann vor allem von dieser Spannung zwischen den verschiedenen Typen, z. B. ein *pfiffiger Junge* und seine *hochnäsige Schwester*.

Techniken des Erzählens

Die Perspektive gestalten
Das Erzählgeschehen stellt sich anders dar, je nachdem, aus welchem Blickwinkel erzählt wird: entweder aus dem einer handelnden Person oder aus dem eines Zuschauenden. Den Blickwinkel beim Erzählen nennt man **Erzählperspektive** *(Perspektive: lat. perspicere = mit dem Blick durchdringen)*.
Wenn du das Geschehen aus der Perspektive einer Person schilderst, die dieses Geschehen selbst miterlebt, spricht man vom **Ich-Erzähler**.
Wenn ein Geschehen aus dem Blickwinkel eines zuschauenden Erzählers beschrieben wird, der über alles Bescheid weiß, spricht man vom **Er-Erzähler**. Du bist dann ein Erzähler, der sich in eine oder mehrere Personen hineinversetzen kann, also auch ihre Gedanken und Gefühle kennt.
Du musst bei der Gestaltung der Perspektive darauf achten, dass du die einmal eingenommene Blickrichtung konsequent einhältst. Du kannst also z. B. als Ich-Erzähler nicht Vorgänge beschreiben, die du von einem eingenommenen Standort aus überhaupt nicht sehen oder hören kannst.
Du kannst auch eine ganz ungewöhnliche Perspektive beim Erzählen einnehmen: die **Frosch-** oder **Vogelperspektive**. Dann stellst du dir in deiner Fantasie möglichst genau vor, wie du Personen, Orte und Handlungen aus dieser Perspektive wahrnimmst.

◀ 62 ff.

Äußere und innere Handlung gestalten
Mit **äußerer Handlung** ist das sichtbare Geschehen gemeint, mit **innerer Handlung** die Gedanken und Gefühle der handelnden Personen. Diese beiden Ebenen der Handlung gehören eng zusammen. Das Verhältnis von innerer und äußerer Handlung richtet sich nach dem Ablauf der einzelnen Erzählschritte. Spannende Stellen kannst du durch die Darstellung der inneren Handlung so anschaulich machen, dass sich der Leser in die handelnden Personen hineinversetzen kann.

◀ 66 f.

Ein Ereignis dehnen und raffen
Geschichten können mit unterschiedlichem Tempo erzählt werden. Für eine knappe und Neugier erzeugende Einleitung brauchst du z. B. die Technik der **Raffung**.
Alle weitläufigen und ausführlich dargestellten Einzelheiten sind an dieser Stelle unwichtig, denn der Leser ist ja auf die Hauptsache gespannt. Einen längeren Zeitraum kannst du auf diese Weise in wenigen knappen Sätzen zusammenraffen.

Mit der Technik der **Dehnung** soll das Wesentliche so ausgestaltet werden, dass die äußere und innere Handlung sichtbar werden. Spannende Minuten können durch geeignete Gestaltungsmittel in die Länge gezogen werden. Das erreichst du durch genaue und farbig-lebendige Erzählung der Ereignisse, durch Mitteilung von Gefühlen und Gedanken und durch wörtliche Rede.

◀ 68 ff.

Wie ein Profi erzählt

▸71 f. **Ein Erzählung untersuchen**
Wenn du eine Erzählung genauer betrachtest, kannst du entdecken, welche Bausteine und Erzähltechniken der Autor oder die Autorin verwendet.
Erzählbausteine: **Ort, Zeit, Personen** und **Handlung**.
Erzähltechniken: **Perspektive, innere** und **äußere Handlung, Dehnung** und **Raffung**.

Erzählen nach literarischen Mustern

▸75 ff. **Wie Fabeln gebaut sind**
Wenn du den **Aufbau einer Fabel** kennst, ist das Schreiben von Fabeln gar nicht so schwer. Sie besteht meistens aus vier Teilen:
- die **Situation**
- die **Aktion** des ersten Spielers
- die **Reaktion** des Gegenspielers
- **Ergebnis**, aus dem der Leser eine **Lehre** ziehen soll.

Da die Fabel eine **kurze unterhaltsame** und **lehrhafte** Geschichte ist, solltest du diese Teile knapp in wenigen Sätzen darstellen. Die Handlung wird häufig als **Rede und Gegenrede** (Dialog) gestaltet. Statt der Tiere können auch Menschen, Pflanzen und Dinge bestimmte **Verhaltensweisen** und **Eigenschaften** (wie z. B. Überheblichkeit, Gerissenheit u. a.) aufzeigen.

▸78 **Schildbürgerstreiche nacherzählen und neu erfinden**
Die Helden von **Schwankgeschichten** sind **Schelme** wie **Till Eulenspiegel** und sein griechischer Bruder **Anastratin, Münchhausen** oder die Leute von **Schilda** (= Schildbürger). Die Verspottung von Dummköpfen oder Betrügern, die selbst reingelegt werden, steht im Mittelpunkt der Handlung, aber auch der Einfallsreichtum eines Münchhausen, der in den schwierigsten Situationen sich aus der Patsche zu helfen weiß.
Wenn du einen Schwank erzählen willst, musst du dich genau an der Vorgabe orientieren und darfst nicht einfach drauflosfantasieren.

▸79 **Einen Schwank aus anderer Perspektive erzählen**
Das **Nacherzählen** einer Geschichte ist sehr reizvoll, wenn du die **Perspektive** wechselst. Dabei musst du sehr genau die Ausgangsgeschichte lesen, damit die Vorlage als Grundgerüst erhalten bleibt. Das, was du hinzufügst oder ausgestaltest, sollte stets mit dem Ausgangstext verknüpft sein. Das Neue besteht z. B. darin, dass du etwas ausgestaltest, was in der Erzählung nur angedeutet ist.

Mündlich darstellen

Sprechkontakt aufbauen
Für die mündliche Darstellung ist wichtig, Regeln des richtigen Sprechens zu beachten. Beim Sprechen musst du Kontakt zu den Angesprochenen aufbauen und aufrecht erhalten. Du solltest auf „Redekrücken" verzichten und dich deinen Zuhörern zuwenden. Auch solltest du gut zuhören können.

Deutlich artikulieren
Damit du von anderen gut verstanden wirst, ist eine deutliche **Artikulation** (Aussprache) notwendig. Außer auf deutliches Sprechen musst du auch auf die angemessene Lautstärke achten.

Sprechsituationen gestalten
Auch mündliche Beiträge sollten nicht nur aus einzelnen hingeworfenen Wörtern bestehen, sondern in zusammenhängenden Sätzen gesprochen werden. Man sollte zur Übung eine Vielzahl von Alltagssituationen nutzen und sich angewöhnen, z. B. auch im Unterricht in knappen, aber zusammenhängenden Sätzen und in geordneter Gedankenfolge zu sprechen.

Mündlich informieren, berichten, beschreiben
Jede Form des mündlichen Darstellens verfolgt eine **Redeabsicht**, z. B. informieren, berichten, beschreiben. An ihr muss man sich orientieren, wenn man die richtige Art des Sprechens treffen und seine Zuhörer erreichen will.

Informieren

Sich im Internet informieren
Gerade die modernen elektronischen Informationsmedien wirken zunächst bunt und unübersichtlich. Aber auch sie bieten Informationen nach bestimmten Ordnungen an. Videotext, E-Mail-Adressen, Internet-Seiten sind jeweils nach einem bestimmten System aufgebaut und lassen mehr Informationen erkennen, wenn man mit den Systemen vertraut ist. Dabei helfen einem Fachbegriffe und Fachwortverzeichnisse.

Informationen weitergeben: Homepage
Auch die Eingabe oder Weitergabe von Informationen in moderne Informationssysteme muss diesen Regeln folgen. Eine eigene Homepage z. B. kann man frei gestalten und mit Informationen nach eigener Wahl füllen. Man muss sich aber auch an bestimmte Regeln halten, damit die Benutzer sich gezielt informieren können. (Weitere Hilfen zu „informierenden Texten" findest du im Kapitel *Mit Sachtexten umgehen* S. 104 ff.)

Berichten

90 f. Genau beobachten und auswerten
Grundlage des Berichtens ist ein genaues Beobachten und eine entsprechende Auswertung des Beobachteten. Der **Bericht** gibt Antworten auf W-Fragen *(Was? Wer? Wo? Wann? Wie? Warum? Wozu?)* Die wichtigen Zusammenhänge, Gründe und Folgen müssen erkennbar sein.

92 Aus verschiedenen Perspektiven berichten
Je nach Betrachtungsweise, Darstellungszweck und Adressat (Leser) setzt der Bericht etwas andere Schwerpunkte. Die Sichtweise bleibt aber immer **sachorientiert**. Aus einem Gesamtgeschehen können unterschiedliche Teile herausgehoben werden. Teile, Reihenfolge und Verknüpfung müssen der gewählten **Perspektive** angepasst sein.

93 Vergleich Erzählung und Bericht
Erzählungen verfolgen eine andere Absicht als Berichte. Sie möchten ihre Leser am Geschehen teilnehmen lassen. Dementsprechend können sie ganz anders aufgebaut sein, kann die Sprache erlebnishaft und gestaltend verwendet werden. Das Erzählte soll eher aus der Nähe betrachtet und miterlebt werden, während der Bericht Abstand und Sachlichkeit verlangt. Man spricht entsprechend von **Erzählstil** und **Berichtsstil**.

94 f. Die Sprache des Berichts
Die Sprache des Berichts ist sachlich, genau und konkret. Die Substantive sollen klar und eindeutig sein. Präzise adverbiale Bestimmungen, Attribute und Verben sorgen zusätzlich für Genauigkeit und Anschaulichkeit. Die Zeitstufe des Berichts ist das Präteritum.

Beschreiben

96 Vorgänge beschreiben
Die **Vorgangsbeschreibung** muss in klarer Sprache die wichtigen Schritte in der richtigen zeitlichen Reihenfolge wiedergeben. Manchmal kann man das Gemeinte umschreiben. Oft benötigst du zur Deutlichkeit Fachbegriffe, die aber verständlich sein müssen (kein „Fach-Chinesisch"). Einmalige Vorgänge, die du aus der Erinnerung beschreibst, können im Präteritum stehen, wiederholbare Vorgänge und Anleitungen stehen im Präsens. Dabei sind auch Varianten wie *man nehme* oder *du nimmst* möglich.

NACHSCHLAGEN: SACHLICHES DARSTELLEN / MIT SACHTEXTEN UMGEHEN   225

Gegenstände beschreiben
Die **Gegenstandsbeschreibung** kann sich an keiner zeitlichen Reihenfolge orientieren. Statt dessen beschreibst du einen Gegenstand am besten nach der Wichtigkeit der Einzelteile. Was darin wichtig ist, kannst du prüfen, indem du dich fragst, welche Angaben zu Missverständnissen führen können.

◀ 97

Personen beschreiben
Die Beschreibung einer Person soll deren Aussehen, gegebenenfalls auch ihr Wesen und ihren Charakter wiedergeben. Neben die wesentlichen Kennzeichen der äußeren Erscheinung tritt das Verhalten, die Sprechweise, die Gebärden und die ganze Art, sich zu geben. Dabei muss man aufpassen, dass man nicht einseitig wird und ein falsches und entstellendes Bild zeichnet. Wirkungsvolle, aber nicht übertriebene Formulierungen unterstützen die **Personenbeschreibung**.

◀ 98

Naturerscheinungen beschreiben
Auch die Beschreibung von Naturerscheinungen kann sich an keiner festen Ordnung orientieren. Wieder gilt als Reihenfolge der Arbeitsschritte: **Genau beobachten, das Wesentliche herausheben, die wichtigen Einzelheiten zuordnen.**
Besonders wichtig ist dabei eine abwechslungsreiche Sprache, die feine Unterschiede einfängt und anschaulich wiedergibt. Wortfeld- und Bedeutungsfeldübungen können beim Formulieren helfen.

◀ 99

Tiere beschreiben
Das Aussehen und die Bewegung von Tieren fängt man am besten in typischen Situationen ein. Dabei muss man wiederum genau beobachten. Hilfreich kann der Versuch sein, Bewegung und Verhalten von Tieren zu imitieren, da man dazu das Wichtige deutlich herausheben muss. Was die sprachliche Gestaltung betrifft, so solltest du vor allem ausdrucksstarke Verben benutzen. (Vgl. dazu auch das Übungsmaterial im Projekt *Texten eines Filmes* zum Verhalten der Amseln und der Katze auf S. 103).

◀ 100 f.

Lesetechniken

Totales Lesen – orientierendes Lesen
Du kennst bereits die Techniken des überfliegenden Lesens, des Lesens mit erweiterter Blickspanne und des Slalomlesens.
Hinzu kommt nun die Unterscheidung zwischen **totalem Lesen** (genaues Lesen des ganzen Textes) und **orientierendem Lesen** (Auswählen der wichtigsten Stellen).
Aus den Sätzen musst du die **Leit-** oder **Schlüsselwörter** herausheben. Dies geschieht durch starke Betonung beim lauten Lesen oder durch Markierungen im Text oder durch Weglassen aller Zwischenteile (Lückentext).

◀ 104 f.

Umgekehrt kannst du solche Lückentexte überprüfen: Sie müssen die wichtigen Informationen und Aussagen noch erkennen lassen.

Optische Hilfen beim Lesen nutzen
106 f.
Eine erste Hilfe für die richtige Auswahl bietet die Orientierung an **Satz-** und **Abschnittgrenzen**. So erkennt man, ob in einem Satz/Absatz noch wichtige Aussagen zu erwarten sind. Eine weitere Lesehilfe bietet die Beachtung des **Layouts**, das den Leser oft rascher führt als ein fortlaufend geschriebener Text.

Sachtexte systematisch untersuchen

Texte unter einer Fragestellung betrachten
108
Oft zeigt ein **Sachtext** selbst an, welches die wichtigen Informationen sind (z. B. durch seinen Aufbau). Auf diese Weise gibt er auch die Fragen vor, die du an den Text stellen kannst. Du kannst ihn aber auch unter einer ganz bestimmten Fragestellung lesen.

Informationen ordnen
109
Fragen, die man an einen Text richtet, und Informationen, die man aus ihm erhält, müssen richtig aufeinander bezogen werden. Oft ist diese Zuordnung selbstverständlich, manchmal muss man sie sich genau verdeutlichen. Dazu kann man grafische Hilfen wie ein **Stammbaum-Schema** oder eine **Begriffs-Pyramide** verwenden.

Sachtexte präsentieren

Texte verknappen/Stichwortzettel anlegen
110 f.
Die aus Texten gewonnenen Ergebnisse kannst du in knapper Form festhalten, indem du den Text auf zwei Sätze oder 1/3 seines Umfanges kürzt.
Ein einfacheres Verfahren ist der **Stichwortzettel**. Er enthält die **Schlüsselwörter** und evtl. **Kernsätze** eines Textes. Textverknappung, Stichwortzettel, Textmarkierung und Randbemerkungen bilden die Grundlage für eine eigene zusammenhängende Darstellung zu einem Thema.

Dehnung

Lang gesprochen – verschieden geschrieben
116
Lange Vokale werden mit Doppelvokal *(See, Boot, Maat)* – wobei die Vokale *i* und *u* nicht verdoppelt werden können – und mit den **Dehnungszeichen** *h* und *e* geschrieben.
Das **Dehnungs-h** kommt beispielsweise in den Wörtern *mahlen, Kahn, Ausfahrt, wahrscheinlich* vor. Es kann nur vor den Konsonanten *l – m – n – r* stehen.

Das **Dehnungs-e** kommt beispielsweise in den Wörtern *liegt, schwierig, eingeliefert* vor. Daneben gibt es aber viele Wörter mit lang gesprochenem Vokal, die kein Dehnungszeichen besitzen *(kam, Kugel, für, Segler)*.

Vor- und Nachsilben ohne Dehnungs-h
Die **Suffixe** (Nachsilben) *-sal, -tum, -sam* und *-bar* werden ohne Dehnungs-h geschrieben. Mit *-sal* und *-tum* werden Substantive gebildet *(Mühsal, Eigentum)*, mit *-sam* und *-bar* Adjektive. Dabei sind die Adjektive aus Verben *(brauchen – brauchbar)* oder aus Substantiven abgeleitet *(Furcht – furchtsam)*.

◀ 117

Der lange i-Laut
Der lange **i-Laut** wird meistens *ie* geschrieben *(Dienstag, Diesel, friedlich)*. Selten wird er mit einfachem *i* geschrieben; meistens handelt es sich dabei um Fremdwörter *(Liter, Turbine, Maschine, Prinzip)*.
Die Buchstabenfolge *ih* gibt es nur bei wenigen Pronomen, die man sich einprägen muss: *ihnen, ihm, ihr, ihre, ihren, ihres*.
Manchmal kennzeichnet die unterschiedliche Schreibung auch einen Bedeutungsunterschied *(wider [= gegen, entgegen] – wieder [= nochmals, erneut])*.

◀ 118

Schärfung

Kurz gesprochen – verschieden geschrieben
Folgt auf einen kurzen Vokal nur ein einziger Konsonant, wird dieser verdoppelt *(Ritter, Puppe, Lappen)*. Eine Ausnahme bilden *ck* und *tz (Nacken, Katze.)*. *Ck* und *tz* können nicht nach *l – m – n – r* stehen.
Folgen auf einen kurzen Vokal mehrere Konsonanten, dann werden diese nicht verdoppelt *(Schulter, Kante, Hast)*.

◀ 119

Drei gleiche Konsonanten bei Wortverbindungen
Wenn bei Wortverbindungen drei gleiche Konsonanten aufeinander stoßen, dann müssen alle drei geschrieben werden. Die Trennung durch einen Bindestrich ist nach eigenem Belieben möglich *(Auspuffflamme, Stall-Laterne)*.

◀ 120

ent- oder end-
Das **Präfix** (Vorsilbe) *ent-* muss von dem Wortstamm *end-* unterschieden werden. *Ent-* unterstreicht oft die Bedeutung von „vermindern" oder „der Beginn eines Geschehens" *(mutig – entmutigt, schließen – Entschluss)*. Der Wortstamm *end-* verweist auf das Substantiv *Ende*. Bei der Schreibung kann man sich an dessen Bedeutung orientieren *(Endpunkt = Punkt am Ende)*.

◀ 121

Gleich und ähnlich klingende Laute

122 f.

f – v – pf – ph

Der **f-Laut** kann mit *f (Freitag)*, mit *v (Vesper)* und mit *ph (Pharao)* geschrieben werden. Wörter, die am Wortanfang mit *v* geschrieben werden, muss man sich einprägen *(Vogel, Vater, Verein)*. Viele dieser Wörter sind zusammengesetzt und haben die Präfixe (Vorsilben) *vor-* und *ver- (vorsichtig, verdutzt, verkaufen)*.

Wird *v* als *w* gesprochen, handelt es sich meistens um Fremdwörter *(Vulkan, vibrieren, vegetarisch, Klavier, Aktivität)*.

In Fremdwörtern wird der f-Laut häufig mit *ph* geschrieben *(Philosoph)*. Nach der neuen Rechtschreibung ist zum Teil auch die Schreibung mit *f* möglich *(Delphin* oder *Delfin, Telephon* oder *Telefon)*.

Wörter, die mit *pf* geschrieben werden, kannst du dir einprägen, indem du das *p* deutlich aussprichst *(Pfeife, Pflaster, Strumpf)*.

124

chs – gs – ks – cks – x

Der **ks-Laut** wird unterschiedlich geschrieben *(Fuchs, tagsüber, abmurksen, rucksen, verflixt)*. Man muss sich einprägen, wie diese Wörter geschrieben werden.

Bei *cks* und *gs* kann man sich eine Hilfsregel merken: Wörter mit dieser Schreibung sind oft von Wörtern mit *ck* und *g* abgeleitet *(Weg – unterwegs, Zweck – zwecks)*.

125

-ig und -lich

Wenn unklar ist, ob *-ig* oder *-lich* geschrieben wird, hilft es oft, das Wort zu verlängern *(herzlich – herzliche, sonnig – sonnige)*.

s-Laute

126

Wie man s-Laute unterscheidet

Beim **s-Laut** wird zwischen **stimmhaft** und **stimmlos** unterschieden. Wer Schwierigkeiten bei der Unterscheidung hat, kann den Kehlkopf-Test machen: Halte die Hand an den Hals und sprich die Wörter *Elisa* und *Boris*. Bei *Elisa* wird der Hals vibrieren, denn der s-Laut ist stimmhaft. Bei *Boris* spürst du nichts, denn der s-Laut ist stimmlos.

Der stimmhafte s-Laut wird immer mit *s* geschrieben *(Weise, Reise, Dosen, Rosen)*.
Der stimmlose s-Laut kann mit *s*, *ss* oder *ß* geschrieben werden.

127 f.

Wann man s, ss oder ß schreibt

Nach langem Vokal und Diphthong (Zwielaut) wird der stimmlose s-Laut mit *ß* geschrieben *(genießen, verdrießen, weiß, Strauß)*.

Nach kurzem Vokal wird *ss* geschrieben *(essen, Nessel, Genuss)*.

Das Wort *das* kann ein Artikel, ein Demonstrativpronomen oder ein Relativpronomen sein. Der Artikel lässt sich durch *ein* ersetzen *(das ist das Glas – das ist ein Glas)*, das Demonstrativpronomen durch *dieses (das ist das Glas – dieses ist das Glas)* und das Relativpronomen durch *welches (das ist das Glas, das du fast zerbrochen hättest – das ist das Glas, welches du fast zerbrochen hättest)*.

Die Konjunktion *dass* lässt sich durch kein Wort ersetzen und muss mit *ss* geschrieben werden *(peinlich war an der Sache mit dem Glas, dass du es fast zerbrochen hättest)*. Bei der Endsilbe *-nis* (Plural *-nisse*) und bei Fremdwörtern steht für den stimmlosen s-Laut nach kurzem Vokal nur ein *s (Zeugnis, Erkenntnis, Geheimnis, Ananas, Kürbis, Globus)*.

Großschreibung

Verben substantivieren
Verben werden nach bestimmten und unbestimmten Artikeln *(ein/das Laufen)* – auch wenn keine Artikel stehen und man diese nur davor setzen könnte –, nach Possessivpronomen *(mein Springen)*, nach Demonstrativpronomen *(dieses Fliegen)*, nach Präpositionen *(ohne Singen)* und nach Adjektiven *(lautes Lachen)* großgeschrieben.

◀ 129

Adjektive substantivieren
Auch für Adjektive gilt: Nach Artikeln *(die/eine Schöne)*, nach Possessivpronomen *(mein Bestes)*, nach Demonstrativpronomen *(dieser Dicke)*, nach Präpositionen *(mit Schönem)* und Adjektiven *(eine lange Dürre)* werden sie substantiviert. Außerdem werden sie nach den Mengenwörtern *alles, nichts, etwas, allerlei, genug, manch(es), viel(es), wenig(es)* großgeschrieben.

◀ 130

Andere Wortarten substantivieren
Jede Wortart und sogar einzelne Buchstaben können substantiviert werden, etwa das Pronomen *(das Du)* oder die Konjunktion *(ohne Wenn und Aber)*. Es gelten die gleichen Regeln wie für das Verb und das Adjektiv.

◀ 131

Eigen-, Orts- und Ländernamen
Adjektive, die als fester Bestandteil in Eigennamen vorkommen, schreibt man groß *(Katharina die Große, die Deutsche Bundespost)*. Orts- und Ländernamen, die mit *-er* enden, werden großgeschrieben *(Freiburger Vorort, Dresdener Straße)*.

◀ 132

Dies gilt auch für Ableitungen von Orts- und geographischen Eigennamen *(Frankfurter Würstchen, Schweizer Käse)*.

Man darf diese Eigen-, Orts- und Ländernamen nicht mit deklinierten Adjektiven auf *-er* verwechseln, die kleingeschrieben werden *(Holländer Käse – holländischer Käse)*.

Fremdwörter

133 f.

Wie Fremdwörter geschrieben werden können

Bei **Fremdwörtern** kommt häufig der i-Laut vor. Vor allem Verben, die aus dem Französischen kommen, haben oft die Endung *-ieren (studieren, profitieren, funktionieren)*.
Auch gibt es Fremdwörter, die mit einfachem *i* geschrieben werden *(Turbine, Maschine, Prinzip)*, und Fremdwörter, die in ihrer Schreibung von deutschen Wörtern abweichen *(Spezialist, Niveau, Apparatur)*. Die Schreibweise dieser Wörter musst du dir einprägen.

Zeichensetzung

135

Das Komma in Satzreihe und Satzgefüge

Zwischen zwei Hauptsätzen steht ein Komma. Vor *und/oder* muss kein Komma stehen:
Michel aus Lönneberga ist bekannt für seine Streiche, aber er ist auch sehr hilfsbereit und er überrascht alle mit außergewöhnlichen Ideen.
Haupt- und Nebensatz in Satzgefügen werden durch Komma getrennt:
Als die Magd Lina an Zahnschmerzen leidet, macht Michel einen tollen Vorschlag.
Der eingeschobene Nebensatz wird vom Hauptsatz durch paariges Komma getrennt.
Michel, der ärgerlich war, sprengte in voller Fahrt auf den nächsten Zaun zu.
(Vgl. dazu auch S. 208: Wie man Sätze verknüpfen kann)

136

Das Komma bei Appositionen

Appositionen werden vom übrigen Teil des Satzes durch Kommas getrennt:
Timm Thaler, ein Junge mit fröhlichem Lachen, verkauft seinen wertvollsten Besitz und wird sehr unglücklich.

137

Das Semikolon

Das **Semikolon** wird bei der Aufzählung gleichrangiger Wortgruppen jeweils unterschiedlichen Inhalts verwendet. *1 Päckchen Vanillezucker und 100 g Zucker; 2 Eier; 75 g Mehl, 75 g Stärkemehl, 1 Messerspitze Backpulver.*
Ferner werden mit dem Semikolon gleichrangige Hauptsätze unterschiedlichen Inhalts voneinander abgetrennt. Mit dem Semikolon will man stärker abgrenzen als mit dem Komma, aber weniger als mit dem Punkt:
Stefanie war in den Ferien auf dem Ponyhof; Francis hat ein Radtour unternommen; Marina war im Zoo; Marion war in Gran Canaria. Patrick hat die Ferien daheim verbracht.

Wortspiele und Gedichte

Mit der Wortgestalt spielen

Mit den Buchstaben eines Wortes kannst du nach bestimmten Regeln spielen, sodass neue Wörter entstehen. Wenn du die Buchstaben eines Wortes so umstellst, dass sie ein neues Wort ergeben, machst du ein **Anagramm** *(griech: = um-schreiben)*.
Wörter, die rückwärts gelesen ein neues Wort bilden, nennt man **Palindrom** *(griech.: = Spiegelwort* oder auch *Krebswort)*.
Schnelligkeit verlangt die Wauderkelsch-Übung: Hier werden zusammengesetzte Wörter ohne Rücksicht auf ihre Bedeutung geschüttelt, so dass **Kauderwelsch-Wörter** entstehen.

◀140

Mit dem Sprachklang spielen

Mit **Lauten** und **Klängen** kannst du so spielen, dass ein Sinn hörbar wird. So kannst du Wörter z. B. flüstern oder schreien; **Zauberverse** musst du eher beschwörend sprechen.
Es gibt in unserer Sprache **lautmalende** Wörter wie z. B. *schnattern, gackern, kichern,* die die Eigenart der Handlung zu Gehör bringen. Selbst **Lautgedichte** können durch die Vorstellungen, die ihr Klang in uns erzeugt, eine Bedeutung bekommen.

◀141

Mit Reimen spielen

Verse und **Reime** sind Bestandteil der **poetischen Sprache**. Hier gibt es viele Spielformen. Wenn du Strophen ergänzen sollst, musst du besonders auf die **Reimfolge** und den **Rhythmus** achten. Verse können sich folgendermaßen reimen:

◀142 ff.

     paarweise: *Nacht – Pracht,*
     kreuzweise: *Dingen – fort – singen – Wort;*
     umarmend: *blink – rein – stein – hink.*

Du kannst auch Wörter zusammenstellen, die im **Anlaut** gleich sind, wie z. B.:
Tante Trude tanzt Tango. Dieser Reim heißt **Stabreim**.
Das **Metrum** wird bestimmt durch die regelmäßige Wiederholung von betonten und unbetonten Silben. Der **Rhythmus** dagegen ist die schnelle oder langsame, weiche oder harte Bewegung der Sätze.
Du findest Reim, Metrum und Rhythmus am leichtesten, wenn du die Verse laut liest. Dann merkst du, welche Silben betont werden und welche unbetont bleiben.

Zum szenischen Spiel kommen

145 f.
Bewegungen – Begegnungen
Mit Hilfe des szenischen Spiels kann man mehr über Personen sowie ihre Gefühle erfahren und Situationen besser verstehen.

Mit ein paar Aufwärmübungen könnt ihr euch locker machen, euer Klassenzimmer als Spielraum wahrnehmen und verschiedene Gehformen darin ausprobieren. Ihr könnt euch gegenseitig auch einmal von einer anderen Seite kennen lernen (Begrüßungsrunde) und eure Stimme schulen.

147 f.
Mit Körper und Sprache improvisieren
Für das szenische Spiel ist es wichtig, dass ihr verschiedene Formen des Körperausdrucks beherrscht und die Wirkung auf den Zuschauer einschätzen lernt, z. B. den Ausdruck des Gesichts (**Mimik**) und der Körperhaltung (**Gestik**). Für manche Szenen kann es sehr wirkungsvoll sein, wenn alle Spieler dieselbe Geste machen.

149
Dialoge schreiben und spielen
Dialog bedeutet Unterredung, Zwiegespräch. In der Fabel *Der Frosch und der Ochse* (S. 75) führen die beiden Tiere einen Dialog. Rede und Gegenrede folgen im Wechsel aufeinander. Sie sorgen für Lebendigkeit und treiben die Handlung voran.

Du kannst auch eine Erzählung **dialogisieren**. Was die einzelnen Personen sagen, steht hinter ihrem Namen, nach Doppelpunkt ohne Anführungszeichen; die **Regieanweisungen** stehen in Klammern, da, wo sie hingehören.

Wenn eine solche **Dialogfassung** zur Spielszene werden soll, musst du einige Dinge berücksichtigen, z. B.:
- wie du die Handlung in spielbare Abschnitte teilen kannst, die als Bilder oder Szenen dargestellt werden können (erster Ort = 1. Szene, zweiter Ort = 2. Szene)
- welche Personen mitspielen sollen, was sie sagen, wie sie es sagen
- welche Regieanweisungen nötig sind, um genauere Hinweise zu geben, z. B. zur Gestik, Mimik oder zur Sprechweise der Personen.

Begründungen geben

150
Warum man begründet
Das **Begründen** ist eine wichtige Sprech- und Schreibhandlung. In vielen **Gesprächssituationen** sind Begründungen notwendig. Wird einem beispielsweise etwas vorgeworfen, ist es angebracht, mit Gründen die eigene Position zu verteidigen oder aber sein Fehlverhalten begründend zu entschuldigen (wenn der Junge z. B. vergessen hat, die Fische zu füttern).

NACHSCHLAGEN: SPRACHLICHER UMGANG MIT ANDEREN 233

Wie man begründet
Der Erfolg deiner Rede wird ganz entscheidend davon abhängig sein, wie du deine Meinung begründest. Mit bloßen **Behauptungen** ist es nicht getan. Behauptungen, die du aufstellst, sollten Begründungen folgen. Die einfachste Art der Begründung ist der weil-Satz. Er stellt das **Argument** dar, mit dem die Begründung vorgenommen wird, ist also das Mittel derselben. Oft reicht das Argument aber nicht aus und sollte durch ein Beispiel gestützt werden. So kann eine Begründung einleuchtender werden. Merke dir also den Dreischritt: **Behauptung – Argument – Beispiel**. Man nennt dieses Vorgehen **Argumentation** (vgl. den Beispielsatz: *Ich bin ein Computerfreak.*).

151 ff.

Wie man überredet und wie man überzeugt
Wer jemanden überreden möchte, muss nicht begründen. Wer beispielsweise für ein *Computerspiel* wirbt und zum Kauf **überreden** will, muss geschickt seine Worte und Sätze formulieren und sie in ansprechende Bilder einbetten. Dagegen wird derjenige, der jemanden von etwas **überzeugen** will, Begründungen, d.h. treffende Argumente liefern.

154 f.

Probleme diskutieren

Wann es Ärger gibt
In den unterschiedlichsten Bereichen des alltäglichen Lebens werden Probleme **diskutiert**: im Elternhaus, in der Schule, im Freundeskreis, im Verein und an vielen anderen Orten. Dabei wird auch hier der Erfolg deines Gesprächsbeitrags oftmals davon abhängen, wie du deine Meinung oder dein Verhalten begründest: d.h. ob du einleuchtende Argumente und Beispiele vorbringst.

156

Wie man Konflikte lösen kann
Sicherlich wird es im Leben oft auch so sein, dass man Konflikte nicht durch plausible Begründungen lösen kann (z.B. wenn jemand stur ist oder wenn man mit jemandem Beziehungsprobleme hat). Aber es ist von Vorteil – vor allem bei diskussionsbereiten Gesprächsteilnehmern –, wenn man die Fähigkeit des Argumentierens besitzt. Probleme und Konflikte lassen sich so leichter lösen.

157

Wie man Gespräche und Diskussionen führt
Gesprächs- und **Diskussionsleiter** müssen darauf achten, dass bestimmte Regeln eingehalten werden: **ausreden lassen, nicht unterbrechen, nicht abschweifen**. Sie müssen darüber hinaus die Fähigkeit besitzen, die Gespräche und Diskussionen **ziel-** und **ergebnisorientiert** zu leiten.
Dazu gehört auch, dass sie hier und da Zusammenfassungen vornehmen, Ausblicke geben und gegebenenfalls die Gesprächsteilnehmer zu Begründungen anhalten.

158 f.

Über Literatur sprechen

160f. Sich mit einem Jugendbuch auseinander setzen
Immer wieder werden Figuren in Jugendbüchern bei bestimmten Verhaltensweisen dich dazu anhalten, über sie nachzudenken: d. h. auch sie zu loben oder aber zu kritisieren (z. B. die Verantwortungslosigkeit Bens in *Level 4 – Die Stadt der Kinder*).
Willst du das Lob oder die Kritik überzeugend formulieren, bedarf es einer schlüssigen Argumentation.

162f. Sich mit Fabeln auseinander setzen
Besonders Fabeln reizen zur **Stellungnahme**, weil sie aus einer Tiergeschichte häufig eine Lehre für das menschliche Leben ableiten. Diese gilt es dann daraufhin zu prüfen und zu beurteilen, ob sie denn auch stimmt (z. B. dass Schwächere „stark" sein können: wie die *Maus* im Vergleich zum *Löwen*). Willst du dies beispielsweise in einem Gespräch schlüssig beweisen, musst du stichhaltige Argumente und treffende Beispiele nennen. – Denkbar wäre auch, dass du dich mit Argumentationen von Tieren in Fabeln (bzw. Figuren in anderen Texten) auseinander setzt (z. B. mit der Argumentation der *Maus* im Gespräch mit dem *Löwen*). Willst du diese angemessen beurteilen, musst du Gründe vorbringen.

164f. Sich mit Gedichten auseinander setzen
Auch in **Gedichten** werden zuweilen Probleme dargestellt. Erich Frieds *Humorlos* ist ein solches Gedicht. Sein Problemgehalt, die Tierquälerei, stimmt wohl jeden Leser nachdenklich.
Wird anschließend über Tierquälerei diskutiert, sollte derjenige, der sich heftig dagegen ausspricht, Gründe für seine Einstellung mitteilen.

Erb-, Lehn- und Fremdwörter

167 Was Erbwörter sind und woher sie kommen
Erbwörter sind die ältesten Wörter unserer Sprache *(Rad, Feld, Bruder)*. Mit ihnen werden zahlreiche Ableitungen und Zusammensetzungen gebildet.
Die Germanen haben die Dinge, die sie umgaben, mit einem Begriff benannt, der dann an die nächste Generation weitergegeben wurde. Ungefähr ein Viertel unseres Grundwortschatzes stammt aus germanischer Zeit seit ca. 5000 v. Chr.

168f. Was Lehnwörter sind und woher sie kommen
Neue Einflüsse im Leben der Germanen und schließlich auch der Deutschen brachten neue Wörter. Diese kamen jedoch nicht nur aus der eigenen, sondern auch aus anderen Sprachen. Durch Beziehungen zu benachbarten Völkern oder das direkte Zusammenleben mit ihnen lernten die Germanen Neues kennen. Sie übernahmen den bisher unbekannten

Gegenstand in ihren Alltag und mit diesem auch dessen Namen. Sie passten diesen in Aussprache und Schreibung an. Viele **Lehnwörter** stammen ursprünglich aus dem Lateinischen *(turris = Turm, murus = Mauer, tegula = Ziegel)*.

Was Fremdwörter sind und woher sie kommen
Fremdwörter stammen wie die Lehnwörter aus anderen Sprachen, haben sich jedoch im Gegensatz zu diesen in ihrer Schreibweise nicht dem Deutschen angepasst, sondern die Schreibweise ihrer Ursprungssprache im Wesentlichen behalten. So stammt das Wort *Restaurant* aus dem Französischen und wird geschrieben und gesprochen wie in der Ursprungssprache.
Die Übernahme von Fremdwörtern ist abhängig von Entwicklungen in vielen Bereichen wie dem Handel, der Wissenschaft oder der Kunst und Kultur. Auch in der Gegenwartssprache werden viele Fremdwörter in unseren Wortschatz aufgenommen.

Wörter aus verschiedenen Epochen
Im Hochmittelalter (12./13. Jahrhundert) gewann auch die französische Sprache in unserem Sprachraum an Bedeutung. Das französische Ritterwesen wurde zum Vorbild für die Entwicklung in Deutschland. Deshalb wurden viele Wörter aus diesem Bereich als Lehnwörter in die deutsche Sprache übernommen *(pris = Preis, pancier = Panzer)*. Im 16. Jahrhundert kam es in verschiedenen Lebensbereichen der Menschen zu Veränderungen. So entwickelten sich beispielsweise Handel und Schifffahrt in hohem Maße. Entsprechend wurde auch der Wortschatz in diesem Bereich um neue Wörter aus anderen Sprachen erweitert. Beispielsweise kommt das Wort *Risiko* aus dem Italienischen, das Wort *Kajüte* aus dem Holländischen.

Gegenwartssprache
Auch heute verändert sich die Sprache ständig. Viele Wörter aus dem Englischen werden in unsere Sprache übernommen. Häufig sind dies Fachwörter, die nicht sinnvoll übersetzt werden können *(z. B. Computer, surfen)*. Auch die Jugendsprache enthält viele englische Begriffe *(z. B. cool, Drink, Power)*. Ähnliches gilt für die Bereiche Wirtschaft und Bekleidung *(z. B. Marketing, Jeans)*.

Sachregister

A Adjektiv 50, 219
Adjektivattribut 22 f. 180, 212 f.
Adverb 42 ff., 185, 217 f.
Adverbattribut 22 f., 212
Adverbiale 12 ff., 176 f., 209
    Adverbial der Art und Weise 13 f., 209
    Adverbial der Zeit 13 f., 209
    Adverbial des Grundes 13 f., 209
    Adverbial des Ortes 13 f., 209
Adverbialsätze 15 ff., 178 f., 210
    Lokalsätze 16, 210
    Kausalsätze 16, 210
    Modalsätze 17, 210
    Temporalsätze 18, 211
Akkusativobjekt 32, 208, 214 f.
Aktiv 28 ff., 182 f., 213
Anagramm 140, 231
Antonym 53, 219
Apposition 24, 136, 212, 230
Argumentation 151 ff., 233
Artikulation 85, 223
Attribut 20 ff., 180 f., 211 f.
Attributsatz 24, 180 f., 213
äußere Handlung 66 f., 188, 221

B Bedeutung 52 f., 219
Begriffe ordnen 53, 109, 219
begründen 150 ff., 232
Bericht 90 ff., 193, 224
Beschreibung 96 ff., 194 f., 224 f.
Bestimmungswort 49, 218
Bewegungsspiele 145, 232
Bezugswort 24, 39, 212 f.
Bildergeschichte 188, 190
Bindewort s. Konjunktion

D das/dass 127, 229
Dativobjekt 208
dehnen und raffen 68 ff., 190, 221
Dehnung 116 ff., 196, 226
Dehnungs-h 116 ff., 197, 227
Demonstrativpronomen 34 f., 215
dialogisieren 149, 232
Diktattexte 196, 206
diskutieren 156 ff., 233

E Eigennamen 132, 229
Erbwörter 167 f., 186 f., 234
Er-Erzähler 63, 187, 221
Erweiterungsprobe 20, 212
Erzählbausteine
    Ort 59, 220
    Zeit 58, 220
    Personen 60 f., 220
    Handlung 61 f., 220
Erzähltechnik
    Perspektive 62 ff., 186 f., 221
    äußere und innere Handlung 66 f., 188 f., 221
    dehnen und raffen 68 ff., 190, 221
Erzählungen untersuchen 71 f., 222
Eulenspiegelgeschichten 80 f.

F Fabel 74 f., 162 f., 191, 222, 234
Fabelaufbau 75, 222
Figur 60, 220
f-Laut 122, 201, 228
Fremdwörter 133 f., 170, 230, 234 f.

G Gedichte 142 ff., 164, 231 f., 234
Gegenstandsbeschreibung 97, 195, 225
Gegenwartssprache 173 f., 235
Genitivobjekt 208
Genitivattribut 24, 212
Gesprächsregeln 158 f., 233
Gestik 147, 232
Gleichzeitigkeit 179, 211
Gliedsätze 15, 19, 210 f.
Großschreibung 129 ff., 204, 229
Grundwort 49, 218

H Handlung 61, 66 f.
Hauptsatz 8 f., 208
Homepage 88 f., 223
Homonym 53, 219

I Ich-Erzähler 63, 186, 221
i-Laut 118, 198, 227
Infinitiv 33, 215
innere Handlung 66 f., 188 f., 221
informieren 88, 223
Internet 88, 223

J Jugendbuch 160 f., 234

K Klang 144, 231
Kausalsätze 17, 178 f., 210
Komma 8 f., 135 f., 208, 230
Komposita 49, 218
Konjunktion 40 f., 184, 216 f.
Konsonantenhäufung 120, 227
ks-Laut 124, 202, 228

L Ländernamen 132, 229
Laute, gleich und ähnlich klingende 122 ff., 228
Lehnwörter 168 f., 234
Lesetechniken 104 ff., 225
Lokalsätze 16, 178 f., 210
Lügengeschichte 192

M Metapher 54 f., 220
Metrum 231
Mimik 147, 232
Modalsätze 17, 210

N Nacherzählen 78 ff., 192, 222
Nachzeitigkeit 18, 179, 211
Nebensatz 8 f., 208

O Oberbegriff 53, 219
Objekt 10, 208
Ort der Handlung 59, 220
Ortsnamen 132, 229

P Palindrom 140, 231
Partizip 28, 43, 46, 213, 217 f.
Passiv 28 ff, 182 f., 213
Personenbeschreibung 98, 225
Perspektive 62 ff., 92, 221
Prädikat 10, 208
Prädikatsnomen 11, 209
Präfix 49, 117, 121, 200
Präpositionalattribut 21, 24, 180 f., 212 f.
Präpositionalobjekt 214
Präsentation 110 f., 226
Projekte 82 f., 102 f., 112

R Redeabsicht 82, 155, 223
Redehaltung 84, 223

Reflexivpronomen 36 f., 215 f.
Reim 142 ff., 231
Relativpronomen 38 f. 216
Relativsatz 24, 213
Rhythmus 142 ff., 231

S Sachtexte 108 ff., 226
Satzgefüge 8 f., 208
Satzglieder 10, 208
Satzreihe 8 f., 208
Schärfung 119, 199
Schildbürgerstreiche 78, 222
Schwank 79, 222
Semikolon 137, 230
s-Laute 126 ff., 203, 228 f.
Sprachklang 141, 231
Sprechsituationen 86, 223
Sprechübungen 85, 146, 223
Stichwortzettel 59, 111, 226
Streitgespräche 157, 233
Subjekt 10, 208
Substantiv 49, 218
Substantivierung 130 f., 204 f., 229
Suffix 49 f., 117, 125, 200, 227
Synonym 53, 219
Szenisches Spiel 145 ff., 232

T Temporalsätze 18, 178 f., 211
Textverknappung 110 f., 226

U Umstellprobe 21, 212
Unterbegriff 53, 219

V Verb 32 f., 37, 51, 204, 219
Vorgangsbeschreibung 96, 193 f., 224
Vorgangspassiv 183, 213
Vorzeitigkeit 18, 179, 211

W Weglassprobe 20, 212
Wortbildung 48 ff., 218 f.
wörtliche Rede 68 ff., 221
Wortspiele 140 ff., 231

Z Zeichensetzung 8 f., 135 ff., 208, 230
Zeitstufen 30, 214
Zustandspassiv 183, 213

Textquellen

Alle Texte ohne Verfassernamen, die nicht im Textquellenverzeichnis aufgeführt sind, sind Eigentexte der Autorinnen und Autoren dieses Sprachbuchs.
S. 26: *Craig* in: Klaus Ruhl (Hrsg.). „spielen und lernen" – Jahrbuch für Kinder 1993. Seelze: Velber 1992. S. 21–23. **S. 31:** *Krenzer* in: Christa L. Cordes (Hrsg.). Die Superrutsche und andere Miteinander-Geschichten. Herder: Freiburg 1987. S. 151. **S. 34:** *Heyne* aus: Isolde Heyne. Das Versprechen. In: Christa L. Cordes (Hrsg.). Die Superrutsche und andere Miteinander-Geschichten. Freiburg: Herder 1987. S. 7–11. **S. 43:** *Kurzbiografie* aus: Süddeutsche Zeitung vom 13./14. Februar, Nr. 38, S. 124. Literaturnaja Gaseta, Januar 1971. **S. 43:** *Tomic.* Mit freundlicher Genehmigung der Autorin. **S. 58:** *Marder* aus: Eva Marder. Die geheimnisvolle Insel. In: Renate Boldt/Uwe Wandrey (Hrsg.). Da kommt ein Mann mit großen Füßen. Rowohlt: Reinbek 1973. S. 27. **S. 70:** *Kästner* aus: Erich Kästner. Emil und die Detektive. Hamburg: Dressler 1981. S. 56f. © Atrium Verlag, Zürich. **S. 71:** *Welsh* in: Sindbads neue Abenteuer. Hrsg. von Horst Heidtmann. Baden-Baden: Signal Verlag 1984. S. 91f. **S. 75:** *Äsop* aus: Antike Fabeln. Hrsg. und übers. von Johannes Irmscher. Berlin/Weimar: Aufbau Verlag 31991. S. 45; S. 373. **S. 78:** *Kästner* aus: Erich Kästner erzählt. Hamburg/Zürich: Dressler 1992. S. 195. **S. 79:** *Unbek. Verf.* aus: Schelmengeschichten. Hrsg. von Václa Cibula . Hanau: Dausien 1981. S. 104. **S. 80:** *Bote* aus: Hermann Bote. Till Eulenspiegel. Frankfurt/M.: Insel 1978. S. 78. **S. 85:** *Goethe* aus: Johann Wolfgang von Goethe. Werke. Hamburger Ausgabe. Hrsg. von Erich Trunz. Hamburg: Wegener 1960. **S. 98:** *Reuter* aus: Bjarne Reuter. So einen wie mich kann man nicht von den Bäumen pflücken, sagt Buster. Aus dem Dän. von Sigrid Daub. Frankfurt/M.: Sauerländer ²1987. **S. 106:** Aus: Netzwerk Biologie. Hannover: Schroedel 1998. S.214. **S. 115:** *Rechtschreibwörterbuch* aus: Ursula Hermann – Lutz Götze: Die neue Rechtschreibung. Gütersloh: Bertelsmann Verlag 1996. S. 967. **S. 116 ff.:** Zusammengestellt aus Materialien der Deutsche Gesellschaft zur Rettung Schiffbrüchiger, Bremen. **S. 124:** *Löns* aus: Ausgewählte Tiergeschichten. Stuttgart: Reclam 1980. (Text für den schulischen Gebrauch geändert). **S. 135:** *Lindgren* aus: Astrid Lindgren. Michel bringt die Welt in Ordnung. Hamburg: Oetinger 1990. S. 45ff. (Text für den schulischen Gebrauch geändert). **S. 140:** *Abkürzungsfimmel* Rosemarie Wildermuth. Aus: Ellermann Leselexikon. München: Ellermann Verlag 1993. S. 8. *Buchstabensalat, Wauderkelsch, Rückwärtsgang* aus: Sprachspiele. Arbeitstexte für den Unterricht. Stuttgart: Reclam 1977. S. 8, 12, 60. **S. 141:** *Ball* aus: Hugo Ball. Seepferdchen und Flugfische. Zürich 1957. S. 34. *Morgenstern* aus: Christian Morgenstern. Alle Galgenlieder. Frankfurt/M.: Insel 1973. S. 93. *Härtling* aus: Peter Härtling. Ausgewählte Gedichte 1953–1979. Darmstadt: Luchterhand 1979. **S. 143:** *Jandl* aus: Ernst Jandl. Sprechblasen. Band 3 der poetischen Werke. Hrsg. von Klaus Siblewski. München: Luchterhand 1997. *Pausewang* aus: Die Erde ist mein Haus. 8. Jahrbuch der Kinderliteratur. Hrsg. von H.-J. Gelberg. Weinheim/Basel: Beltz & Gelberg 1988. S. 152. *Eichendorff* aus: Joseph von Eichendorff. Werke in einem Band. München: Hanser 1955. **S. 144:** *Blaich* aus: Des Leib- und Seelenarztes Dr. Owlglass' Rezeptbuch. Gereimtes und Erzähltes. München: Nymphenburger Verlagsanstalt 1955. S. 63. *Krolow* aus: Karl Krolow. Gesammelte Gedichte. Frankfurt/M.: Suhrkamp ²1985. S. 80. **S. 146:** *Jandl* aus: Ernst Jandl. Sprechblasen. Band 3 der poetischen Werke. Hrsg. von Klaus Siblewski. München: Luchterhand 1997. **S. 153:** *Collier* aus: Das große Reader Digest Jungendbuch. Nr. 16. Stuttgart: Das Beste 1975. S. 152f. **S. 155:** *Duy* aus: Manfred Duy. Spiele-Test. Die Siedler halten mich in ihrem Bann. Aus: PC Player 1/99. S. 120. **S. 160:** *Schlüter* aus: Andreas Schlüter. Level 4 – Die Stadt der Kinder. München: Deutscher Taschenbuch Verlag 1998. S. 5, 14, 22f. © 1994 Altberliner Verlag, Berlin–München. **S. 162:** *Der Löwe und die Maus* aus: Altägyptische Erzählungen und Märchen. Jena: Diederichs 1972. **S. 163:** *Horváth* aus: Ödön von Horváth. Gesammelte Werke. Band III. Frankfurt/M.: Suhrkamp 1970. S. 38. **S. 164:** *Goethe* aus: Johann Wolfgang von Goethe. Werke. Hamburger Ausgabe. Hrsg. von Erich Trunz. Hamburg: Wegener 1960. *Fried* aus: Erich Fried. Anfechtungen. Berlin: Wagenbach 1967. S. 26. **S. 165:** *Lexikonartikel* aus: Meyers Großes Taschenlexikon. Mannheim: Bibliographisches Institut 1998. **S. 178:** *Lornsen* aus: Boy Lornsen. Robbi, Tobbi und das Fliewatüüt. Stuttgart: K. Thienemann Verlag 1967. S. 35ff. **S. 180:** *Pestum* aus: Jo Pestum. Das Monster im Moor. Stuttgart: K. Thienemann Verlag 1988. S. 14f. **S. 181:** *von der Grün* aus: Max von der Grün. Vorstadtkrokodile. München/Gütersloh: Bertelsmann 1976. S. 13. **S. 186:** *Günther* aus: Herbert Günther. Polterabend. In: Ich möchte einfach alles sein. Geschichten, Gedichte und Bilder aus der Kindheit. München: Hanser 1998. S. 90. **S. 187:** *Brender* aus: Menschengeschich-

ten. 3. Jahrbuch der Kinderliteratur. Hrsg. von H.-J. Gelberg. Weinheim/Basel: Beltz & Gelberg 1975. S. 115.
S. 191: *Hagelstange* aus: Rudolf Hagelstange. Fabeln des Äsop. Ravensburg: Meyer 1976. S. 170. S. 194: *Jonglieren* aus: Borkens/Renneberg. Gaukelcirkus. Münster: Ökotopia Spielvertrieb 1993. S. 108. *Rastelli* aus: Degener/Schmitt. Zirus. Geschichte und Geschichten. München 1991. S. 83. S. 196: *Hebel* aus: Johann Peter Hebel. Poetische Werke. München: Winkler 1961. S. 199: *Lenzen* aus: Augenaufmachen. 7. Jahrbuch der Kinderliteratur. Hrsg. von H.-J. Gelberg. Weinheim/Basel: Beltz & Gelberg 1984. S. 192.

Bildquellen

S. 8, 9, 14, 16, 23, 24, 29, 30, 34, 37, 39, 42, 62, 63, 66, 71, 74, 83, 85, 86, 90, 93, 97, 101, 131, 136, 142, 145, 147, 148, 150, 157, 186, 199: Illustrationen von Margit Pawle, München. S. 15, 108, 109: Fotos: creativ collection Verlag GmbH, Freiburg. S. 21, 40, 58, 59, 67, 104/105: Fotos von Ulrike Köcher, Hannover. S. 22: World Disney Company, Eschborn. S. 28: Aus: Hans Jürgen Press. Der kleine Herr Jakob. Ravensburger Buchverlag o.J. S. 7, 31, 33, 44, 45, 48, 55, 57, 64, 65, 78, 80, 81, 84, 95, 113, 119, 122, 139, 143, 152/153, 158, 163, 169, 175, 182, 189, 207: Illustrationen von Karsten Henke, Hannover. S. 40, 99, 195: Fotos von Magdalena Tooren-Wolff, Hannover. S. 60: © The Munch Museum/The Munch Ellingsen Group/VG Bild-Kunst, Bonn 1999. S. 61: Foto: Andergassen/MAURITIUS, Mittenwald. S. 68: © Helme Heine. Mit freundlicher Genehmigung Friedrich W. Heye Verlag GmbH, München. S. 76: Illustration von Fedor Flinzer. Aus: Klaus Doderer. Fabeln. Zürich: Atlantis 1970. S. 176. S. 77: Illustration von Jörg Wassenberg, Freiburg. S. 80 (oben): Illustration von Walter Trier. Aus: Erich Kästner erzählt. © Artrium Verlag, Zürich 1938. S. 82: Schülerbuch. Umschlaggestaltung. Daniel Simon, Freiburg. S. 89: Susanne Hartmann. Institut für Mediengestaltung, Mainz. S. 91: Foto: Mittenzwei/dpa, Frankfurt/M. S. 96: Illustrationen von Thomas Przygodda, Ilsede-Bülten. S. 98: Buchumschlag: Mirjam Pressler. Novemberkatzen. Weinheim: Beltz & Gelberg 1990. S. 102: Foto: Dr. Joachim Jaenicke, Schroedel Archiv. S. 103: Foto: Reinhard/MAURITIUS, Mittenwald. S. 107: Aus: Netzwerk Biologie. Hannover: Schroedel 1998. S. 214. S. 110: Foto: Mayr/dpa, Frankfurt/M. S. 111: Scholz/dpa, Frankfurt/M. S. 112: Buchumschläge: Rüdiger Nehberg. Die letzte Jagd. Hamburg: Ernst Kabel Verlag 1989. Hellmiß. Frag mich was: Regenwald. © 1996 by Loewe Verlag, Bindlach. Paul Appleby. Leben in den Regenwäldern. Hamburg: Carlsen Verlag 1992. Theresa Greenaway/Geoff Dann. Regenwald. Hildesheim: Gerstenberg Verlag 1995. S. 116/117, 118: Fotos: Deutsche Gesellschaft zur Rettung Schiffbrüchiger, Bremen. S. 133: © Deutsches Museum, München. S. 160: Andreas Schlüter. Level 4 - Die Stadt der Kinder. © für das Umschlagbild von Karoline Kehr: 1998 Deutscher Taschenbuch Verlag, München. S. 162: Fabelillustration aus dem Jahr 1747. Aus: Klaus Doderer. Fabeln. Zürich: Atlantis 1970. S. 62. S. 188: Aus: Sempé. Das Geheimnis des Fahrradhändlers. Copyright © 1996 by Diogenes Verlag AG Zürich. S. 190, 197, 201: Illustrationen von Klaus Meinhardt, Hamburg. S. 192: Illustration von Gustave Doré. Aus: Gottfried August Bürger. Wunderbare Reisen zu Wasser und zu Landes des Freiherrn von Münchhausen. Frankfurt/M.: Insel 1976. S. 193: Illustration von Dieter Müller, Coppenbrügge. S. 194: Foto aus Karl-Heinz Ziethen. Jonglierkunst im Wandel der Zeiten. Internationales Jongleurarchiv Berlin 1985.

Lösungen

S. 8: Er transportiert zuerst die Ziege. Dann fährt er zurück und holt den Wolf.
Bei der Rückfahrt nimmt er die Ziege wieder mit ans andere Ufer und befördert den Kohlkopf.
Schließlich setzt er noch einmal über und holt die Ziege.
S. 9: Die Brüder reiten nicht auf ihren eigenen Pferden.